明代军饷问题研究

张松梅 著

中央党校出版集团
国家行政学院出版社
NATIONAL ACADEMY OF GOVERNANCE PRESS

图书在版编目（CIP）数据

明代军饷问题研究 / 张松梅著 . -- 北京 : 国家行
政学院出版社 , 2025. 3. -- ISBN 978-7-5150-2990-0

Ⅰ . E294.8

中国国家版本馆 CIP 数据核字第 2025D54F04 号

书　　名	明代军饷问题研究	
	MINGDAI JUNXIANG WENTI YANJIU	
作　　者	张松梅　著	
责任编辑	李　东	
责任校对	许海利	
责任印刷	吴　霞	
出版发行	国家行政学院出版社	
	（北京市海淀区长春桥路 6 号　　100089）	
综 合 办	（010）68928887	
发 行 部	（010）68928866	
经　　销	新华书店	
印　　刷	中煤（北京）印务有限公司	
版　　次	2025 年 3 月北京第 1 版	
印　　次	2025 年 3 月北京第 1 次印刷	
开　　本	170 毫米 × 240 毫米　16 开	
印　　张	20	
字　　数	268 千字	
定　　价	80.00 元	

本书如有印装问题，可联系调换，联系电话：（010）68929022

目录

引　言

一、研究综述

饷，食也，馈也。军饷，又称兵饷或军饷钱，是军费的重要组成部分，主要是指军人的生活费。明代军饷问题研究作为军事史研究领域的一个重要课题，虽然已经引起学界的普遍关注，但研究相当贫乏。到目前为止，仍然缺乏专门性的研究成果。这一点在赵明《明代兵制研究六十年之回顾》(《中国史研究动态》1993年第8期）和张金奎《二十年来明代军制研究回顾》(《中国史研究动态》2002年第10期）两篇史学研究动态的文章中可得以充分体现。其实军饷问题在明代已经引起了士人的广泛关注。如明末清初人孙承泽的《春明梦录余》和嘉靖年间魏焕的《皇明九边考》，就对明九边人数及其经费、屯田、盐引、漕运等数额作了比较详细的记载，但还谈不上研究。笔者认为对明代军饷问题的真正研究应始于20世纪20年代。

自20世纪20年代至40年代中期，日本侵华战争，吸引了中国学者的注意力，边疆忧患引发了强烈的民族危亡意识，中国的知识分子纷纷从历史中寻找济时救世之方，部分学者开拓中国北部边疆研究，专题研究也大量涌现。如1929年创刊的《边政》，1932年创刊的《大戈壁》，1933年创刊的《东北》，1934年创刊的《长城》《西北问题》，还有1940年创刊的《边疆研究》，1941年创刊的《长城》，1944年创刊的《新长城》等，皆成为讨论边疆史地和军事、时政等问题的重要阵地。其中多涉及明朝时的北部边疆，特别是九边地区，包括军队人数、军队物资供应及作战技术等。这一时期关于明代军饷问题的研究具有代表性的有朱庆永《明代九边军饷》(《大公报经济周刊》1935年6月8日第130期)，吴晗《明代的军兵》(《中国社会经济史集刊》1937年第5卷第2期，后修订收入《读史札记》《吴晗史学论著选集》二书)，解毓才《明代卫所制度兴衰考》(载于《说文月刊》1940年第2卷，并收入包遵彭编《明史论丛》第4册，台湾学生书局1968年版)，日本学者清水泰次《明末之军饷》(方纪生译《正风半月刊》1937年第3卷第12期)等几篇文章。朱氏文章通过对明代嘉靖、隆庆、万历三朝的九边军饷的考察，总结出九边所需粮饷愈多，对明朝财政所造成负担愈重的结论。清水泰次的文章则通过对明朝后期军队开支的考察，认为军官贪污是造成明末财政崩溃的主要原因。吴晗的文章则从卫所的统御体制和编制，京军的建制与功能演变，卫军的勾补到募兵的产生，以及明朝军饷与国家财政关系的演变等方面，勾画出明朝卫所制、军户、军屯制以及募兵制的轮廓。尤其是联系明代社会政治、经济背景，分析京军与卫所军的废弛、募兵的兴起与国家财政状况的关系，揭示了明代的军制演变与国家财政之间的基本矛盾，是一篇很有见地的上乘之作。这些成果至今仍被众多学者所引用，显示出较高的学术功底。解著也是一篇早期全面阐述卫所制度的专论，该著分4章18节，系统地探讨了卫所的编制、类别、军饷的来源以及卫所成立的意义。与吴晗研究明代卫所不同的是，解著的立足点在于对制度本身的考证，认为卫所军饷最先来源于"屯盐"，即军屯和开中(后发展为商屯)。后有太仓年例，明末将商税、钞关、榷茶均用于军饷。并在此基础上进而分析了卫所衰败的现象及原因，但该著未能充分地揭示出明代军事与政治、经济之间的深刻矛盾。

从20世纪40年代中期到"文化大革命"结束，相关研究仍在继续，但呈缓慢发展状态。如1946年张其昀在《中国军事史略》（上海书店，1992年版）一书中，探讨了明代的都司卫所制度，并提出此制包括军粮的筹集等多是继承宋代王安石变法的观点。对明代卫所制度进行全面研究的还有孙东的《明代卫所制度研究》（载《文史学报》1965年第2期）、吴奈夫的《略论明代的卫所制度及其演变》（载《中学历史》1984年第3期），他们的研究都或多或少涉及卫所军的军饷问题。这一时期有关军饷问题的代表性研究成果是刘阶平的《就"向阳疏草"论晚明军费财政》（《东方杂志》1946年第42卷第1期）一文，该文通过以小见大的形式，从财政、经济的角度论述明末的军费，侧重于理论论述。具体到某一供饷渠道而言，这一阶段当属军屯的研究最为彻底。军屯作为明初军饷一个重要来源渠道，是维持庞大军力，减轻国家财政负担的一项重要制度，引起了中外学者的注意。王毓铨的专著《明代的军屯》（中华书局1965年版）是一部关于卫所屯田研究的力作，在海内外有较大的影响。这部近25万字的著作，分上下两编。上编主要叙述军屯的历史渊源、建置、组织、管理、经营、旗军拨屯比例、军余顶种、军屯土地、分地、子粒田等制度以及军屯的作用等。下编主要叙述军屯上的生产关系及军屯的破坏。该书通过大量史料分析，对明代军屯制度进行了系统的考察，认为明初军屯的实际作用基本上是能"充军食之半"，在供给军粮上起过一定的作用，但远远没有达到"边有储积之饶，国无运饷之费"，或"各卫仓廪充实，红腐相因"的程度。

这一时期，中国香港、日本方面的研究成果也很多。香港学者全汉昇在《明代北边米粮价格的变动》（《新亚学报》1970年第9卷，后又收载于《中国经济史研究》1980年）一文中，通过对大量翔实资料的分析，利用数据分析的方法，系统地论述了明代北边物价的变动规律。他认为明代北边各镇的物价自中叶以后，很明显有长期上涨的趋势。并进而分析沿边形势的紧张、日益增拨的年例银、外国白银的大量流入等都是导致北边物价上涨的重要原因，开创了由社会史层面研究九边问题的先河，其后被广为征引与效仿。日本学者在这一时期的研究相当活跃，涌现了和田清、萩原淳平、田村实造、寺田隆信等知名的学者。田村实造的《明代の九边镇》《明代の北边防卫体制》，秋原淳平的《明初の北边しーっいっ》等。特别值得注意的是寺田隆信的《山西商人研究》一书，该书从作为山西商人活动基地的北部边塞军事消费地区的经济结构分析入手，对明朝北边防卫体制与边饷、民运粮、开中法，以及有关屯田粮等问题，进行宏观分析和阐述。他的研究把日本关于中国北部地区的研究推进到了专题研究阶段。

20世纪七八十年代，明代边疆政策、都司卫所制度、军饷问题、边墙修筑等领域的研究更加深入，在经济史、区域史、社会史、生态史等方面也开始了相关的研究。库桂生、姜鲁鸣在《中国国防经济史》（军事科学出版社1991年版）一书中，以作战工具的发展阶段为依据和基本线索，把中国武器装备和国防经济发展的历史划分为四个阶段，明朝则属于冷兵器和火器并用阶段。在这一阶段作者从宏观角度论及明朝几个时期军饷问题；王其坤的《中国军事经济史》（解放军出版社1991年版）对明代的卫所军制及朱元璋的经济政策略有涉及。毛佩琦、王莉的《中国明代军事史》（人民出版社1994年版）重点对明代的军事战略、作战计划及卫所制的嬗变进行探讨，涵盖面虽广，但深入不足。另外，肖立军的《明代中后期九边兵制研究》（吉林人民出版社2001年版）部分地涉及明代九边的后勤供应与防御工事系统，以及九边的军费来源与军饷发放情况，但此书侧重于明代中后期九边兵制的演变和作用，军饷问题的研究稍显简略。

这一时期日本学术界的研究有了新的发展，萩原淳平著有《明代蒙古史研究》（同朋舍1980年东洋史研究丛刊32）一书，该书全方位地探讨了明代军事制度的各个层面，对于都司卫所制度、总兵制度、巡抚制度、提督制度、总督制度及经略制度均有涉及，该书认为明代地方军事体制是由都司卫所制度、总兵制度、督抚制度组成的三重防卫体制。山根幸夫的《日本关于中国东北史的研究》（顾铭学译，载于《社会科学战线》1997年第6期）对日本学术界关于九边问题的研究作了回顾。松本隆晴的《明代北边防卫体制之研究》（汲古书院2001年版）是一本论文集，围绕明蒙关系、明代北边军事制度之演变，屯田、马市、边墙等问题展开探讨。奥山宪夫的《明代军政史研究》（汲古书院2003年版）重点对明朝的军事政策、军费的支出、军队编制以及巡抚在明代官制中的位置等方面作了详细论证，并以数字分析的方法重点对洪武朝的大量赐予、官军的月粮、行粮及平定云南的战费等进行了有力的论证，为后来学者进行深入研究提供了便利。

美国学术界虽然很早便已展开对明代军事史方面的研究，但大量相关的研究仍基本开始于这一时期。如 Wade F.Wilkison（韦德·威克逊）：Newly Discovered Ming Dynasty Guard Registers，*Ming Studies*（fall，1976）该文以十三种卫所军籍黄册为主要资料，探讨了明代卫所世袭、清勾等制度。Henry Serruys，c.i.c.m.（亨利·西瑞斯）：Towers in the Northern Frontedr Defenses of the Ming，*Ming Studies*（Spring，1982），该文利用多种资料，详细地勾勒出明朝在九边修筑墩台等军事设施的过程，并重点探讨了余子俊、谭纶、杨博等组织的修筑过程，颇为深入。还有 ArthurN. Waldron（阿瑟·威尔准）：*The Great Wall of China：From History to Myth*，Cambridge：Cambridge University Press，1992，该书重点探讨明代九边制度建置与设施建设，探讨了明朝防御体系对权力格局的影响，观点新颖。

自"文革"结束至20世纪末，专门研究明代兵制的专著和论文不下200种。无论是从其研究的范围，还是从探讨的深度看，已经达到了相当的水准。而与之形成鲜明对比的是，有关军饷的研究却屈指可数。其中具有代表性的有：高春平的《论明中期边防纳粮制的解体》（《学术研究》

1996年第6期），邱义林《明前期军队后勤供应来源及其特点》（《争鸣》1990年第4期）和《明代中前期军费供给特点的形成与演变》（《江西社会科学》1994年第6期）。前者探讨了商品经济发展与边镇供应体制由纳米向纳银的变化过程；后者则重点分析了由多渠道、分散的劳役、实物供给转向国家财政统一供给，实物与货币结合的军费供给方式的变化情况。具体到军饷供应渠道之一的军屯而言，自吴晗提出"明初卫军粮饷，基本上由屯田收入支给"的观点以来，军屯收入在明初军饷供应中占主体的观点一直被大多数学者所认可。张正明的《明代北方边镇粮食市场的形成》（《史学集刊》1992年第3期）一文，根据《大明会典》卷28统计列表得出结论：各边镇粮食原饷额达464万石，其中屯粮276万石，占原饷额总数的60%；民运粮163万石，占原饷额总数的35%；漕粮25万石，占原饷额的5%。通过以上分析，张正明认为屯粮是当时解决边镇粮饷的主要来源。拙作《试论明初的军饷供应》（《东岳论丛》2004年第6期）对这一统计的方法和得出的观点提出质疑，认为万历《大明会典》所载九边原饷额是万历以前各朝该饷项的"大杂烩"，并从卫所月粮角度出发认为军屯与民运是构成明初军饷来源的两大支柱，军屯和民运在不同地区所占的比例各有不同，视具体情况而定。汤纲、南炳文的《略论明代军屯士卒的身份和军屯的作用》（《南开史学》[哲学社会科学版]1980年第1期）则一反传统观点，重新评价了军屯的作用，认为军屯不但没有完全解决军粮问题，而且，明朝盲目依赖军屯，养兵过多，变相地增加了民众的负担，同时又为管屯官提供了侵占土地之便，导致军事力量的削弱，对军屯主导性的观点进行冲击。随后，学者对军屯的理解和分析大都建立在个案研究基础上，如郑维宽的《明代贵州军粮来源考述》（《贵州社会科学》1997年第3期）一文指出贵州军粮主要仰给于四川、湖广民运税粮。张金奎《明承元制与北边供饷体制的解体》（《明史研究》第七辑，黄山书社2001年版）一文认为民运粮始终是山西行都司军饷的主要来源。

并进而在《明代山西行都司卫所、军额、军饷考实》(《大同职业技术学院学报》2000年第3期)一文中论证，该文认为明初民运粮在山西行都司的军饷供应中占据了主体地位，其次是屯粮，再次为开中。在屯粮、民运税粮改折之后，籴买制逐渐上升为军粮供应的主要途径，并最终促成明初民运、屯田、开中三位一体的多渠道粮饷供应体制的解体，颇有见地。其他研究军饷的还有梁淼泰的《明代"九边"的饷数并估银》(《中国社会经济史研究》1994年第4期)、《明代"九边"饷中的折银与粮食市场》(《中国社会经济史研究》1996年第3期)二文，作者在探讨了九边所需粮饷并予以估银以后，进一步探讨了九边供饷所经历的由征纳本色实物向以银折纳的变化过程，并认为以银折纳未能给大明王朝带来应有的积极前景，反而使九边军费和粮草市场愈加依赖于京运年例，最终导致明朝财政陷入困境。

卫所制、军屯制到明中期以后逐渐废弛，募兵制兴起，成为集兵的主要形式。但是关于募兵制的研究，相对卫所制来说，显得更为薄弱。除了吴晗的《明代的军兵》对募兵制的产生及其与国家财政、社会矛盾的相互关系，作了较为深刻的论述外，长期以来并没有专题性的研究。如李龙潜《明代军户制度浅论》(《北京师范大学学报》1982年第1期)中只简单地提到募兵的军饷全由国家财政支拨。李渡的《明代募兵制简论》(《文史哲》1986年第2期)从募兵的产生、作用、特点等方面，阐述自己的观点，该文认为募兵制的发展同落后的自然经济和专制主义中央集权政治存在尖锐的矛盾，必然导致严重的财政危机。有关募兵制的研究论述，整个90年代只有梁淼泰《明代"九边"的募兵》(《中国社会经济史研究》1997年第1期)一篇文章，作者描述了九边募兵从局部开展、数量有限、募兵费用以实物支付到全线募兵、募兵费用激增到政府无力承担的变化过程。

21世纪以来，明代军饷问题研究获得学界广泛关注，研究深度和领域不断拓展。边镇粮饷是明代国家财政的一大负担，研究表明，明代白银收入主要用于军费开支。赖建诚《边镇粮饷：明代中后期的边防经费与国家财政危机，1531—1602》(浙江大学出版社 2010 年版)，以《万历会计录》以及潘潢《查核边镇主兵钱粮实数疏》、魏焕《皇明九边考》、杨俊民《边饷渐增供亿难继酌长策以图治安疏》、茅元仪《武备志》作为关键资料，对 1531—1602 年间北方边镇的财政变化情况做了全面系统的评估，论证了明代中后期边防经费剧增导致国家财政陷入捉襟见肘的境地，成为明朝灭亡的一个重要原因。作者认为边镇粮饷是明代国家财政危机的主因，若无边镇负担，政府的财政结构应该有明显的改善。王尊旺《明代九边军费考论》(天津古籍出版社 2015 年版) 以明代档案、历朝实录、各种政书、地方志、边镇专门志书、奏折、笔记、文集等为材料，以明代九边军费为切入点，探讨了围绕军费所体现的明代政治、经济运作关系，有助于更加客观地把握九边军队、马匹、京运年例银等方面的变动趋势。林美玲《晚明辽饷研究》(福建人民出版社 2007 年版) 深入探讨晚明时期辽饷问题，作者细致剖析了辽饷的供给系统，揭示了当时财政支持辽东战事的复杂网络。通过考察辽东战事与辽饷的额外征收，探讨了战争对财政压力的影响和应对策略。通过辽饷的研究，探讨辽饷与晚明财政的整体关系，展现了辽饷在国家财政体系中的重要地位。陈亚平的《明代前期大同镇的军饷问题》(《中国边疆史地研究》2018 年第 4 期) 一文，以大同镇为个案，考察明代边镇军饷问题。该研究发现，明代前期，屯田、地方税与食盐开中是边镇军饷的经常性来源，收支基本平衡。这一时期的军饷开支尚未成为国家财政的沉重负担，但是其饷源结构的固有缺陷已经存在，表现为屯地不足、环境制约和官僚势要强占等，军饷增长空间受到严重制约。到明朝中期，因明蒙战争频繁发生，军饷支出暴增，大同镇对国库的依赖日深，边镇粮饷才成为明朝国家财政危机的主要因素。黄阿明的《明代年例银制度形成探论》(《安徽史学》2015 年第 2 期) 一文指出年例银制度是明代经过长期演变逐渐形成的一项军事供给制度。宣德十年首先出现京运银，成化、弘治之际，"常数"、"岁运"、"岁例"、"年例"和"年例银"等名称的出现，标志着明代年例银制度的初步形成，年例银制度的形成和确立改变了明代国家的军事供给体制，是明代军事财政史上的一个重大变革。谢祺《明代云南的边饷政策与社会变迁——以官豪势力发展为考察线索》（《中国社会经济史研究》2015年第4期）一文探讨了明代云南边饷的供应与官豪的形成的关系，并论述了其社会影响。作者指出明朝依靠军屯、盐法开中等手段，已不足以维持云南边疆因战事不断而引起的粮饷等军需供给。在战争影响屯田制度走向瓦解的情况下，政府只能转向依赖屯区日益壮大的官豪集团提供粮饷等后勤保障，官豪集团成了粮饷的主要提供者，并通过提供粮饷保持、扩大了自己的权势。受此影响，地方各族官豪在朝廷实质支持下最终发展成为掌控边疆地方政治、经济的主要力量。薛冰的《"非王禄则军饷"——明代山西赋税征收特征与弃农从商趋势的形成》（《太原理工大学学报》[社会科学版]2023年第1期）一文考察了明代地方赋税与军饷的关系，论文指出，明朝中后期，山西地方政府需要负担繁重的赋税粮饷以维持边防开销，每逢战时状态，还要加派征收。为了获得足够的岁禄和军饷，在财政白银化的趋势下，山西加速实行赋税折银制。白银流通带来的商品经济发展促使解放双手的百姓弃农从商，加速了晋商群体的形成。

综上所述，明代军饷的研究是明史研究中一个相对薄弱的领域。从研究者角度来说，内地学者参与明代军饷研究的人数虽多，但多属零星论述，缺乏系统性。日本学者人数虽少，但有寺田隆信、松本隆晴、萩原淳平、田村实造、奥山宪夫等学者专注于此，成就斐然。美国学者的研究，受"长城模式"影响甚重，大多局限于九边，且夹杂着较多的文化猎奇成分。其他的，如台湾学者于志嘉关于明代军户的研究，香港学者全汉昇关于明代北边米粮价格变动和明代太仓出入银两的研究都为明代军饷的研究提供了大量翔实的资料。从研究成果来看，关于明代军饷专题性的研究尚属空白，更谈不上全方位多层次的综合性研究成果。就现有的关于军饷研究的成果而言，大多拘泥于九边一带，而广大的腹内地区的外卫军队，除郑维宽和张金奎两位学者曾对贵州和山西行都司的军粮筹集进行区域性的研究外，几乎无人问津。从现有的研究成果来看，大都局限于军饷筹集方面的史料梳理与考证，无人涉及军饷的发放包括官军的月粮、行粮、赏赐，以及官军的优抚、优给、优养等有关社会史层面的研究。总之，系统地对明代卫所军额、军饷的筹集与供应、军饷的发放与监督、军饷的变化所带来政治、经济、社会问题，以及明末世界一体化趋势的加强，白银资本的流入对军饷供应的影响等问题的研究还是非常有限。

二、问题提出

军队是国家政权的重要组成部分，在抵御外敌入侵，维护国家统一，保持政局稳定等方面，举足轻重。而军饷又是保证供给、稳定军心的前提，有兵有饷，计兵给饷，因此军饷的考察应从军额开始，而现存史料对明代军数特别是明初"原额"的记载出入很大，以北边宣府一镇"原额"为例，万历《明会典》记151452员名，《春明梦余录》记126395员名，而《太仓考》则记49424员名，相差10万多人，多有虚额。而关于明代军额的考察，学术界尚少讨论，没有较为统一的观点。

不仅如此，研究明初军饷者，大都直接谈论明初军饷供应的几种重要来源，像军屯、民运、开中、盐引以及犯人赎纳等。其实明初军饷的筹集与发放在继承元制的基础上，经历了一个从无序到逐渐制度化的过程。如洪武朝，军饷的发放基本上是以大量赐予的形式来进行。大规模的赐予开始于1369年，包括赐予银、钞、棉、麻、绢、铜钱、皮革制品、米、盐、胡椒等。银的赐予数是106次，赐予总额369万1449两；钞的赐予数高达433次，赐予总额5249万3327锭；棉的赐予数144次，其中棉布赐予额1226万4076匹，棉花336万191斤，战衣、战袄、冬衣171万3723件，其他的就不再一一列举。随着战局的发展，社会的稳定，一些可行性的"战时"规定也渐趋制度化，在一定意义上反映出明代军饷筹集与发放逐渐走上正轨。而与此有关的研究，学术界尚无人涉猎。

关于军饷的发放，发放的形式、内容，关于行粮、月粮、口粮的有关问题，迄今为止还没有文章专门探讨。并且史学界一般认为，明代一般旗军的月粮是一石。正德《明会典》也有（大军月粮式）列表，规定：马军二石，步军总旗一石五斗，小旗一石二斗，旗军一石。其实，对军士月粮的数额也只有洪武朝有明文规定，并着为令。其他朝代（至少在正统之前）并没有一个统一的标准。大都根据当地的物价高低、仓储数量，或增或减，具有较强的随意性。从《明实录》记载的情况看，军饷的发放数量主要依据有无家小。有家室者，八斗、七斗、六斗；只身者，六斗、五斗、四斗，而且还要三分、二分折支。折支的推行无形中把明代军饷的发放推向市场，把明代官军粮饷与当地粮食市场紧紧地联系在一起，因此，考察明代军士粮饷的多寡，能否维持温饱，必须与当地物价联系起来考察。有关于此，目前学术界甚少涉及。

有战争就有伤亡，"死则善葬，伤则医抚"，军人优抚是我国传统社会保障制度的一项重要内容，受到历代封建王朝的重视。它主要是指国家对阵亡、病故、伤残将士及其家属的物质照顾和精神鼓励。就物质方面而言，主要包括对殉难将士家属发放抚恤金，对故官年幼未袭子孙的优给，对亡故将士的遗母、弱妻、弱女及年老无承袭者的优养。历代统治者为维持战斗力，安定军心，保障兵源，维护统治，必须优抚善待那些在战场上著有功勋，为国捐躯的将士及其家属。故而，对明代军人优抚进行探讨，不仅因为它是军饷支出的一个重要组成部分，更重要的是它关系到兵源的补继、社会的稳定。

财政收支状况是一个国家经济发展、稳定与否的晴雨表。明太祖建国之初，便设立卫所制度，寓兵于农，实行军屯。屯田收入虽不像统治者溢美的那样"一军之田足赡一军之用"，但它是明初军饷来源的重要支柱，与民运、开中、犯人赎纳等形式一起，基本解决了当时军队粮饷问题。但随着时间的推移，法久弊生，军队屯田多被军官、豪右、内监等占夺，军屯有名无实，商屯也因开中盐法的废弛而被破坏无遗。卫所世兵制度逐渐失去其存在的基础而向募兵制转变，并导致明代军费转由民户负担，并从国家赋税中支付。起初，国家财政补助军费数额不大：至弘、正年间也不过银40余万两，嘉靖初犹只50余万两，后至二十八年忽增至240余万两，四十三年，加至250万两；隆庆初年加至280万两。到万历三十年，各边镇年例一岁所出，共计394万1840余两。万历四十六年以后，又陆续增设辽饷、练饷、助饷、剿饷等名目繁多的加派2000多万两，军费开支漫无底止！而这一时期的全国军队人数却只有120万人，万历年间也不过150万人，相对明初的260万人而言，军队人数大量减少，而军饷在经历了由明初的以实物形式为主向明中后期货币形式转变后，反而超负荷地巨额增长。这一"兵减饷增"的现象，目前史学界大多认为是由于卫所制废弛、募兵增加、战争频繁、客兵大量涌现及军官贪污等原因造成的。但像明代这样军饷如此狂涨却是空前的。从军事学角度看，自嘉靖以来明代历经的战争基本都是局部的小规模战争。如万历四十六年的萨尔浒之战，明朝仅仅投入10万左右的兵力，而为此进行的财物筹集却几乎倾全国之力。军事开支一触即涨，这就促使我们不得不把目光集聚到明末军制和财政制度上来，从更深层次上来探索。明代中后期，由于海外贸易的发展，大量白银流入，导致物价上涨，购买力下降，为了维持士兵的基本生活，政府不得不投放更多的年例银，年例银的增加进一步刺激北边米粮价格的上涨。为维持政局，对付内忧外患，政府只得加派税赋，社会生产因而遭到严重破坏。明政府这种涸泽而渔的赋税加派策略丝毫没有缓解财政窘境，反而把自己推进了一个自身难以解决的恶性怪圈当中，加剧了明王朝的灭亡。从白银资本流入、物价上涨角度来重新审视明末的财政危机，士兵的频繁哗变，政权的颠覆，无疑是一个新颖的视角。

可见，对于明代军饷问题的探讨，不仅是对以前相关研究的推进和发展，也是探讨明代军队人数的增减历程，军事制度的演变轨迹，财政亏空的背景与原因，地方存留的支出与起运中央的犬牙交错、错综复杂的关系，进而探讨明朝灭亡的真正原因。明代的军饷特别是北边边镇的军饷问题，始终困扰着明政府。明政府正是为了解决军饷问题而背上了沉重的包袱，并且越背越重，最终导致明王朝政权的全面崩溃。因此，研究明代的军饷问题不仅对了解明朝的军事，而且对考察其经济运转、政治状况都有重要意义。

三、研究思路

明代的武装力量，大致可以划分为卫所系统和非卫所系统。卫所系统，也称正规军，包括京营、边兵、外卫三部分，其中"京营"即京军，"边兵"指部署在九边和海防的军队，"外卫"则包括除京、边以外驻扎在广大腹里地区的卫所军队。非卫所系统主要包括弓兵、乡兵、土兵及土司兵等。本书的研究仅限于卫所系统军，从介绍卫所系统的概况入手，对明代各个时期的军队人数、军饷的供应与发放、军饷的组织管理及由此而引发社会问题等方面作一系统的探讨和考察。基于以上考虑，本书主要包括以下五章：

第一章，明代的军额。本章主要是从概述明代军队的组织编制与领导体制入手，通过统计、考证等研究方法分别对京营、边兵、外卫三部分军额之演变进行详细的论述。但由于外卫军队分布广散，现存资料零散且不系统，因此只选择资料相对集中的贵州、江西、广西三都司做个案研究。

第二章，明代军饷供给。明代军饷供给渠道很多，先是强制卫所军士屯田、发动民众运输，继以盐引招商开中，后又动用国库屡发年例、加派于民、发内帑、寻求捐助。即所谓"屯粮不足，加以民粮，民粮不足，加以盐粮，盐粮不足，加以京运，馈饷溢不足，屡请内帑"。本章主要是从初期、中期、后期三个阶段分别论述京营、边军、外卫军饷不同来源，估算其供给数额，并分析其形成的原因，总结各个阶段的特点。

第三章，明代军饷发放。筹集到的粮饷主要通过军士月粮、行粮，军官俸禄、赏赐、优抚等形式发放。按规定，官军粮饷的发放是遵循同工同酬的原则，但实际实施过程中，官军粮饷的发放受到军屯、当地财政、周边环境等多种因素的制约。本章主要采取点面结合的方法，在对全国官军粮饷大致了解的基础上，对不同地区、不同兵种进行个案分析，并分析其特点各异的原因。

第四章，明代军饷管理。军饷从来都是两个字的合成体：有军就涉及卫所、军制，涉及兵部、五军都督府；有饷就涉及财政，涉及户部、工部等核心部门；军饷的收支又涉及审核、监督等部门。所以，军饷的收支管理乃牵一发而动全身，涉及中央的户部、兵部、工部、礼部及地方诸多机构。所以，本章围绕着军饷，探讨各部门之间既协同合作，又互相牵制的关系，并从屯田御史、督饷御史两个方面来探讨军饷的监督体制。

第五章，明代军饷收支状况及其引发的社会问题。嘉靖八年以前，明代军饷的收支基本持平，自此以后，明金战争爆发，军饷供给逐渐显示出捉襟见肘的势态。军饷不足是由哪些原因引起的，又对明代产生怎样的影响呢？本章主要分军饷收支盈亏状况、军饷不足的原因、军饷不足引发的社会问题、对军饷问题的评价四大部分，从供饷与用饷之间的矛盾、物价、军储仓的废置等方面来探讨军饷收支不均的原因，从地方行政职权的削弱、武官的跋扈等方面来探讨军饷带来的影响。归根结底，明末之所以出现军饷收支不均的局面，是因为明政府未能及时地建立与之相适应的财政体制，仍用传统的方法解决新问题，其结果是摁下葫芦起了瓢，旧问题没有得到解决，新问题又层出不穷，且愈积愈多，最后导致明朝的崩溃。

第一章 明代的军额

明朝的军额，是明廷军事机密，鲜为人知，加之现存史料中记载的军额数据所指代的对象并不一致，给研究带来很大的不便。要了解明代军额的变化情况，既要弄清卫所、边镇建置时间，又要对史籍"原额"记载数据进行考证，是一个尚待深入研究的问题。

第一节　明代军队组织编制与领导体制

朱元璋在元至正二十四年（1364），颁布军伍法，确立了军队基层单位编制。明朝建立后，在刘基等的建议下，创立了耕战相维的卫所世兵制。另外，明朝采用了以皇帝集权，兵部与都督府分权制衡的形式编制全国军队。这样就形成了上有皇帝集权、中有兵部和都督府分权互制、下有都司卫所相结合的军队编制体制。

一、明代军队组织编制

卫所是明代军队的基本编制单位，是明代军队的基础。至正二十四年三月罢诸翼元帅府，置十七卫亲军指挥使司①，规模虽大，但没有确定各卫所的编制数额。同年四月，朱元璋下令实行部伍法，取消枢密、平

① 《明太祖实录》卷14，甲辰三月庚午条，"中央研究院"历史语言研究所，1962年版。

章、元帅、总管、万户等原有的军职，统一称呼，即凡统兵5000人的将领为指挥，1000人为千户，100人为百户，50人为总旗，10人为小旗。[①]部伍法推行后，军队的编制趋于统一，便于训练与指挥，是明初军队卫所编制的雏形。

洪武元年（1368）正月，明王朝建立伊始，即颁布卫所编制法，确定于一郡设所，连郡设卫。《明史·兵志》序云："明以武功定天下，革元旧制，自京师达于郡县，皆立卫所，外统于都司，内统于五军都督府，而上十二卫为天子亲军者不与焉。征伐则命将充总兵官，调卫所军领之；既旋则将上所佩印，官军各回卫所。"此为卫所编制的基本纲领。卫所制的编制大率以军5600人为一卫，下设前、后、中、左、右五个千户所，每个千户所编1120人，统十个百户所；每个百户所编112人，统两个总旗；每个总旗设总旗1人，统五个小旗，计56人；每个小旗设小旗1人，旗军10人，计11人。按此编制，全国军队大小联比成军，保卫大明疆土。

明代卫所的设置、增改多集中在洪武、永乐两朝，永乐二年（1404）之前是卫所变更的高峰期，增改频繁。洪武时期，随着统一战争的进行而向全国推广卫所制，都司辖区、卫所治地及其数量不断发生变化，至洪武末年各地卫所设置已趋于稳定。洪武七年八月，定兵卫之制，"大率以五千六百人为一卫，而千、百户、总、小旗所领之数则同。遇有事征调则分统于诸将，无事则散还各卫"[②]，此卫所定制数额，有明一代变更不大。洪武二十六年定天下都司卫所，共计都司17个，行都司3个，留守司1个。内外卫329个，守御千户所65个。建文时期，政局动荡，许多卫所被废置，至永乐时期，被废的卫所大多又重新设置，部分都司的辖区范围也有所调整。成祖以后，多有增改，都司改为16个，行都司改为5

---

① （清）夏燮：《明通鉴》卷1，洪武元年正月，续修四库全书史部第364—366册。
② 《明太祖实录》卷92，洪武七年八月丁酉条。

个，留守司2个。内外卫增至493个，守御屯田群牧千户所359个。自此以后直到明末，尽管明代的军事制度逐渐发生变化，但卫所的基础地位没有动摇。

总之，都司卫所是中央在地方设置的军事机构，这个体系自明初建成以后，终明一朝未发生过大的更改。都司卫所基本是六级制，其基本层次为：都司—卫—千户所—百户所—总旗—小旗。

这样，都司、行都司、留守司三者构成了明代地方军事领导系统，由都指挥使执掌全卫大权，主持全卫工作，掌全卫之军政，"各率其卫所隶于五府，而听命于兵部"[1]。都司与所在省份的布政司、按察司互不统属。都指挥使下设都指挥同知二、佥事四，与管理、战备、训练、屯种等机构一起共同构成地方最高军事领导体制，负责管理所辖区内的卫所及所有与军事有关的事务。所以，鉴于地方都指挥使地位的重要性，明朝一般不允许此职位世袭，而由朝廷任命。

二、明代军队领导体制

明代军事领导体制由兵部与五军都督府组成。兵部为全国最高军事机构，自洪武元年八月设立后，其建制与职掌几经演变。至洪武二十九年，改制后的建制与职掌为：兵部尚书1人（正二品），主持兵部事务，为兵部长官，由皇帝任命，职掌全国武卫官军的选授、简练、镇戍、厩牧、邮传等政令。左、右侍郎各1人（正三品），为副职，协助兵部尚书工作，其主要负责制定军事计划、管理武职人员、组织军队校阅，传达皇帝旨意及调动军队等。兵部下设武选、职方、车驾、武库4个清吏司，每司设郎中1人、员外郎1人、主事2人，负责政务工作。除以上四清吏司外，还管辖会同馆和大通关两个直属衙门。兵部虽有奉命调兵之权力，

---

① （清）张廷玉等：《明史》卷76，《职官志五》，中华书局，1974年版，第1873页。

但不能直接统兵。

五军都督府是明初设立的最高统兵机构。自大都督府改为五军都督府后，其官员和机构设置几经变动，至洪武二十九年基本稳定下来，各都督府建制包括：左、右都督各1人（正一品），为各都督府的主官，统管全府军政事务；都督同知2人（从一品）、都督佥事2人（正二品），协助都督办公。以上官员均由九卿会议"廷推"出来的公、侯、伯充任，分掌各府大印和金书之事，都督可参与军国大事，都督同知与都督佥事则参赞军事。国家遇有重大战争，朝廷便派遣其挂将军或大将军、前将军、副将军印统兵出征。旋师，则将所佩带之印交还，复命后各回归其府。此外还设有经历司掌管出纳文移。

五军都督府与兵部关系密切。《明史·职官志》记："都督府掌军旅之事，各领其都司、卫所，以达于兵部。凡武职，世官、流官、土官袭替、优养、优给，所属上之府，移兵部请选。既选、移府、以下之都司、卫所。……凡武官诰敕、俸粮、水陆步骑操练、官舍旗役并试、军情声息、军伍勾补、边腹地图、文册、屯种、器械、舟车、薪苇之事，并移（兵部）所司而综理之。"[1]各都督府互不相属，遇事直接与兵部商议。五军都督府分管全国都司卫所。

这样都督府管军籍、军政，有统兵权，而调兵权则归于兵部，"兵部有出兵之令而无统兵之权，五军有统兵之权而无出兵之令……合之则呼吸相通，分之则犬牙相制"[2]。不仅如此，遇有征伐，并不由都督领兵作战，而是由皇帝临时任命总兵官，率军作战。总兵官称"挂帅将军"，而且根据所征派地点和任务不同，在"将军"名号前常冠以简称，事毕缴所佩将印于朝，军归卫，将归府。

---

[1] 《明史》卷76，《职官志五》，第1856页。
[2] （清）孙承泽：《春明梦余录》卷30，《五军都督府》，北京古籍出版社，1992年版，第454页。

明代都司卫所，根据不同的分类标准，可以划分为很多种类。从中央政权的角度来讲，都城是全国政治中心，《明会典》以都城为中心，将五军都督府下的卫所（南京五府卫所除外）分为"在京""在外"两种，"在京"指分布在京城的卫所，"在外"指隶属于五府及各都司、行都司、留守司的卫所。明人黄训则根据所在地理位置的不同，将卫所分为三种："曰京营、曰外卫、曰边兵。"①其中"京营"即京军，"边兵"指部署在九边和海防的军队，"外卫"则包括除京、边以外驻扎在广大腹里地区的卫所军队。本书将采用目前史学界惯用的分类标准②，分别对京营、边军、外卫三种军队逐一论述。

第二节　京营军额之演变

明太祖开基建国便遵循唐宋"居重驭轻"之制建置京营，朱棣北迁，将首都置于国防前线，更加注重发展京营，将洪武时期的"五军"营，扩编为五军、三千、神机三大营，京营势力达到全盛，永乐帝北讨全赖于此。自弘治以后，边患频繁，京营虽日趋衰败，然每逢强敌入侵，仍以选锋为主，以助边军，居中策应。京营组织由三大营转而十团营，十二团营，东西两官厅，至戎政府，共历四变，其人数也由明初之七八十万人降至崇祯末年之11万余人，其功能亦由明初之定边、应敌、平乱，转而为皇帝保驾护航，毫无斗志，形同虚设。甲申之变，李自成兵临城下，京军望风先溃，明遂覆亡。

---

① （明）黄训：《皇明名臣经济录》卷17，文渊阁四库全书第443册。

② 参见肖立军《明代边兵与外卫兵制初探》,《天津师大学报》(社会科学版)1998年第2期。

一、明初京营之形成与完善

"京营"即京军。明代京营建置的一个最基本的原则就是"居重驭轻"。京营是明军的核心部分，主要包括五军、三千、神机三大营，是明初对外作战的主力，明太宗"三犁虏廷"，六次北讨，均赖于此。关于京营的创建，众说纷纭。但直至正统初年，实录中仍未见有"三大营"之称。其成立绝非一蹴而就，时间跨度比较大，大致是从永乐元年开始，历经明太宗多次北巡、北征而强化，至永乐十九年国都北迁后基本形成，至宣德元年的班军制度而确立，历时20余年，才逐渐制度化。

而同一时期的京军人数[①]，洪武初，"京城内外置大小二场所，分教四十八卫卒，已又分前后中左右五军都督府，洪武四年，士卒之数二十万七千八百有奇"[②]。同年，《明太祖实录》记载"赐在京军士二十万四千九百余白金各一两"[③]。与前者互为参证，此应是洪武四年之数。洪武二十二年，"给在京旗手等三十八卫军士二十一万六千八百余人，布帛六十三万八千一百余匹"[④]。洪武二十五年，"在京武官二千七百四十七员，军二十万六千二百八十八人"[⑤]。洪武二十六年，定天下都司卫所，其中在京41卫1所，共计约23万人，与《明太祖实录》所记"给在京各卫军士二十二万八千九百余人夏布各一匹"[⑥]基本相符。洪武二十九年"赐在京旗手等卫军士二十二万二千余人夏布

---

①　洪武时期，京营虽然没有创建，但京师地区仍设有大量卫所，我们称之为"京军"，以区别于"京营"，后来京营的成立是以在京士卒为基础的，为了更直观地反映京营人数的演变，这里我们把洪武时期的京军人数也统计出来。

②　《明史》卷89，《兵志一》，第2176页。

③　《明太祖实录》卷70，洪武四年十二年癸未条。

④　《明太祖实录》卷197，洪武二十二年八月丁巳条。

⑤　《明太祖实录》卷223，洪武二十五年十二月丙午条。

⑥　《明太祖实录》卷227，洪武二十六年五月戊午条。

五十五万三千九百余匹"①。由此可知，洪武朝在京士兵有20余万人。

明太宗迁都北京，将首都置于国防前线，使之成为全国的政治军事中心，更加注重发展京营机构，人员也有了很大的扩充，京师的武装力量包括：（一）五军、三千、神机三大营军力，共拥72卫，合计约有36万人；（二）班军，为增强京师的军事力量，由中都、大宁、山东、河南等处官军，每年春秋两季轮番赴京操练，共16万人；（三）畿内各府有50多个卫所，共官军20余万人。统计各项，永乐朝京畿地区约有兵力70万～80万人。嘉靖时，吏部侍郎摄兵部王邦瑞上言："国初京营劲旅不减七八十万。"②

二、明中后期京营之衰败

"仁宣之治"基本承袭二祖政策。但从英宗正统到神宗万历年间是明代历史上的多事之秋，政局多变。京营方面，由于军制的变化，士兵的哗变和逃亡，勾补和招募不力，军队人数大大减少。

三大营为洪熙、宣德、正统时期军事之核心，然承平日久，纲纪废弛，组织、训练不力。并且，三大营各有总兵，不相统属，遇有调遣、选派，号令不一，兵不识将，将不识兵，遇有战争，军队临时组编，管理不善。土木之变，以三大营为主的50万大军丧没殆尽。至此，三大营成立以来的积弊全部显现。景泰元年，总兵官武清侯石亨上疏三大营之积弊，倡言改革，设立团营："各营骑兵官军强弱混淆，遇警，弱者怯走，勇者难支，乞选膂力骁勇、长于骑射者为上等，人加月米，马增刍豆，每一万为一营，令骁勇都督统领，臣亲督训练，随宜处置，不拘故

---

① 《明太祖实录》卷245，洪武二十九年三月己巳条。
② 《明史》卷89，《兵志一》，第2179页。

常，务使兵将相识，上下一心，亲管官旗，不得私占。"①景泰二年（1451）四月，选三大营中之精锐步骑军6万人为团营之基础，严加操练，以防瓦剌再次南下。同年十二月，为严防边境，于谦以军额不足，奏请"选官军十万分五营团操"②。不久，脱脱不花为也先所杀，也先势力大增，为强化边备，在于谦的奏请下，景泰三年十二月正式成立十团营，"今五军、三千、神机等营，各有总兵掌管，规矩不同，倘遇调遣，辏拨前去，非惟军将俱不相识，抑恐号令不一，误事不少。合无于五军、三千、神机等营，选捡精锐马步官军一十五万，内五军营八万，神机营五万，三千营二万，分为十营，一营一万五千，用坐营都督一员"③。于谦在文中叙述了十团营之规模、编制、训练、调遣及人事安排等有关事宜，颇为详尽。十团营变三大营之体制，取其精锐，15万人之众，分为10营，自一营至一队，兵将相习，层层相维，统领于于谦。十团营之制是非常时期为抵制瓦剌南下而由于谦一手建置经营的，所以，于谦被害，十团营即宣告解体。

景泰八年正月，夺门事发，英宗复辟，于谦被害。天顺元年（1457）四月罢十团营，复三大营之旧制。当时营军有23万余人，由石亨、柳溥、张轨三人执掌，分头拨、次拨依次训练。④天顺八年英宗驾崩，宪宗即位，复罢三大营，立团营，于五军、三千、神机等大营，选头拨精锐骑步官军110948名，凑足12万之数，分十二营。不久，因营务废弛，十二团营弊端丛生，于成化二年（1466）复罢团营，仍头拨、次拨由给事中、御史监督训练。成化三年二月，宪宗命户部尚书马昂、都察院右副都御史林聪等人清理营武，于五军、三千、神机营选骁勇官军，五军营得79304

①《明英宗实录》卷199，景泰元年十二月壬辰条。

②（明）王圻：《续文献通考》卷130，现代出版社，1986年版。

③（明）陈子龙等辑《明经世文编》卷33，于谦：《建置五团营疏》，中华书局，1962年版。

④《续文献通考》卷164，《兵考·皇明》。

人，三千营得14860人，神机营得49745人，总计143909人，仍分十二营操练。①

十二团营衰败最明显的表现就是军士逃亡。宪宗成化二、三年记载京营数均30万人，但至成化五年，"满四作乱"，宪宗命都督刘玉率显武、耀武征讨，刘玉以所统马军人数少为由要求补选，而宪宗则以"团营军选补未久，如何又要选补"②予以拒绝。可见，京营军额的记载多有虚额。据《明宪宗实录》记载，成化十年二月："五军、三千、神机等营军士，于团营操练者，逃故凡四千一百余。"③弘治年间（1488—1505），孝宗严肃军纪，清理营弊，但未见成效，及至弘治末年，团营兵竟不足3万人，且腰鞬弓刀不全，骑士牵露骨马，食之者增，用之者寡。④

武宗即位，令英国公张懋、兵部尚书刘大夏检阅十二营操练官军，得精锐者60574人，分为五营；稍弱者25346人，仍存原伍，一体操练。不堪者283人发回次拨。当时，三大营次拨官军，五军营90926人，神机营37528人，三千营25823人，内有事故计94340人。⑤官军总计33万余人，然军士被隐占役用者颇多，实存者不及14万人。正德六年（1511）刘六、刘七起义，大多派边军前去镇压，"边军骁悍胜京军，请互调操练"⑥。正德八年，武宗正式设立东西两官厅，选十二营精锐为"听征人马"训练。在西官厅操练之军马，以桂勇领前营，贾鉴领后营，张洪领勇士营，李隆领四卫营，许泰、江彬提调中军。⑦东官厅则由太监张忠等人分领。此后两官厅官军为"选锋"，而十二团营则成为"老家营"。其京营

---

① 《明宪宗实录》卷41，成化三年夏四月辛丑条；《续文献通考》卷130载：时团营十二万，即京卫骁健八万，外卫八万，外卫分两班轮代合计之数。

② 《国朝典汇》卷150，《兵部十四·京营》。

③ 《明宪宗实录》卷136，成化十年十二月丙午条。

④ 《皇明世法录》卷43，《京营重兵》。

⑤ 《明武宗实录》卷3，弘治十八年秋十月甲申条。

⑥ 《明通鉴》卷44，《武宗毅皇帝》。

⑦ 《明武宗实录》卷118，正德九年十一月庚申条。

人数，正德十年，各营卫计食粮官军384745人，除去免征、从征，团营所存仅134983人，新选中者23323人，后虽复选，京卫得58341人，外卫原选88072人，春班已还，秋班赴而未齐，俱不复选，是以在营仅13828人。[①]有明一代军队缺伍莫甚于此。

世宗即位，军士占役、营伍空虚、武备废弛，每遇警急，必于各营遍行挑选军士，但常常难以凑足数额。嘉靖六年（1527）春，鞑靼侵犯宣府，"欲选京军征剿，团营额设十二万，及选，不满二三万"[②]。七年正月，提督团营太监张永核查军伍："上之十二营官军原额一十万七千有奇，今止五万四千四百有奇。马原额一十五万二百余匹，今止一万九千三百余匹。且其中病惫尪瘵者过半，营务废弛，盖莫甚于此时。"[③]嘉靖二十九年，俺答入侵，兵部尚书丁汝夔"核营伍不及五六万人，驱出城门，皆流涕不敢前，诸将亦相顾变色"。吏部侍郎摄兵部王邦瑞因言其弊："国初京营劲兵不减七八十万，而元戎宿将不乏人，嗣是三大营变而为十二团营，又变为两官厅，虽浸不如初，然原额军尚足三十八万有奇。迄今承平日久，武备废弛，据籍，见在者止十四万有奇，较之原额已减三分之二，而在京操练者，又不过五六万人而已。户部支粮则有，兵部调遣则无……"[④]

世宗大力振刷京营，悉罢团营及两官厅，复三大营旧制，更三千营为神枢营，罢提督监枪等内臣，创设"戎政厅"，命武臣一人总督京营戎政，又命文臣一人协理京营戎政。同时，还遣四御史于畿辅、山东、山西、河南等地募兵四万，分隶神枢、神机二营。此时的三大营之制，中为五军，东为神枢，西为神机，内各分十小营，总计三十小营，合之为

[①] 《明武宗实录》卷126，正德十年六月甲戌条。

[②] 《明世宗实录》卷83，嘉靖六年十二月壬子条。

[③] 《明世宗实录》卷84，嘉靖七年正月辛卯条。

[④] 《明世宗实录》卷365，嘉靖二十九年九月辛卯条。

三大营，联之则总名为戎政府。当时官军也仅"十二万耳，其间且多招募新军，则京卫军伍之缺可知已"。又查中都、山东、大宁、河南诸路外卫班军"原额一十六万，今每班至者不满二万，则班军之缺，又可知已"①。至嘉靖末年，两京兵制，北为戎政府，素不练习。南为振武营，桀骜殊甚，均不能用。②

穆宗初年，三大营官军不满九万人，大学士赵贞吉亲临现场，营军却无一可用之兵。隆庆四年（1570）正月，穆宗遂下诏更戎政府，收戎政府印。京营事宜由六提督共同执掌，各执己见，互相推诿，遇事不决。后又罢黜六提督，复设"总督协理二臣"，复还戎政官印。京营人数仍"不及十之三四"。③

万历后，营制未再变革，张居正当国，整饬营务，核覆名实，颇为清廉。自此以后，廷争纷乱，一度整饬之营务，遂又日渐废弛。天启年间，魏忠贤用事，内臣监军。崇祯时期，内监罢而复设，营务尽领于中官，营将多卷入党争之中。"虽尺籍仍载十数万或十万，实际操练者仅数千人，或二三百人。"④至崇祯十二年，王章奉部巡视京营："按籍领军十一万有奇"，及阅视"半死者，余冒伍，疲甚"。⑤营伍空虚至极。甲申之变，李自成兵临城下，京营望风先溃，明朝遂亡。

再看京营之附加力量班军，班军制度亦称京操，其主要作用在于"无事足以壮国威，有警足以御外侮，又深得居重驭轻之宜矣"⑥。班军是外卫入番京师被编入京营训练的，与京营的其他军事力量一起总为三大

---

① 《明世宗实录》卷488，嘉靖三十九年九月辛卯条。

② 《明世宗实录》卷483，嘉靖三十九年四月丁酉条。

③ 《明世宗实录》卷44，嘉靖三年十月丙申条。

④ 《明史》卷89，《兵志一》；（明）张岱：《石匮书后集》卷13，《蒋德璟黄景昉吴甡列传》。

⑤ 《明史》卷266，《王章传》。

⑥ 《明经世文编》卷178，张孚敬：《奏答安民饬武疏》。

营。京操制度应始于永乐二十二年永乐帝北征病故后，此制在宣德元年得到宣宗的认可，并在宣宗的不断调整下得以完善，并最终形成定制。班军数额为16万人，分春秋两班，轮班往来。其中驻凤阳的中都留守司41960名，河南都司14649名，山东都司41960名，驻保定的大宁都司70790名。

由于京操制度是将驻守在地方的军队调往北京，在充实京师军士力量的同时却削弱了地方的军事实力，造成了地方与京师军事防御上的矛盾。对此，景泰年间，吏部左侍郎翰林学士江渊指出："军卫本为守护地方而设，今直隶天津、德州并凤阳等卫官军俱轮班京师操练，……是以各处军卫空虚。"[①]同时，班军远离父母妻子千里赴京，其中艰辛可想而知，弘治时兵部尚书刘大夏在上疏中谈到"江南军士多因漕运破家，江北军士多以京操失业"[②]，足见京操对军士的危害。京操制度推行不久，就遇到来自地方、军士本人等各方面的强大阻力。军士大量逃避京操的事件从景泰年间就见于记载。景泰二年，中都留守司都指挥同知郑时因"不能钤束所部如期赴京"而受到处罚。[③]宣宗初，规定班军春秋番上数额为16万人，至景泰时，"景帝之责任，日夜焦劳仅仅将十万之师"[④]。成化初，"增为十二营，京兵八万，盖以外兵八万，分两班隶之，期年一报代"[⑤]，实际更番赴京的军士只有99463人[⑥]，较京操实行之初少了6万人。至弘治中，兵部言占役之害，罚治如议，"于是选卫兵八万团操，内外各半，外卫四万，两番迭上"[⑦]。后因京畿地区势豪私役，或供京缮，士卒畏役惧

① 《明英宗实录》卷244，景泰五年八月乙酉条。

② 《明孝宗实录》卷213，弘治十年六月壬戌条。

③ 《明英宗实录》卷211，景泰二年十二月庚午条。

④ 《明经世文编》卷461，叶向高：《京营兵制考》。

⑤ 《明经世文编》卷461，叶向高：《京营兵制考》。

⑥ 《明宪宗实录》卷243，成化十九年八月乙亥条。

⑦ 《明史》卷90，《兵志二·班军》，第2230页。

暴，衍期不至，嘉靖间，李熙核查班军仅有4万人。[1]万历末年，"巡视京营科道官称，原额班军一十六万，除拨蓟镇外，仅余二万"[2]。至崇祯时仅剩不足2万人，[3]京操军从最初的两班16万人之众，到明末两班实际上班人数不足2万人，足见营伍空虚至极。

明代京营的发展可以分为三个时期。明初至正统土木之变前是京营的发展、完善、鼎盛时期，这一时期的京营人数高达七八十万。明太宗三犁房庭，南定安南，均赖于京营之精锐。土木之变至嘉靖中期为京营的衰败时期。在此期间虽然经历了于谦、明世宗的大力整顿，军力稍强，然其军队实力与军额与明初已非同日而语，最高军额（按籍）只有38万人，相当于明初之半。明世宗以后，为京营之崩溃时期，这一时期京营虽仍四处征战，却无一可恃之处，就军队人数而言（按籍）也只有12万，仅相当于明初军额的1/7弱。

第三节　边军军额之演变

"边兵"主要是指部署在九边和海防的军队。终明一代，除一段时间"南倭"外，最大的军事威胁始终在北方，所以，本节内容仅限于对九边军额的考察。九边是指为防御北边少数民族（特别是蒙古族）南下，而设置的九个军事重镇。自东而西依次是辽东镇、蓟州镇、宣府镇、大同镇、山西镇（又称三关镇或太原镇）、延绥镇（又称榆林镇）、固原镇（又称陕西镇）、宁夏镇、甘肃镇。

正德十六年五月，户科都给事中邵锡在奏疏中明确提出"九边一体"

---

[1] 《明史》卷90，《兵志二·班军》，第2230页。

[2] 《明神宗实录》卷583，万历四十七年六月庚辰条。

[3] 《明史》卷89，《兵志一》，第1918页。

的说法，这是九边一词最早在史书中出现。而在此前后，兵部尚书彭泽在奏疏中也将九镇称为九边。嘉靖初，代彭泽为兵部尚书的金献民特意让兵部主事郑晓"蜀撰《九边图志》"。这说明在嘉靖初年九边之称不仅已为人所知，而且开始广泛使用。之后，有关九边的著述纷纷出现，如许论撰《九边图说》、魏焕著《皇明九边考》等，九边逐渐成为明代北部边防的代名词。①由此可见，九边一词至迟于正德十六年已经出现。而在此之前，北部边防处于一种什么样的状态？九边是怎样形成的？弄清这一问题是研究明代北部边防军额的关键。

一、明代北部边防的内徙及九边的形成

研究明代九边的学者大都意识到九边是在抵御蒙古进攻的过程中逐渐形成的，并把九边的形成与明朝的盛衰联系在一起。认为明初洪武、永乐时期国力强盛，曾多次出兵塞外，但并没有使蒙古最终屈服，不得已，明朝在攻战之余开始构筑北边防线，九边边墙肇始于此。正统以后明朝由盛转衰，边患日渐加重，与此相适应的是九边建设的步伐加快，至嘉靖时期，明朝危机四伏，九边边防建设加速，并最后形成。②所以，从某种意义上讲，九边的形成过程是明王朝在北部边防都司、行都司的基础上军事化统治进一步加强的过程，也是明代北部边防由积极防御到消极抵抗、由强到弱的演变过程。③这些都是促使九边形成的重要因素，但从历史地理的角度考虑，九边的形成与明初边防的内移有直接的关系。

中国北方边疆，历来祸患不绝，明代更是如此。明太祖虽推翻了元朝，取代了元在全国的统治，但退入漠北的元军残部，仍保留了大量的

① 韦占彬：《明代"九边"设置时间辨析》，《石家庄师范专科学校学报》2002 年第 3 期。

② 肖立军：《九边重镇与明之国运——兼析明末大起义首发于陕的原因》，《天津师大学报》1994 年第 2 期。

③ 余同元：《明代九边述论》，《安徽师大学报》(人文社会科学版) 1989 年第 2 期。

军事力量，并屡谋兴复，对中原地区犹有觊觎之志。为此，明廷必须加强北边的防御。据明太祖《皇明祖训》云："但胡戎与西北边境，互相密迩，累世战争，必选将练兵，时谨备之。"①明太祖指出捍卫北部边疆的重要性，并要求"选将练兵"，时加"谨备"。这是明洪武时期对北部边防的戒备，也是整个明代对北方边防的原则。

洪武时期，在北部边防已设有辽东、大宁、大同、甘州四都司，都司以下又设有若干卫所直接统率军兵。如果把洪武时期在北方边防第一防线上的重要设施，无论是都司还是卫所，连起来看，自东至西分别是辽东、开原、广宁、大宁、开平、兴和、大同、东胜、宁夏、甘州等，形成了明初在外设防据险的一条重要防线，也是明代最初的边防线。无论是从地理形势，还是历史背景看，如能防守住这条前哨防线，明代边防优势就能得以体现，这是明太祖巩固边防的长久大计。不仅如此，为进一步加强防线，明太祖还在沿边地区分封藩王把守，把出征和镇守的重要军事职权由武将转移到藩王手中。

然而明太宗即位后，北部边防已有显著的变化，明太祖在北方扼险设防的几个重要地区，如大宁、东胜、开平、兴和等地防守力量已内徙。其中影响最大的要数大宁与东胜，而开平及兴和尚处于次要地位。

大宁地区军事力量内迁后，由兀良哈三卫管辖这一地区，"约以为外藩。局则侦探，警则捍卫。然诸部已列我门庭矣。亡何，三卫复叛，附阿鲁台。终明之世，秦宁、福余常与东合，而朵颜常与西合，为中国膏肓之患，则皆三卫为向导也"②。永乐末期，阿鲁台南侵，兀良哈不仅没有替明朝抵御外患，反而内附阿鲁台，助其入犯。于是，明太宗亲征阿鲁台，在凯旋班师的途中，又征讨了兀良哈。至是明太宗谓诸将曰："阿鲁台恃乌梁海（兀良哈）为羽翼，二寇相结，边患无已时，今当移师剪

①《皇明祖训》，四库全书存目丛书史部第264册。
②《明史纪事本末》卷20，永乐二十年六月乙未条。

之。"①宣德三年（1428），宣宗也有亲征兀良哈的记载，以整饬边备。

英宗正统时代（1436—1449），距离永乐元年内移边防时期不过三四十年的光景，经过永乐、宣德时期的整合，瓦剌势力超过鞑靼，成为明朝的劲敌。至正统时期，瓦剌脱欢又传子也先，击败脱脱不花，自立可汗，并屡次南下犯边。正统十四年，也先大规模南下，于宣府以南的怀来土木堡大获全胜，俘虏英宗。这就是著名的土木之变，明军遭到空前的打击。

明代北部边防自内移后，面对鞑靼、瓦剌侵扰，明廷遂在内移的边防上加强军事防御，直接促使明代九边镇守体系的形成，从而形成明代后来200余年的北部边防防线。先就辽东而言，大宁地区边防内移，已直接使辽东与北方边防的联防受到阻碍。所以，"辽东与宣、大声援阻绝"。②不仅如此，兀良哈三卫在这一地区发展势力，西可入犯畿辅，东可向辽东进犯，成了明朝的直接隐患。因此，明代着力加强辽东的军事防御，辽东成为九边的重镇之一。

大宁地区军事防御内移，也直接促使蓟州成为一个重要的军事重镇。正如《皇明九边考》所云："边人谓外山势连千里，山外撒江环绕，诚自然之险也，北虏不敢内侵。三卫者以此，今弃此而守内边，失地险矣。"③明代内移边防，致使兀良哈三卫可在"外边"之内、"内边"之外的地区发展，形成了严重的边患，直接威胁着京师的安全。明政府只能在"内边"增墩军修墙堡，加以防守。于是北京以东的蓟州便列为首选，成为九边边防的重镇。正如《皇明九边考》记载："蓟州一带，拱卫京师，密迩陵寝，比之他边尤重。三卫营居中，为本边镇，东至山海关三百五十

---

① 《明通鉴》卷48，成祖永乐二十年，第752—753页。

② 《明史》卷91，《兵志三·边防》，第2236页。

③ （明）魏焕：《皇明九边考》卷3，《蓟州镇·疆域考》。

里，西至黄花镇四百五十里。"①明廷在此设立22个卫，3个守御千户所，直接促使蓟州成为边防的九边镇之一。

宣府是北京以北的门户。自明代边防内移后，宣府必须加强防御，《明史·兵志》云："先是兴和亦废，开平徙于独石，宣府遂称重镇。"②宣德五年放弃或内徙开平及兴和时，朝廷随即设立万全都指挥使司。随后，宣宗命于宣府立都司，并设置十六卫所。③防守京师以北的门户，于是宣府成为九边镇之一。

大同，洪武时期曾在此设立重要军事机构，但因为当时大同东北有兴和及开平作为边防，西北有东胜卫的守备，形成钳制之势，有助于防御外敌的入侵。然而开平及兴和内移后，接着东胜左右卫调离，大同失去有力的屏障，形成孤立之势。因此，正统十四年，也先南下，土木之变，英宗被俘，明代遭到空前的浩劫。自此以后，明代北方的边患不断。由此也可以看出兴和、开平及东胜内移后，孤立的大同在北方边境军事地位的重要性。于是，明廷加强大同防备的力度，大同即成为北方九边重镇之一。

与大同相似，偏头关军事地位之显著也是因为东胜、开平、兴和的弃而不守。"往年东胜开平能守，三关未为要害。正统以来，东胜、开平俱失，三关独当其卫。"④所以，偏头关等地成为钳制外敌南下的军事重地。正统以来，又失去东胜，鞑靼可以轻松逾过黄河，"而偏头关迤西，遂有河套之虞"⑤。正统年间土木之变后，边患愈来愈烈，山西偏头关等地区常遭到侵犯。到了明中叶，鞑靼居水草肥美的河套，不断入侵，成为明代最严重的边患，三关地区逼近河套，偏头关的战略地位显得更加重

---

① 《皇明九边考》卷3，《蓟州镇·疆域考》。

② 《明史》卷91，《兵志三·边防》，第2236页。

③ 《明宣宗实录》卷67，宣德五年六月壬午条。

④ 《皇明九边考》卷6，《三关镇·保障考》。

⑤ （明）张天复：《皇舆考》卷9，《九边图叙》，北京图书馆古籍珍本丛刊23册。

要。《皇明九边考》所云："弘治十四年以后，虏住河套中，地势平漫，偏头关逼近河套，焦家坪、娘娘滩、羊圈子地方皆河套渡口，往来踩践，岁无虚日，保障为难。今三关要害虽同，偏头尤急。"[1]这样，偏头关也成为九边镇之一。

延绥之为重镇，与东胜边防内移有直接关系。[2]土木之变之后，鞑靼逾黄河入驻河套，成为明代严重的边患，《明史》称之为"套寇"。所以，明政府不得不加强延绥镇的军力，以防御"套寇"向河套以南的地区入侵。于是延绥镇的军事地位提高，成为九边军镇之一。

固原位于河套以南，属于内边防线，不易受到外患的扰乱。明弘治十四年，蒙古火筛居河套南犯，首冲固原，明廷才改平凉之开城县为固原州，并以"固、靖、甘、兰四卫隶之"。至嘉靖十八年因主事许论提议，"以总制移镇花马池，仍以陕西巡抚总兵提镇此边"[3]。由此可知，因受边防内移，"套寇"入侵的影响，固原逐渐成为边防重镇。

宁夏居河套以西。在明代早期，贺兰山外民族时有入犯，所以，明太祖在此设防也是必然的。明太宗内移边防时，宁夏并没有变。所以，在这一地区设防也具有重要意义。只是宁夏居河套以西，与延绥、偏头关等地相比，所面临的压力稍弱。

甘肃地带，即汉时武威、张掖、酒泉、敦煌四郡之地，西通西域，北连蒙古，为西北边防之要地。洪武时期，明太祖即在此设置防御，"洪武九年设甘州等五卫于张掖、设肃州卫于酒泉、设西宁卫于湟中，又设镇番、壮浪二卫，又于金城设兰州卫，皆置将屯兵拒守"[4]。在明代边防内移时，这一地区并没有移动，所受影响不大，但其作为西北地区的重镇

① 《皇明九边考》卷6，《三关镇·保障考》。

② 参见吴辑华《明代延绥镇的地域及其军事地位》，《明代社会经济史论丛》下册，台湾学生书局，第289页。

③ 《皇明九边考》卷10，《固原镇·疆域》。

④ 《皇明九边考》卷9，《甘肃镇·保障考》。

一直备受重视。

总之，由于明代边防的内徙，促成了九边的最终形成。在明代的北部边防上，东起鸭绿江，西抵嘉峪关，绵亘万里，中间分布着辽东、蓟州、宣府、大同、山西、延绥、固原、宁夏、甘肃九个边防重镇，形成了一条边防防线。这条防线是在边防内徙的影响下，为防御蒙古、保卫京师而最终形成的，成为明代后来200余年边防防线，影响深远。

二、明初九边军额

由上文可知，九边边镇的形成，是在明代边防内徙，为防御蒙古南下的情况下最终完成。其时间跨度很大，始于洪武年间，至嘉靖时期才最终完成，长达一个半世纪之久。

"洪武之初，西北边防重镇曰宣府，曰大同，曰甘肃，曰辽东，曰大宁。"[①]"洪武时，宣府屯守官军殆十万。"[②]洪武二十八年"大同三护卫并蔚朔、东胜、左右四卫军校六万二百余人"[③]。洪武十五年"辽东诸卫士卒十一万二千一百二十人"[④]。洪武二十三年"大宁诸卫及高岭诸驿军士六万七千五百人"[⑤]。如计算整个北边卫所军事力量，笔者认为还要加上太原和陕西、北平的部分军队，洪武十八年"太原诸卫士卒十万余人"[⑥]。同年"长兴侯耿炳文奏阅陕西诸卫军士凡一十二万四千二百五十三人"[⑦]。洪武十二年"北平都指挥使司卫所士卒十万五千六百余人"[⑧]。如考察整个北

---

① （明）章潢：《图书编》卷43，上海古籍出版社，1992年版。

② 《明史》卷91，《兵志三·边防》，第2242页。

③ 《明太祖实录》卷237，洪武二十八年三月丙申条。

④ 《明太祖实录》卷150，洪武十五年十二月乙亥条。

⑤ 《明太祖实录》卷200，洪武二十三年二月辛酉条。

⑥ 《明太祖实录》卷174，洪武十八年秋七月丁亥条。

⑦ 《明太祖实录》卷174，洪武十八年秋七月乙酉条。

⑧ 《明太祖实录》卷128，洪武十二年十二月辛未条。

部边防军数还应加上甘肃，所以洪武朝北边军数应在45万人以上。

朱棣即位，迁都北京，改塞王守边为天子守边，更加重视北部边防的建设。永乐年间，北边基本设置了甘肃、宁夏、宣府、大同、辽东、延绥六镇，一般认为六镇军队数额，即明初原额。[1]现存史料中，有不少关于九边军数"原额"的记载，但出入较大。就某一镇来说，如宣府镇军数"原额"，《万历明会典》记151452员名，《春明梦余录》记126395员名，《太仓考》记49424员名，相差10多万人，多有虚实。另外，《天下郡国利病书》《广舆图》《图书编》也分别记载了辽东、宣府、大同、延绥、宁夏、甘肃等镇军数。如表1-1所示：

表1-1　明初九边六镇军额　　　　　　　　单位：人

资料来源	镇　名					
	辽东	宣府	大同	延绥	宁夏	甘肃
《春明梦余录》	99857	126395	54154	49250	30781	95998
《天下郡国利病书》	99857	126395	54154	49250	30787	33894
《广舆图》	99857	126395	54154	49250	30787	50863
《图书编》	99857	126395	54154	49250	30787	53743
《万历明会典》	94693	151452	135778	80196	71693	91571
《太仓考》	94144	49424	135778	80196	71693	91571

永乐间六镇军额到底是多少？以下逐镇论述：

1.甘肃

九边首建之镇。洪武二十七年以李景隆为平羌将军镇守甘肃。成化三年，巡抚甘肃右佥都御史徐廷章奏，"甘肃等卫所大约原额旗军七万二千九百余名，今实在者四万一千八百余名"[2]。《全边略记》有相似的记载，"甘肃额设七万二千九百余名，今实有者四万八千七百，余则

① 梁淼泰：《明代"九边"的军数》，《中国史研究》1997年第1期。
② 《明宪宗实录》卷43，成化三年六月丙申条。

035

逃亡矣"①。弘治十六年记，"甘肃各卫原额旗军共七万三千九百四十余人，今见在止四万一千六十余人，余皆逃亡"②。隆庆六年记，甘肃卫所原额军数"甘肃十二卫三所军士七万五百六十名"③。此外，戍守甘肃的还有班军。永乐十年，"宁夏骑士二千屯凉州镇番"④。宣德四年，甘肃操备军士，陕西都司调至者一万人。⑤宣德七年又有更为详细的记载，"以宁羌、兰州、秦州、临洮、巩昌、山丹、永昌、凉州，及甘州左、右、中、前、后五卫官军戍甘州，通计九千八百七十余人，肃州、镇番、西宁、秦州、卫礼店千户所去甘州远者皆遣还"⑥。《皇明九边考》则这样记述："肃州左等一十五卫所原额冬操夏种舍余并调到备御陕西兰、临等卫官军八万九千五百一员名，本镇官军舍余七万九千九百四十五员名"，接着又记"甘州左等五卫原额官军舍余并调到陕西兰、临等卫备御官军二万九千七百八十八员名，存城官军舍余二万七千二百六十八员名"⑦。而临洮、兰州等卫原戍宁夏，宣德七年才改戍甘州，⑧所以《九边考》所记"原额"应该是宣德七年以后的军数。总之，永乐朝甘肃各卫军额应在7万名（不包括轮操班军）以上。

2. 宁夏

镇城在银川。永乐初年，何福为总兵官，遂建镇，成为九边第二处建立之军镇。永乐元年"宁夏四卫马步旗军共二万四百一十三人，从事屯种的一万四千一百八十四人"⑨。卫军之外"永乐初调西安左、西安右、

① （明）方孔炤：《全边略记》卷5，"国立中央"图书馆，1981年版，第369页。
② 《明孝宗实录》卷199，弘治十六年五月己巳条。
③ 《明神宗实录》卷8，隆庆六年十二月辛巳条。
④ 《明太宗实录》卷130，永乐十年七月壬寅条。
⑤ 《明宣宗实录》卷60，宣德四年十二月戊寅条。
⑥ 《明宣宗实录》卷90，宣德七年五月丁丑条。
⑦ 《皇明九边考》卷9，《甘肃镇·军马考》。
⑧ 《明宣宗实录》卷90，宣德七年五月丁丑条。
⑨ 《明太宗实录》卷17，永乐元年二月乙亥条。

西安前、西安右护、潼关、宁羌、汉中等七卫及凤翔守御千户所官军共一万一千七十六员名，马五千四百五十七匹，分布宁夏并东、西、中三路备御轮班上下"①。四卫军和班军共31489名，嘉靖十九年巡抚都御史杨守礼疏言："本镇宁夏等卫所原额原军五万六千一百五十九员名，实有二万五千六百二十一员名。"②《九边考》记："本镇三路各城营堡原额马步、守城，及冬操夏种舍余士兵并备御官军共七万二百六十三员名。"③万历二十三年，巡抚宁夏周光镐奏称兵部覆议清军额一款，"原额官军七万一千六百有奇"④。嘉靖九年，都察院右都御史江铉言："国家于江北沿边各设重镇，如甘肃、延绥、宁夏、大同、宣府，每镇官兵不下六七万人。"⑤比较符合永乐中后期宁夏的情况。

3. 大同

洪武二十六年，设山西行都司，治所大同，永乐七年设镇守总兵，从此大同称镇。大同"先年原设旗军一十三万五千有奇，马五万一千有奇。嘉靖偶因一二岁边事稍宁，逐议销兵节饷，军仅八万八千为额，马仅以三万六千为额"⑥。嘉靖年间，兵部覆给事中徐刚奏"大同原额官军十二万六千二百余人，各营分设以有定数，今缺至三万八千余人"⑦。此外，河南、山西、平阳等卫所官军7000余名轮班备御大同，《罪惟录》也记载大同"原额兵马官军一十三万七百七十八员名，天启中实在八万五千七百八十员名，马骡五万一千六百五十四匹头，实在三万七千四百七十一匹"⑧。方逢时在《备察边情敷陈臆见疏》中认为：

① 《宁夏新志》卷1，天一阁藏明代方志选刊续编第72册。

② 《宁夏新志》卷1。

③ 《皇明九边考》卷8，《宁夏·军马考》。

④ 《明神宗实录》卷284，万历二十三年四月丁未条。

⑤ 《明世宗实录》卷369，嘉靖九年九月辛卯条。

⑥ 《明经世文编》卷452，梅国桢：《请复战马疏》。

⑦ 《明世宗实录》卷396，嘉靖三十二年闰三月庚申条。

⑧ 《罪惟录》卷12，《九边志》。

"（大同）一镇之兵，原额十四万余。200年来逃亡过半。见在食粮之数，仅八余万"①。14万人原额显然是指明初。《明神宗实录》卷33也记："大同额军十三万，今止八万。"②张金奎认为"13万余的原额应是洪武二十六年以后到建文四年卫所大量内徙之前的兵额"③，比较符合史实。

4. 宣府

永乐三年置镇守总兵官，佩镇朔将军印，驻宣府，于是宣府称镇。宣德五年六月置万全都指挥使司。宣府"卫所者十有九，为城为宿兵墙堡者共三十二"④。潘潢在《议勘宣府新军疏》中说："查得宣府镇原额官军一十二万六千三百九十五员名，今存籍止有九万五百名。"⑤成化四年记"万全都司所属一十九卫所，原额骑兵十有二万二千五百八十六"⑥。且宣府"诸军皆自永乐中调来"⑦。嘉靖二十八年，户部奏："宣府官军国初时三分城守，七分屯种，当时备操止有三万九千余名，正统以后撤屯丁为操军已非旧额。"⑧据此推算，当时宣府军数约为13万人，当然也有远远低于此数的记载，如《水东日记》卷34则记"各属原额屯操守战官军、舍、余、士兵等六万六百六十六员名"⑨，仅按19卫推算军额也约为9万人，很显然不是明初原额。

5. 辽东

洪武四年置定辽卫，七年设总兵官，先驻广宁，后移至辽阳，八年

---

① 《明经世文编》卷320，方逢时：《备察边情敷陈臆见疏》。

② 《明神宗实录》卷33，万历二年闰十二月戊寅条。

③ 张金奎：《明代山西行都司卫所、军额、军饷考实》，《大同职业技术学院学报》2000年第3期。

④ （明）叶盛：《水东日记》卷34，北京：中华书局，1980年版。

⑤ 《明经世文编》卷197，潘潢：《议勘宣府新军疏》。

⑥ 《明宪宗实录》卷55，成化四年六月丙辰条。

⑦ 《明宣宗实录》卷91，宣德七年六月壬子条。

⑧ 《明世宗实录》卷349，嘉靖二十八年六月甲辰条。

⑨ 《水东日记》卷34，《宣府卫所屯堡等数》。

改为辽东都司，永乐初正式称镇。辽东镇属25个卫，11所，2关，100个营堡。洪武十五年"辽东诸卫士卒十一万二千一百二十人"[1]。洪武二十九年"赐辽东、定辽左等卫并广宁三护卫军士及辽府、仪卫司、校尉等十万三千五百人布凡三十四万一千八百匹"[2]。弘治十四年，监察御史胡希颜查辽东边储时奏："辽东旧额军士旧十八万有余，今物故、逋亡过半。"[3]弘治十六年，吏科给事中邹文盛又言："（辽东）国初设三十五先年官军十有九万，近或逃回原籍，或潜匿东山，或为势豪隐占，见在止有七万之数。"[4]嘉靖年间巡按山东御史张问行条陈："辽东二十五卫原额一十五万六千九百余名，今见役六万余名。"[5]《明史》记辽东："初，永乐时，屯田米常溢三分之一，常操军十九万，以屯军四万供之。"[6]《明武宗实录》也记："永乐十七年，辽东定辽左等二十五卫，原额屯田共二万一千一百七十一顷五十亩，该粮六十三万五千一百四十五石"，"永乐间，常操守军士凡一十九万"。[7]梁淼泰根据当时辽东屯田的情况以"屯军每人50亩为一分估算"，得出"应有屯军约4万人"，进而得出结论"可见永乐间辽东额军为23万人"。[8]但永乐年间，辽东镇属卫最多不超过25个，所不超过11个，以23万人计，平均每卫官军11300名，严重超编。所以，以明代卫所编制推断15万余人应是永乐间原额。

6.延绥镇（又称榆林镇）

此镇旧址在绥德，洪武六年置绥南卫，永乐初年置延绥镇，成化十年徙镇榆林。潘潢在《议延绥新军疏》中言："查将延绥镇原额马步骑

---

① 《明太祖实录》卷150，洪武十五年十一月。

② 《明太祖实录》卷248，洪武二十九年十二月。

③ 《明孝宗实录》卷182，弘治十四年十二月辛未条。

④ 《明孝宗实录》卷195，弘治十六年正月甲午条。

⑤ 《明世宗实录》卷88，嘉靖七年五月丙戌条。

⑥ 《明史》卷77，《食货志一·屯田》，第1885页。

⑦ 《明武宗实录》卷39，正德三年六月己卯条。

⑧ 梁淼泰：《明代"九边"的军数》，《中国史研究》1997年第1期。

操官军五万八千六十七员名，弘治八年二万五千四百二十三员名，正德十三年二万四千五百八十九员名，嘉靖十八年以后，节次招募。"[1]《皇明九边考》记载的原额更具体："本镇所管三十四城堡常操新募轮班冬操夏种并事故等项原额马步骑操军共五万八千六十七员名，常操延绥、榆庆等卫马步官军四万一千五十四员名"，"新召募甲军三千名"，"轮班西安、南阳、潼关、宁山、颍上等卫所马步官军一万一千一十三员名"，"冬操夏种无马官军二千员"。[2]《典故纪闻》则记，"延绥镇旧设军六万六千余名，今止五万余名"[3]《全边略记》记"御史奉命阅视延绥、宁夏各三路营堡城所，原设官军凡十万九千一百四十一人，存者七万七千一百五十四人"[4]。内还应该除去宁夏官军军额（如上所述）。梁淼泰考证后认为："潘潢和魏焕所记延绥原额是镇徙榆林后的军数，并非明初原额，并认为余子俊《为边务事》中所记载额设官军二万五千名应是永乐间延绥的额定军数。"[5]《明实录》中未明确提及，无史佐证，有待日后详查。

明初北边诸镇除以上六镇外，还有蓟州镇，一般认为蓟镇之称，始自嘉靖年间，《明史》卷91也有同样的记载："蓟之称镇，自（嘉靖）二十七年始。"[6]相对于其他军镇，蓟州镇有其独特的特点，终明一代，蓟州镇总兵官并未佩带将军印，在相当长的时间内，亦无节制当地卫所的权力。有关蓟镇的变迁情况，《武备志·镇戍一·蓟州》记载的比较详细："国初宣辽联络，鼎峙三关，蓟属内地，自大宁内徙，三卫盘旋，遂

① 《明经世文编》卷197，潘潢：《议延绥新军疏》。
② 《皇明九边考》卷7，《榆林·军马考》。
③ （明）余继登：《典故纪闻》卷17，中华书局，1981年版，第316页。
④ 《全边略记》卷4，第245页。
⑤ 梁淼泰：《明代"九边"的军数》，《中国史研究》1997年第1期。
⑥ 《明史》卷91，《兵志三·边防》，第2241页。

与虏邻矣。"①永乐间，"原额兵七万八千六百二十一员名。"②嘉靖六年，蓟辽总督刘应节奏"蓟镇额兵七万余"③，此应为永乐间军数。

综上所论，永乐间，按甘肃、宁夏、大同、宣府、辽东、延绥六镇的军额估计共有官军约61万人，与《皇舆考·九边图叙》所载"国家驱逐胡元，混一寰宇，东至辽海，西尽酒泉，延袤万里……列镇屯兵带甲六十万，据大险以制诸夷，全盛极矣"基本相符。④如要计算整个北部的军事力量还应该包括蓟镇，所以永乐年间，整个北部的兵力约有69万人。万历《大明会典》关于明初军数原额的记载似乎只有大同一镇比较符合明初的情况，其他有关军数原额的记载限于资料与篇幅待日后详证。不过永乐朝多次北征，军兵损失严重，到永乐末年，北边治兵不过40万人。

三、明中后期九边军额之演变

永乐至正统前期，军队兵额，变化不大，正统初期"五军都督府并锦衣等卫官旗军人等三百二十五万八千一百七十三员名，实有一百六十二万四千五百九员名"⑤。而此时北边军数，据《明英宗实录》记载：正统十一年十月，"遣给事中、监察御史往各边分赐备边官军白金，人一两，共二十五万七千一百五十二两"⑥，北边军数共约257152员名，与永乐末年40万名相比，20余年间减少了14万余人。及至土木之变前北边六镇守戍军数大致如下：陕西三镇，"自延绥至肃州东西逶迤六千余里，守备官军舍余不过五万六千余人"，其中"甘肃已有四万二千八百

---

① 《武备志》，《镇戍一·蓟州》，第8630页。
② 《春明梦余录》卷42，《兵制》，第812页。
③ 《续文献通考》卷163，《兵考·郡国兵下》。
④ 《皇舆考》卷9，《九边图叙》，第115页。
⑤ 《水东日记》卷22，《府卫官旗军人数》。
⑥ 《明英宗实录》卷146，正统十一年十月甲寅条。

人，足以守备，惟宁夏、延安军少"，为此河南都司属卫并潼关卫拣练精勇军兵三千人，分为两班轮番守戍兵少之处，宁夏增兵一千，延安增兵五百。[①]总之，陕西三镇共约军士59000人。大同，"本处军马止有二万四千六百余人"，后遣回屯田步军2400名，同时又于山西、河南操备步军内选1500名骑兵，合之共28500名。[②]宣府，"操备哨守等项马步官军止一万三千五百余人"。[③]辽东，"宣德以后屯田之法虽日侵废，军士犹余四万五千四百"，按此推算，此4万余名军士应指屯军。永乐十年以后，辽东屯守比例基本保持在2∶3，[④]按此推算，宣德以后正统间辽东军数应为68100名，内操军22700名。所以，六镇戍军共计123700名。

另外，需要说明的是，为充实宁夏、延安的军事力量，河南都司所属卫所并潼关卫拣练精勇分班轮番戍守的军士也被称为班军。明代的班军除入卫南、北京师的京操班军外，在明代被称为"班军"的还有在北边诸镇旗军入卫京畿蓟镇的入卫军，江北诸司旗军番戍北边重镇的边操军及防秋、防冬军，各都司卫所内部对本都司内重要地区的番戍，还有一个或几个都司对军事要塞的轮流番戍等。

弘治朝北边军数。弘治十四年设固原镇，隶以固、靖、甘、兰4卫、1营、15堡，并在此设置总制府，总理陕西三边军务。据《春明梦余录》记载，固原镇原额28830名。其余各边军数大致如下：辽东"见在止有七万之数"；宣府"五万八千余名"[⑤]；宁夏"二万三千余名"[⑥]；甘肃"见在止四万一千六十余人"；延绥，弘治八年"二万五千四百二十三员名"，据《明经世文编》唐龙在上疏请求补济粮草中记载，延绥额军28767名，

① 《明英宗实录》卷129，正统十年五月丙子条。

② 《明英宗实录》卷116，正统九年五月庚申条。

③ 《明英宗实录》卷158，正统十二年九月丁巳条。

④ 《况太守集》，转引自王毓铨《明代的军屯》，第47页。

⑤ 《明世宗实录》卷349，嘉靖二十八年六月甲辰条。

⑥ （明）倪岳：《青溪漫稿》卷13，《论西北备边事宜状》。

弘治十四年又召募军士、抽选余丁共9704名。[1]共计军士38471名。弘治十八年，"兵部会议以闻，佥谓（宣、大）二镇主兵八万、客兵三万"[2]，扣去宣府军数、大同主兵约22000名。弘治朝北边镇军共281261名。

正德年间北边军数。正德十六年"查核辽东、蓟州、宣府、大同、山西、陕西、宁夏、延绥、甘肃诸镇官军共三十七万一千九百六员名"。[3]

嘉靖十年，根据《明经世文编》卷199潘潢《查核边镇主兵钱粮实数疏》中统计，辽东、大同、延绥、宁夏、甘肃、蓟州、固原等镇官军367834名（未记宣府）。时北京以东的蓟州成为边防重镇。蓟之称镇，始于嘉靖二十七年。[4]蓟镇称镇的基础是大宁都司南移保定、顺天之军士。永乐间，"徙大宁都司于保定，置营屯等卫于顺天"，"原额兵七万八千六百二十一员名"[5]。至嘉靖六年，蓟辽总督刘应节奏"蓟镇额军七万余"，[6]应是指从大宁内徙保定等处的军士，也是永乐间的军数。据《明世宗实录》记载，嘉靖九年蓟州本镇"食粮官军四万二千有奇"，[7]比嘉靖十年多4000余名。潘潢此疏内缺嘉靖十年宣府的官军数，据《明世宗实录》记载：嘉靖六年，"（蓟镇）即今尺籍稽之，官军实七万七千六百余员名"[8]，暂以此数补入。这样，嘉靖十年，北方边镇军数共445434名。

至嘉靖二十年，根据《九边考》统计，九边官军共470592名。该书已把山西镇称为"三关镇"。嘉靖中期，鞑靼南下太原，"始改副总兵为

---

① 《明经世文编》卷189，唐龙：《大虏住套乞请处补正数粮草以济紧急支用疏》。

② 《明武宗实录》卷3，弘治十八年秋七月乙酉条。

③ 《明世宗实录》卷3，正德十六年六月癸未条。

④ 《明史》卷91，《兵志三·边防》，第2241页。

⑤ 《春明梦余录》卷42，《九边》，第812页。

⑥ 《续文献通考》卷163，《兵考·郡国兵下》。

⑦ 《明世宗实录》卷114，嘉靖九年六月癸酉条。

⑧ 《明世宗实录》卷76，嘉靖六年五月丁酉条。

总兵镇守，治偏头，寻移治宁武"①。嘉靖十六年，韩邦奇建议山西设总兵官，又记原额官军9000人，议调回原派大同军7000名并增加召募土兵等，连同原额军共29800名。②《春明梦余录》《九边考》所记官军数与韩邦奇所言相近，均为设镇时之数。

同时潘潢在《查核边镇主兵钱粮实数疏》中记载了嘉靖二十八年九边的军数，内有边储簿和兵部咨送数两项。此外，若计入宣府新募的6000名，延绥二次募1715名，按边储簿计共466895名，按兵部咨送数计共452028名。

嘉靖末年，永平、昌平、易州皆置镇，与蓟州总称蓟镇，明后期人称北方边镇为"九边十三镇"。此时，因为召募军士的增加，军队供给困难，奏讨粮饷之声不绝于耳，以南京刑科给事中骆问礼为代表的权臣们"定经制"，以固定军队人数，限制军队费用开支，以裕财用。"定经制"之时间存在两种观点：一是在嘉靖四十五年，③一是在隆庆年间。④《春明梦余录》卷42，记载隆庆间九边军额（未记甘肃）76072名。隆庆间定经制时是按照明初甘肃军士原额制定的，即9万余名。这样，隆庆间定经制之数加上甘肃额军，九边约有军队86万余名。但实际上甘肃实有军数原未足额，嘉靖三十八年甘肃"额兵八万六百余人，半多逃亡"⑤。其他各镇情况也是如此，嘉靖三十四年，大同官军88000余名，宣府8万余名，但都"有籍无名，有名无实"⑥。隆庆三年，延绥原额官军8万余名⑦，但嘉靖四十五年定经制时，延绥只有官军55000有奇⑧。而宁夏镇，以隆庆五年

① 万历《大明会典》卷130，《兵部十三·各镇分例二·山西》。
② 《苑洛集》卷16，《慎重边疆以保安地方事》。
③ 《明神宗实录》卷227，万历十八年九月壬戌条。
④ 《春明梦余录》卷35，《经费》，第574页。
⑤ 《明世宗实录》卷471，嘉靖三十八年四月壬戌条。
⑥ 《明世宗实录》卷423，嘉靖三十四年六月己卯条。
⑦ 雍正《陕西通志》卷35，《兵防二》。
⑧ 《明神宗实录》卷227，万历十八年九月壬戌条。

计，"彼时本镇额军二万七千七百二十八名"①，而《春明梦余录》则记隆庆年间，宁夏官军增至71693名，比《明神宗实录》所记多出4万余名。所以，《明穆宗实录》记隆庆二年，兵部议："祖宗朝九边以百万计，今尚存六十万有奇。"②至隆庆六年核查边镇军伍时记"主客边兵自辽东至甘肃凡六十六万四千三百一十九人"③，大约比较接近实有人数。

万历《明会典》记载万历初年九边现额军共680608名。章潢《图书编》卷35、卷36、卷38，分别记载了蓟州、保定、大同、山西、延绥、宁夏、甘肃（内缺辽东）等镇的驻军数，合计295765名。章潢所记应是万历十年左右的人数。据《明神宗实录》记载，万历十二年，"辽镇官军计一十二万二千而缩"④，以122000名计，合计各镇官军共417765名。而此时离万历初年才六七年的光景，但军数的减少却甚为明显。其中大同军额只有万历《明会典》所记数的47%，山西是34%，宣府、蓟州、保定三镇合计数是73%，只有甘肃、延绥、宁夏三镇比万历《明会典》所记增长了2%。可见万历《明会典》所载多有虚额。

万历二十一年，根据杨俊民在《边饷渐增供应难继酌长策以图治安疏》中数字统计，九边十三镇及天津三卫主兵数共计632286名。其中蓟州、密云、昌平、甘肃军数与万历初年《明会典》所记军数相同，这至少可以说明万历二十一年军数并没有按实际的变化统计。

万历三十一年，兵科给事中田大益言"九边额军八十六万有奇，实在不下五十九万有奇"⑤，大约比较接近事实。

万历四十八年，户部尚书李汝华奏"九边共计一十三镇官兵八十六万七千九百六十员名，除各镇外，天津等外援辽并团练官军共

---

① 《明神宗实录》卷229，万历十八年十一月甲辰条。

② 《明穆宗实录》卷24，隆庆二年九月戊辰条。

③ 《明穆宗实录》卷4，隆庆六年八月甲寅条。

④ 《明神宗实录》卷154，万历十二年十月壬戌条。

⑤ 《明神宗实录》卷383，万历三十一年四月甲辰条。

一万七千六十四员名"，"通共十三镇并团练官军共八十八万五千二十八员名"。①但按所分列十三镇之数合计是868355名。其中辽东计262377名，新调入援18万官军也计算在内。如计算九边军数应把辽东、天津等地外调入援兵排除在外，这样九边十三镇共计官军688355名。万历四十六年，兵部尚书黄嘉善言："国家兵制，自京营及边腹主客兵一百一十六万有奇。"②这样，万历末年九边军数约占全国总军数的59%，如再计入新调援助军数则高达76%。

崇祯年间，据《春明梦余录》卷42记载，除辽东"新募及援太原无定数外"，九边各镇合计590574员名。不过此数内虚额也甚多，如崇祯五年，宣府镇"额军八万有奇，今止六万"③。崇祯三年，兵部尚书梁廷栋奏报"臣就九边额设兵饷考之，兵不过五十万"④，大概比较接近实数。

综上可知，明初，北边各镇军数约60万人，至永乐末年约40万人。弘治年间，兵科给事中王廷相所言可以与此相佐证："太宗文皇帝迁都之后，京师置七十二卫所，约官军不下三十余万，畿内置五十余卫所，约官军不下二十余万。以外言之，括诸边之兵，不能过此数。以腹里言之，括诸省之兵，不能过此数。圣虑神谋，超唐轶汉，其居重驭轻之图，深哉邈哉，而不可加也。"⑤永乐时期北边边镇的军额符合明太祖"居重驭轻"建置京营的政策。永乐以后北边军数下降，正统及弘治年间不及30万人。同时招募士兵也开始在全国展开，至嘉靖年间，九边各镇都在大规模地招募。自嘉靖十七年至二十八年，辽东、宣府、大同、延绥、甘肃、山西、固原共募军60635名⑥，占嘉靖二十八年九边军数的13%。通过招募、

---

① 《明光宗实录》卷2，万历四十八年七月甲辰条。

② 《明神宗实录》卷577，万历四十六年十二月己未条。

③ 《崇祯长编》卷64，崇祯五年十月乙丑条。

④ 《崇祯长编》卷37，崇祯三年八月癸酉条。

⑤ 《明经世文编》卷148，王廷相：《修举团营事宜疏》。

⑥ 《明经世文编》卷199，潘潢：《查核边镇主兵钱粮实数疏》。

清勾，嘉靖间九边军数超过了40万人。隆庆、万历年间九边军数号称80余万人，实约60万人。从明初至明末，九边军数曲线呈马鞍状，嘉靖后期至万历年间的年例银的剧增从一个侧面也反映了这一变化。但清勾、招募所收到的成效是有限的，无论怎样努力都很难补足原额。各镇军数多低于原额，而实有军数又低于按籍军额。

四、明后期九边募兵军额

朱元璋即位后为加强国家的武装力量，创设了卫所制度，并实行"军皆世籍"的世兵制，将军与民分开，另立户籍，称为军户。有明一代，唯军籍控制最严，"户有军籍，必仕至兵部尚书始得除"。[①] 然因军户世代承担苛重的军役，使之处于一种"减死罪一等"的"军奴"地位，所以卫所军逃亡现象严重。仅洪武初年，军士逃亡已达到47900余人。明中叶以后，匠户和民户均可以纳银代役，而军户仍然被迫世代负担沉重的军役，处于社会的低层。此外，世兵制本身和增强军队战斗力也是相矛盾的。军官和士兵实行的世袭制，必然使军队老少掺杂，少的一般15岁就能袭职，老的60岁才可以退役。未成年的士兵和年迈者混杂在一起，战斗力必然低下，土木之变已充分暴露了世兵制的弊端，卫所军已不足以维护明王朝的统治，明朝统治者不得不对军队体制进行改革，以募兵来补充和加强军事力量。

《续文献通考》卷122记："宣德九年十月，榜谕边境，有愿奋勇效力剿贼立功者，许赴官自陈。"编者按："有明一代，召募之令始此。"凡应募壮丁，一般优免去其杂税徭役并给予一定的物质补偿。正统初年，凡宁夏应募军士"大布一匹，折粮八斗"[②]。正统二年，陕西始募所在民余，

---

① 《明史》卷92，《兵志四·清理军伍》，第2258页。

② 《明英宗实录》卷33，正统二年八月乙亥条。

共得4200余人，"人给布二匹，月粮四斗"。这一阶段虽然已经意识到召募为明朝武备所需，然其法尚未规范，处于初期阶段。

　　土木之变之后，京营损失殆尽，为充实北边的防御力量，正统十四年九月"敕各边守将，令招募壮士"。命官员"往直隶、山东、山西、河南各府县召募民壮，就彼卫所，量选官旗兼同操练，听调策应。有功之日，照例升赏，事定之后，仍归为民"。景帝即位，遣御史十五人，募兵畿内、山东、山西、河南。景泰元年二月"已召募民壮共九万五千二百余名"。五月，于"大同所属民人、舍人、余丁中间召募勇敢，或一万或二三万，分布各城守备"。天顺元年八月，诏兵部："近边人民不分军民舍余人等，有愿效力者许其自报……本户免征粮五石，仍除一丁供给：免其杂役。如有事故，不许勾补。军还为军、民还为民。有功者一体升赏。"成化间，毛里孩、亦思马因、小王子等部屡次南下，边患不断，时陕西、辽东、大同边城官舍军民之家，多擅长武艺以射猎为生。宪宗即位之初，即接纳建议，"遣官于此三边，量加招募，给与盔甲弓箭等器，复其徭役，俾供给之。秋冬操练备边，春秋放归生理。遇有功次，优加升赏"。弘治元年，辽东"招募军士，务充原额"。十一年，宁夏、榆林募军各三千名，"有愿充正军者编入卫所，役止终身"。十三年，"命通行各镇巡等官设法召募，每处限五千名以上，务得实用，毋虚应故事"。同时，命西北诸镇每镇招募土兵五千人。后来又补充道，"于西北诸边召募

---

①《明史》卷91，《兵志三·民壮》，第2249页。

②《明英宗实录》卷183，正统十四年九月甲辰条。

③《明英宗实录》卷189，景泰元年二月壬午条。

④《明英宗实录》卷192，景泰元年五月乙丑条。

⑤《明宪宗实录》卷5，天顺八年五月乙亥条。

⑥《明孝宗实录》卷21，弘治元年十二月丁巳条。

⑦《明孝宗实录》卷136，弘治十一年四月丙戌条。

⑧《明孝宗实录》卷163，弘治十三年六月癸未条。

⑨《明孝宗实录》卷179，弘治十四年九月丁亥条。

土兵无虑数万"，其所招募士兵不限汉土番夷。[1]就九边诸镇而言，延绥招募军士10376人，宁夏招募11000人，[2]大同所募土兵有的编入卫所，如威远卫，"以新募土兵量拨千五百名编入本卫操守"[3]，有的另行编制，"大同往年招募土兵千人或八九百人，总设指挥一员、千户二员、百户四员领之"[4]。正德元年，鞑靼侵掠宁夏，直逼宣大，形势危急，明朝于是在"辽东、宣、大、延、宁、甘肃召募士兵"，也有人建议："若募兵，则人用银三两，七镇每兵三万，总为兵二十一万，用银六十三万矣。"[5]

世宗即位，擢陈九畴为右佥都御史，巡抚甘肃"抵滇言，额军七万余，存者不及半，且多老弱，请令召募"[6]。嘉靖十三年二月，"差给事中六人、兵部司官六人分诣各边召募勇敢，以壮军实"[7]。至六月，因各边军伍多缺，令量地方缓急召募土军，除甘肃已选屯军外，辽东、宣、大、延绥、山海关各募2000人，山西偏头等处3000人，宁夏、陕西、固原、洮、岷等处各千人，"俱编入附近卫所"[8]，共计18000余名。据潘潢《查核边镇主兵钱粮实数疏》统计：延绥，自嘉靖十八年后十年间就招募了11788名；辽东，自嘉靖十一年到二十九年召募军7101名；嘉靖二十九年，官府新募6000人；山西，自嘉靖二十年到二十五年，召募并撤回官军共32752员名；固原，嘉靖二十年招募军士2000名；大同，从嘉靖十五年到四十五年间一共募兵44812名。甘肃，嘉靖二十四年新募官军2047名。合计嘉靖十三年至二十九年，九边募兵76908名。此

---

① 《明孝宗实录》卷180，弘治十四年十月乙丑条。

② 《明孝宗实录》卷187，弘治十五年五月丁亥条。

③ 《明孝宗实录》卷127，弘治十年七月乙卯条。

④ 《明孝宗实录》卷168，弘治十三年十一月乙卯条。

⑤ 《明武宗实录》卷9，正德元年春正月丙午条。

⑥ 《明史》卷204，《陈九畴传》，第5380页。

⑦ 《明世宗实录》卷159，嘉靖十三年二月癸酉条。

⑧ 《明世宗实录》卷164，嘉靖十三年六月乙卯条。

外，其他边镇，蓟州"募兵三千骑"，[①]宣府"嘉靖二十一等年召募新军八千五百四十八员名"，[②]合计九边共募兵94456名。嘉靖二十八年，九边军459180名（兵部咨送为444313名）募兵约占20%。山西募兵25500人，是山西军数37818名的67%，比例最高。与此同时，募兵之法已基本确定，募兵基本原则、编伍、训练、鞍马器械、食粮，及升赏事宜都有所规定并相沿成例。

隆庆二年，明政府以戚继光为总兵官，练蓟镇兵，募浙兵3000名作边军模范，训练成精兵，后又募浙兵9000余名守边，边备得到强化。[③]万历后期至明朝末年，西北边警，援朝御倭，建州侵入等，明政府因此大量募兵，万历四十七年"援辽之兵，除陕西省差官召募外"，又于宣、大、山西、延、宁、固"各镇募兵二万"。十二月，于畿辅内八府、山西宁武等处募兵35000名。[④]天启元年（1621）四月于通州、天津、宣府、大同、山西三关、畿内八府、山东、陕西、河南、山西、浙江等地招募，"每省不拘定数，大约以五千人为率，先得百人即先遣官押送，以便发防"[⑤]。万历四十七年，熊廷弼经略辽东，上疏请饷曰："每兵一名，岁计饷银一十八两，兵十八万，该饷三百二十四万两。"[⑥]由此也可以看出，随着军士的不断逃亡，清勾政策的失败，招募已是晚明时期补充军兵的重要渠道。早在隆庆时期，便有人指出招募的重要性，并指出"四兵[⑦]之中，边

① 《明世宗实录》卷333，嘉靖二十七年二月甲子条。
② 《明经世文编》卷197，潘潢：《议勘宣府新军疏》。
③ 《明史》卷212，《戚继光传》，第5613页。
④ 《续文献通考》卷163，《兵考·郡国兵下》。
⑤ 《明熹宗实录》卷9，天启元年四月戊寅条。
⑥ 《明经世文编》卷480，熊廷弼：《敬陈战守大略疏》。
⑦ 所谓四兵，是指边兵、京兵、留都之兵、腹内卫所兵。同时，根据士兵来源不同，又有"五目"的说法，即见伍、招募、征调、清勾、充发。参见《明穆宗实录》卷42，隆庆四年二月丙寅条。

兵为急，边兵之中又惟见伍召募为实"①。总之，募兵制在明中后期军制中居于重要地位，招募人数也越来越多，但在国家常备军中，并不占绝对多数。募兵的总数不详，但从一些零散的材料中可以推测出其在明军中的大致比例，边镇募兵最高，最高时占全国军队总人数的半数而已。单纯从军事意义上看，募兵制作为一种专业化、职业化的雇佣军制度，比世军制进步。但由于募兵费用较高，且全部由国家财政负担，不易控制，所以，明统治者对募兵的态度是迫于军事需要不得不用，但始终不肯放弃卫所世兵制，全面实行募兵制。

第四节　外卫卫所的设置与军额
——以贵州、江西、广西三都司为中心

"外卫"是指京、边以外的卫所军队，分布于京、边以外的广大腹里地区。其主要职能是为京、边卫所征伐提供兵员，定期守边，转运漕粮，守护城池，防御盗贼，保卫海疆等。所以，同京营、边军相比，外卫职能比较广泛，其军队数量、实力都无法与京营、边兵相提并论，但在保卫领土完整、维护地方治安等方面起着不可替代的作用，是一支不可或缺的武装力量。

从时间上看，除湖广行都司外，部署在广大腹里地区的都司、行都司及各都司下属的大部分卫所在洪武年间已经设立。随着战争的推进，都司辖区、卫所治地、卫所数量不断变动，至洪武末年才趋于稳定。建文年中由于政局动荡，许多卫所被废除，而至永乐时期，大多被废的卫所又得以重新设置，部分都司的辖区也得到调整。自此直到明末虽然不

---

① 《明穆宗实录》卷42，隆庆四年二月丙寅条。

间断地有新的卫所设置，但数目较小，且分布零散，是卫所数目及地理分布的平稳期。

从地域上看，由于贵州、广西、四川、云南、湖广、江西等分布在少数民族聚集的地区，与北部卫所、京营卫所所处的环境明显不同，所以，卫所性质也表现出明显的地域差异性。郭红在《明代都司卫所与军管型政区》[①]一文中把明代都司卫所分为"重镇型"和"交通型"两种模式。如华北及西北地区都司相连，卫所密集，并与九边边镇连成一片，共同担负着抵御北蒙南下的重任，故称为"重镇型"。与北部"重镇型"卫所不同，位于西南边陲的贵州都司、四川都司、四川行都司及云南都司地处少数民族聚居地，面临的主要问题是防止、镇压少数民族叛乱，更多地强调军民共治。所以，分布在广大腹里地区的外卫军队在机构设置、人员变动等方面都表现出明显的多变性与区域差异性。在现存资料的基础上，要想对明代内地诸省的军事力量的变动做一个准确估计是非常困难的。下面仅就贵州、江西、广西三地分别论述。

贵州、江西、广西三都司同处于中国南部边陲，但在卫所设置方面却表现出明显不同的特征。选择这三个地区作为考察对象，除了因为这三个地区具有相对丰富的方志资料外，更多的是出于地理位置的考虑。贵州位于中国西南边陲，与内地联系不便，且少数民族聚集，府州县设置较少，中央控制较弱，所以，其卫所大部分都分布在交通要道上，呈现出明显的"交通型"特点，就卫所性质而言，以统军治民的实土、准实土型居多。与此相似的还有四川都司、四川行都司、云南都司，故不再赘述。江西都司地处腹里，受"南倭北虏"的影响较小，其卫所设置既不同于沿边、沿海卫所，与西南少数民族聚居地区卫所也有所不同。广西都司位于今广西壮族自治区境内，其卫所设置属于贵州与江西之间

---

① 郭红、于翠艳：《明代都司卫所制度与军管型政区》，《军事历史研究》2004年第4期。

的类型，既没有明显的少数民族聚集的特点，又不完全处于腹里，介于以上二都司之间。

一、贵州都司

贵州位于中国的西南边陲，是少数民族的聚居区。为平息反抗，巩固战争成果，洪武十五年攻占云贵之后，明太祖便设立贵州都司，推行卫所制度。由于贵州的大部分地区在初平之后没有府州县的设置，因此许多卫军民共管，称为"军民指挥使司"，属于实土军卫，管军治民，拥有军事和地方行政管理机构双重职能。一般情况下，明代史籍对军民指挥使司也称卫。至永乐初年，贵州都司共设置了18卫、2个一级所、9个二级所，其中18卫中包括7个军民司。永乐以后大多数军民司改为卫，除都匀司《明孝宗实录》确切记为弘治八年二月改为卫外，其他诸司的改卫时间不明。这18卫2所是明代贵州比较固定的军事机构，由贵州都司直辖，属于右军都督府。

永乐以后的60余年内，贵州都司没有再添设新的卫所。至弘治元年，为控制播州土酋置重安守御千户所，调千名士兵守之，直隶都司，但不知为何，万历前废除。至崇祯初年，因贵阳以北的贵州宣慰司境内的少数民族起事，贵州总督朱燮元上奏处置事宜："……因条便宜九事，不设郡县，置军卫，不易其俗，土汉相宜，……从兵民便，敢耕者给之，且耕且戍，卫所自实，无勾军之累……军耕抵饷，民耕输粮……"①因此又在贵州宣慰司境内添设镇西及敷勇2卫，除一般千户所外，各领4个守御千户所，因此贵州北部的军事实力就大为增强。这样，明朝末年，贵州都司就拥有20卫、2个一级所、17个二级所。

而有关明代贵州驻军数量的记载仅见于明初、成化、隆庆、万历

---

① 《崇祯长编》卷38，崇祯三年七月乙酉条。

四个时期。明初军额，据成化三年三月贵州总兵官南宁伯毛荣奏疏中谈道："贵州都司原设旗军一十六万一千八百余名，今止有二万八千八百余名。"[1]至成化六年八月，巡抚贵州右副都御史秦敬奏报"贵州旧设二十卫所，军十四万五千四百有奇，今除屯田之外，守城支粮者仅万五千人"[2]。这里20卫所是指18个卫，2个一级千户所，明代史籍习惯总计卫与一级千户所数，而卫下属的二级所忽略不计。及至隆庆六年六月，巡抚贵州蔡文彩奏曰："贵州所属二十卫所，额军一十三万七千余名，今见存者仅一万八千零。"[3]这样贵州原设额军就存在161800名、145400余名、137000余名三种。而清人鄂尔泰所编的《贵州通志》卷22《兵制》也将镇远、平溪、清浪、偏桥四卫纳入贵州的军事建制中。按此《贵州通志》的记载，明代贵州军额数为131387人，但由于未将贵州卫、贵州前卫的军额计算在内，所以，实际上明初贵州军额数应达14万余人。由此看来，成化六年秦敬所奏145400余人的数目应该是比较接近明初贵州的原额。

成化三年，贵州止有旗军28800余名，因此贵州总兵官南宁伯毛荣乞发清军御史通行天下清查，并规定附籍者必回原籍，未经查勘者不许寄籍。[4]成化六年（1470），贵州军士除屯田以外，"守城支粮者仅一万五千人"，如按"三分守城，七分屯田"的则例计算，则有屯田军士35000人，总兵额约为5万人左右，这是朝廷进行清军的结果。

自此以后，尽管明廷一再加强对卫所军的清勾、招募，但成效甚微。据嘉靖二十八年的《普安州志·兵卫志》记载，洪武年间普安州原额官军32519员名，见在城食粮旗军共911名，[5]不及洪武原额的3%。至隆庆年间，据巡抚贵州蔡文彩所奏，贵州所属额军见存者仅18000人。至万

---

① 《明宪宗实录》卷40，成化三年三月辛卯条。
② 《明宪宗实录》卷82，成化六年八月丁未条。
③ 《明神宗实录》卷2，隆庆六年六月乙亥条。
④ 《明宪宗实录》卷40，成化三年三月辛卯条。
⑤ （明）高廷愉：《普安州志》，天一阁藏明代方志选刊第67册。

历年间，由于南征播州地区的少数民族叛乱，明廷加强这一地区的军事防御，军队人数稍有增加。《大明会典》记载，贵州现额马军2382名，步兵22036名，统计24418名。据成书于万历二十五年的《贵州通志》记载，贵州各卫所原额旗军及铜仁思石等府戍守汉土军兵统计158707名。万历二十五年查存26840名。①

成书稍晚于万历《贵州通志》的《黔记》卷21《兵戎志》②则详细地记载了除永宁卫以外的19卫所旗军、屯军原额及现存状况。除去永宁卫军额，《黔记》所记贵州卫所原额旗军119164名，这与万历《贵州通志》所计贵州军队原额有些出入。《黔记》是把操守军与屯军分开记载的，现存屯军10035名，如以此来推算明初屯军数额，差不多相当于此数的3倍有余，有3万余名。如若统计贵州军士原额还需把永宁卫军额计算在内。据嘉靖《贵州通志》记载，永宁卫"原额旗军五千九百四十二名"③。这与万历《贵州通志》所记载原额基本相符。及至万历后期，贵州现存军士24021名，仅相当于原额的1/5，像普安等卫所仅存原额的7%。及至万历四十三年，"黔营哨兵有13000有奇之数"④还不及原额的1/10。可见地方外卫营伍之空虚，地方不堪保障。

二、江西都司

卫所设置既不同于沿边、沿海卫所，与西南少数民族聚居地区卫所的设置也有所不同。明代江西地区卫所设置多集中在两个时间段。一个

---

① （明）王耒贤、许一德编万历《贵州通志》卷1，日本藏中国罕见地方志丛刊，书目文献出版社，1990年版，第23页。

② （明）郭子章：《黔记》卷21，北京图书馆古籍珍本丛刊史部第43册。

③ （明）谢东山、张道等修嘉靖《贵州通志》卷5，《兵防》，明嘉靖三十四年（1555）刻本。

④ 《明神宗实录》卷536，万历四十三年闰八月乙未条。

是元至正二十五年至明洪武二年之间，另一个是洪武十七年至二十二年之间。此后，江西地区就没有再增加新的卫所。明代江西共辖有13府，其中设卫者仅4府，设所者有7府。南康、瑞州、临江3府因不与他省相邻而没有卫所设置。整体来看，江西卫所的分布呈东轻西重，尤其是偏西南隅的局面。

明代江西卫所兵额。万历《大明会典》记，"江西兵马原额正军三万九千八百九十三名，见在旗军余丁二万八百四十八名"[1]。由于《明实录》及其他方志均没有明初江西军额的记载，此处"原额"指代年代不明。现存史料只有明中后期江西军额的记载，据嘉靖《江西通志》记载的各卫所食粮不食粮旗军舍余人数的统计，嘉靖四年前，江西都司新旧旗军舍余共32636名，其中运军9738名。根据万历《江西省大志》[2]所记载的数据，万历年间江西各卫所官旗军舍情况见表1-2：

表1-2　万历年间江西各卫所官旗军舍余人数

卫所	食粮官	操守旗军	运粮旗军	余丁	把关旗军	纪录老幼	屯种舍余	小计
南昌卫	46	1443	2336	195	0	38	4149	8207
袁州卫	38	336	812	674	0		790	2650
赣州卫	56	879	625	682	0	40	2765	5047
吉安所	16	818	1150	966	0	26	314	3290
安福所	10	554	655	6	0		550	1775
永新所	16	500	426	103	0	19	597	1661
会昌所	10	518		200	0	14	761	1503
信丰所	12	600		90	0	3	678	1383
南安所	12	353		203	0	28	553	1149

---

[1]　万历《大明会典》卷131，《兵部十四·镇戍六·各镇分例三·江西》。

[2]　（明）王宗沐纂修，陆万垓增修万历《江西省大志》，明万历二十五年刊本。

卫所	食粮官	操守旗军	运粮旗军	余丁	把关旗军	纪录老幼	屯种舍余	小计
饶州所	23	446	807	78	0	12	800	2166
抚州所	17	389	781	103	0			1290
建昌所	20	585	530	72	0		356	1563
广信所	17	773	563	81	0	59	756	2249
铅山所	14	445	506	1069	36	9	730	2809
总计	307	8639	9191	4522	36	248	13799	36742

资料来源　万历《江西省大志》卷5。

由此可知，江西卫军用于屯田、漕运的比例很大，加之军匠、军伴等杂役，嘉靖、万历年间用于操守的旗军舍余仅占总人数的1/4上下。因此有事时"往往藉外兵。成化间藉福建、嘉靖间藉浙江"，万历间则以广东、福建、湖广军士戍守。万历间属于南赣巡抚管辖，有江西官军9148名，福建官军8171员名，广东官军829员名，湖广官军1982员名，[①]合计共20130员名。而成书于万历十六年的《皇舆考》则记"江西都司领卫（属所十五），守御千户所十有二，百户所一，本都司所属马步官军一万二千七百员名"[②]。仅统计了马步官军，没有把运军、屯军等包括在内，与史实基本相符。

三、广西都司

洪武元年，明军攻取广西，第二年便设广西行中书省，治所桂林，正式奠定了广西省级行政单位的地位。洪武六年，设广西都卫，八年，改称广西都指挥使司。据万历《明会典·城隍一》记，广西都司共设置

① 万历《大明会典》卷131，《兵部十四·镇戍六·各镇分例三·江西》。
② 《皇舆考》卷5，《江西》。

10卫22所。明代广西地区卫所设置时间主要集中于两个时段：第一个时段为自洪武元年至五年之间，第二个时段在洪武二十一年至三十一年间。此后，广西地区除了小范围的调整、设置千户所外，没有再增加卫的设置。

在设置区域上看，广西布政司领有12府8州。其中桂林府下设3卫2千户所，柳州府下设2卫6千户所，庆远府下设1卫1千户所，平乐府下设3千户所，梧州府下设4千户所，浔州府下辖2卫2千户所，南宁府2卫1千户所，太平府1千户所，安隆长官司下设5屯1千户所。思明、镇安二府及其他八州因处与广西腹里，不与他省相邻，均没有卫所设置。基本符合明代卫所的设置原则，"天下既定，度要害地，系以郡者设所，连郡者设卫"[①]。

明代广西卫所兵力。据嘉靖《广西通志》记载，广西都司所辖卫所原额官军128892员名，至景泰年间守省城官军不敷，奏以余丁补足，后又奏于别省挪调。至景泰三年，广西都司所属卫所官军舍余只有44900余员名。[②]至成化年间，广西副总兵右军署都督佥事夏正奏，"洪武、永乐间兵戍广西至十五万，近逃亡物故十去其九，乞后有降虏及谪戍者俱发广西补役"[③]。成化以后，广西卫所局部有所调整，在平定古田壮民首领韦银豹起事的基础上，李迁上疏奏请设置古田千户所，并调桂林卫千户一员、百户二员率哨守军百人及兴龙卫寄操军百人守之。弘治五年，吏科给事中叶绅、刑部郎中顾源称："洪武、永乐年间广西官军至十二万，今止有万八千人，且官多庸懦，士多老弱，兵威不振，无怪盗贼纵横，恣行劫掠。乞令选募壮勇，籍为士兵……"[④]成书于嘉靖年间的《广舆图》则记

---

① 《明史》卷90，《兵志二·卫所》，第2193页。

② （明）林富、黄佐等纂修《广西通志》卷31，北京图书馆古籍珍本丛刊史部第41册。

③ 《明宪宗实录》卷74，成化五年十二月甲子条。

④ 《明孝宗实录》卷66，弘治五年八月戊申条。

载，广西都司领10卫，21守御千户所，1仪卫司，本都司所属马步官军10200余员名。

嘉靖《广西通志》详细记载了广西卫所军额的情况：

桂林中卫：原额官军9450员名，其中官123员，旗军9327名。

桂林右卫：原额官军8162员名，其中官150员，旗军8012名。

柳州卫：原额官军11856员名，其中官156员，旗军11700名。

南丹卫：原额官军10872员名，其中官202员，旗军10670名。

庆远卫：原额官军21795员名，其中官175员，旗军21620名。

浔州卫：原额官军6966员名，其中官105员，旗军6861名。

奉议卫：原额官军10966员，其中官138员，旗军10828名。

南宁卫：原额官军4823员名，其中官152员，旗军4671名。

驯象卫：原额官军20236员名，其中官90员，旗军20146名。

全州守御千户所：原额官军1154员名，其中官20员，旗军1134名。

灌阳守御千户所：原额官军1778员名，其中官22员，旗军1756名。

迁江屯田千户所：原额官军842员名，其中官27员，旗军815名。

平乐守御千户所：原额官军1138员名，其中官23员，旗军1215名。

富川守御千户所：原额官军1126员名，其中官16员，旗军1110名。

贺县守御千户所：原额官军1155员名，其中官17员，旗军1138名。

梧州守御千户所：原额官军1597员名，其中官23员，旗军1574名。

容县守御千户所：原额官军1270员名，其中官20员，旗军1250名。

怀集守御千户所：原额官军1475员名，其中官19员，旗军1456名。

郁林守御千户所：原额官军1274员名，其中官14员，旗军1260名。

五屯屯田千户所：原额官军864员名，其中官7员，旗军857名。

由上面统计可知：

第一，至嘉靖年间广西都司领卫10个，一级守御千户所11个，隶属于卫的二级守御千户所11个，而嘉靖《广西通志》仅列举了除广西护卫之外的9卫及11个一级千户所，二级千户所所辖军数并在所隶卫中一并讨论。如柳州卫军数就包含了其下辖的守御象州、宾州、来宾、武宣、融县5个千户所，庆远卫包含其下属的河池守御千户所，奉议卫包含向武千户所，南宁卫包括守御武缘、贵县、太平3个千户所等。

第二，按以上卫所军数统计，广西都司原额军数118899员名（其中官1499员、旗军117400名），与刑部郎中顾源所言"洪武、永乐年间广西官军至十二万"基本相符。但由于广西都司卫所设置年代不一，卫所军的损伤、潜逃变化很大，很难确定此"原额"的具体指代年份。如嘉靖《南宁府志》记，南宁卫国初建7个千户所，统旗军7000名有奇，继发3000名戍守太平、武缘、贵县，其存留本卫旗军4869名，自洪武至嘉靖年间滋久逃亡，仅剩468名。① 而驯象卫下属前、后、左、右、中5卫，原额官90员，每卫旗军5600名，驯象卫前后共发到旗军20146名，成化二十三年只存619名，弘治十八年只存540名，至嘉靖后期仅存324名，② 仅相当于原额的16%，可见腹里营伍之空虚。

广西地方兵力不敷，以余丁、丁余充之，再不足则调拨湖广、广东、广西官军备御。湖广官军备御广西由来已久，洪武间广西地方原无官军守备，永乐二十一年因钦差总兵等官在彼镇奏调湖广所属卫所分官军5000员名随同，遂成定例。后因官军水土不服病故数多，建议添设官军5000员名分班轮戍，其中荆州左卫，沣州、德安二守御千户所备御桂林府兴安县，荆州右卫守御平乐府，荆州、长沙、永定3卫，夷陵、枝江2守御千户所守御广西省城，衡州卫备御桂林府永昌县并苏桥堡，常德卫备御桂林府义宁县，九溪卫备御桂林府临桂县两江口，茶陵卫备御柳州府洛容县，沔阳卫备御桂林府灵川县，永州卫、宝庆卫、宁远卫备御柳州府，岳州卫备御平乐府恭城县。初调枇杷、郴桂、桃川、宁远等5卫所

---

① 嘉靖《南宁府志》卷7，《兵防志》，第432页。
② 嘉靖《南宁府志》卷7，《兵防志》，第437页。

官军 700 员名备御柳城武宣地方，后因"流贼"骚乱湖广枇杷千户所，千户张懋奏行巡抚查勘，"奏准暂留防守，候事宁之日，若广西地方有警，仍照旧轮戍，至今犹未发补备御"[1]。

　　总之，分布在广大腹里地区的外卫受南倭北虏的影响较小，其卫所设置与兵制演变与京都、边防地区军队有所不同。但因地方志所留资料有限，且各方志所谓"现存"时间又不一致，因此我们只能就某一时段、某一地区的卫所军额的演变进行探讨。同京军、边军一样，外卫军役占、逃亡情况也比较严重。明廷补充地方兵力不足惯用的方法是拣练各府州县民兵、乡兵、义勇，将部分民兵编入兵营，与卫所军一同操练以备战守，这样就呈现了明代卫所制度与民兵制度交叠的局面。民兵的征集、训练本由地方佐贰官负责，一旦被编入营，就须听从总兵、参将，或守备、把总等武职官员的调遣，属于战时军事体制，史学界称之为镇戍制或营兵制，民兵身份的转换也使明中后期军饷的筹集与发放变得更为复杂。

---

① 嘉靖《广西通志》卷31，《兵防五》，第388页。

第二章　明代军饷供给

　　有兵就有饷，饷之多寡以兵为准，军额一定，那么军队粮饷就基本确定。明廷规定，每名军士月支粮少的如一般士卒是1石，多的如马军为2石。按其平均数1石5斗计算，则每年每名军士需供应粮食18石。明初卫所军约120多万名，洪武二十六年（1393）以后约有军士150万名以上，这样明朝每年共需供应2700余万石粮食。这仅是军士所需，尚不包括卫所武官俸禄及战士军功赏赐之费。如此巨额的军粮，通过何种途径筹集到政府手中，然后再输送到各个卫所，这是明政府需解决的一个重要问题。

第一节　明初军饷供应

　　一般认为，明初军饷是由军士屯田生产的屯粮、百姓缴纳并运输到驻军所在地的民运粮、开中盐粮三部分组成。而以军功"赏赐"等名义不定期发放的衣帽、棉布等特种军需物资，也应列入常规军饷范围，但从军饷的供给渠道而言，它理应属于中央财政统一或部分调配部分，散缀于以上三种供给渠道之中，且数量较少，用途单一，故不列入本章讨论。

一、明初军屯作用的重新评价

在元末明初战争中，朱元璋曾采用"寨粮"的方法，解决部队的粮饷问题。史载："初，招安郡县，将士皆征粮于民，名之曰寨粮……"①此后不久，朱元璋便在至正十六年（1356）七月，设置营田司，开始实施以屯养军。十八年二月，朱元璋明确提出"屯粮以充军饷"的要求。至正二十年闰五月，胡大海在攻克信州后，即致言朱元璋，言实行"寨粮"于百姓有害。②于是这一筹粮制度便被废除。明朝成立后，军屯便在全国推广，成为明初粮饷的主要来源。

明代军饷组成结构，各部分所占比重及其所发挥的作用当时就有诸多讨论。明太宗朱棣曾言："尝想着太祖皇帝时军士都着他耕地，又积攒起余粮防备大旱。百姓免得转输，军士并无饥窘。"③《大明会典》记载永乐时的军屯田土总数为8900万亩。《太宗实录》则记载1403年的军屯子粒总产量超过2300万石，这几乎与当年的田赋收入相当。如果这些记载属实，那么可以估算约有100万名军士从事粮食生产，而永乐年间军额最高估计是180万名，这就意味着将有一半以上的军士从事粮食生产。如果其计划正常实施，足以解决军事供给和其他的一切问题，但以上推测的结果是根本无法实现的。早在16世纪末期，就有人对这些数字的真实性提出怀疑。孙承泽经过计算，认为1400年左右，四川一省的屯田面积有6595万4526亩，而按屯军数量进行折算，每人要耕4500亩土地。④明隆庆时期户部尚书刘体干认为："国初，军饷止仰给屯田"⑤，"一军之田，足以

---

① 《明太祖实录》卷8，庚子闰五月甲申条。

② 《明太祖实录》卷8，庚子闰五月甲申条。

③ 《明经世文编》卷198，潘潢：《请复军屯疏》。

④ 《春明梦余录》卷36，《户部二·屯田》，第601页。

⑤ 万历《大明会典》卷28，《边粮》。

赡一军之用"①，"后以屯田废弛，屯军亦多掣回守城，边储始唯民运是赖矣。而其派运之数又多逋负，故岁用往往不敷，乃以银盐济之"②。屯田、民运、开中三者之间的关系是民运始因屯田废，而开中始则因民运逋。当代学者对军屯评价不一，论断自有合理的成分，但都不同程度地存在以偏概全的现象。明代的中国幅员辽阔，地质复杂，气候环境各异，所以，就军饷供应的三种重要的渠道而言，要具体到某一时期、某一区域来论证，否则只会得出以偏概全的结论。

笔者将运用整体与局部相结合的方法，以核兵计饷的形式，从整体上对明初军屯的作用进行论证。据弘治《明会典》卷27记载，洪武中规定了大军月粮式，使卫所官军的军粮支出有了较为固定的标准。我们可以推算出一卫旗军所需月粮数为5140石，年粮数为61680石。

要完整地计算一卫官军所需月粮还须加上官军的俸粮。按明制，一卫设指挥使1人，指挥同知2人，指挥佥事4人，经历司经历1人，知事1人，吏目1人。卫仓设有大使、副使各1人。一千户所设正千户1人，副千户2人，镇抚2人，吏目1人，百户10人。卫下设守御千户所，一般在左、右、中、前、后5所。根据弘治《明会典》卷29，一卫官吏月俸粮数为6184石左右，年粮为74208石。这是在满额情况下，我们知道明初军队逃亡现象比较普遍，权以每卫5000人计算，那么每卫需年粮约为68000石。

按照梁方仲《中国历代户口、田地、田赋统计》统计，明代永乐元年至正统十四年（1449）的屯田子粒最多年份是永乐元年的234万5079石，按此计算也仅仅够供应340卫官军食粮，而永乐年间"后定天下都司卫所，共计都司二十一，留守司二，内外卫四百九十三，守御屯田群牧

---

① 《明穆宗实录》卷39，隆庆三年十一月乙亥条。

② 《明武宗实录》卷37，正德三年四月甲戌条。

千户所三百五十九，仪卫司三十三……"[1]除都司、留守司、仪卫司、千户所外，仅内外卫就493个，岂能"各卫仓廪充实，红腐相因，而军士无乏粮之虞？"[2]再看南北二京："京卫屯田旧额不过六千三百三十八顷，南卫屯田旧额不过九千三百六十八顷。即如旧制每分五十亩收正余粮二十四石，则京卫亦不过三十万四千二百二十四石，必不能供四十余万之众。即南卫之四十四万九千六百六十四石，亦不足供十二万之众，其取给于馈运也明矣。"[3]很明显，军屯并没有像明太祖设想的那样"吾京师养兵百万，要令不费百姓一粒米"。隆庆三年（1569），总督蓟辽兵部左侍郎谭纶疏陈言理财五事，谈到军屯时说："腹里当国初右武，田皆膏腴，实收子粒，足以充军食之半。"[4]他只涉及腹内膏腴之地，而边屯所收子粒是远不及腹里的。当然不排除个别卫在某些年代的确岁收子粒足给军士月粮，但我们不能以偏概全，过分夸大明初军屯的作用。

以上仅是从宏观角度略论明初军屯的概貌，但就某一区域而言，军屯又表现出明显的地区差异性。本书以北部防御前沿的山西行都司、东部福建沿海地区、南部江西为例，对比论证明初军屯的作用。

（一）山西行都司军屯

山西行都司大规模地推行军屯当在洪武二十五年以后。在这之前，洪武四年，初立大同都卫，军饷主要由山东、山西二省税粮供给，辅以二省盐课折收银布运往大同地区籴买粮米。这时屯田尚未提上日程。及至洪武八年，据《明史·食货志》记载，中书省臣奏山西大同都卫屯田2649顷，岁收粟豆99240余石，仅相当于一卫军士的年用饷量。这是山西行都司屯田的最早记载。

---

① 《明史》卷90，《兵志二·卫所》，第2204页。

② 《明经世文编》卷63，马文升：《清屯田以复旧制疏》。

③ 《春明梦余录》卷36，《户部二·屯田》，第600页。

④ 《明穆宗实录》卷35，隆庆三年七月辛卯条。

洪武二十五年以后，有关山西行都司屯田的记载就屡见于篇。据《明太祖实录》记载，洪武二十五年八月，"上以山西大同等处宜立军卫屯田守御"，命冯胜、傅友德到山西布政司"阅民户四丁以上者，籍其一为军，蠲其徭役，分隶各卫，赴大同等处开耕屯田……"①二十七年正月，"命各卫止留军士千人戍守，余悉令屯田"②。永乐九年，大同镇守总兵上报"山西行都司属卫军士，今或全卫或十之七八屯种，故操练者少"，因而命"阳和留什之四，天城、朔州留什之三，蔚州留什之二，余悉令屯种，且耕且守，以为定制"③。规定了各地区屯田、操守比例，使操练、屯守两不误。

至宣德年间，军屯发展初见成效。宣德五年（1430）六月，兵部尚书张本奏，"（初）甘肃、宁夏、大同、宣府粮饷皆出民力运输，所费耗大。近数年来，多处边隅无警，田禾丰稔，边卫军士一切用度多以谷粟易换"④。此奏疏至少可以说明两个问题：一方面在宣德以前，大同粮饷的主体是民运；另一方面宣德年间的屯粮已可以保障供给，取代了民运的主体地位。但核实其他史料则可以发现与此迥然不同的观点。

宣德四年，户部尚书郭敦奏报"近年各卫所不遵旧例，下屯者或十人，或四五人，虽有屯田之名，而无屯田之实……军粮缺少，实由于此"⑤。军粮的缺少不仅是因为屯军减少所致，也与大量的膏腴之地被豪右所占有关。就大同地区而言，宣德六年柴车按视屯田，勘出豪右所占种的田土近二千顷，可见屯政之败坏。在明初的几次大规模的北讨中，山西行都司的兵马调动频繁，致使"大同诸卫皆以征戍罢屯"⑥。屯粮生产

---

① 《明太祖实录》卷220，洪武二十五年八月丁卯条。

② 《明太祖实录》卷231，洪武二十七年正月戊辰条。

③ 《明太宗实录》卷114，永乐九年三月乙酉条。

④ 《国朝典汇》卷155，《兵部·兵饷》。

⑤ 《明宣宗实录》卷51，宣德四年二月乙未条。

⑥ 《明宣宗实录》卷9，洪熙元年九月丙午条。

水平可想而知。所以，《明英宗实录》这样记载大同的粮饷构成，"屯田所入不及十一，余皆仰给于民"①。可见，明初，至少在山西行都司，民运在粮饷的供给中占据了主体地位，"国初军饷仰给屯田"的观点是不成立的。

但明初山西行都司的屯粮额是多少？它在粮饷的供给渠道中占有多大比重呢？寺田隆信和张正明都认为屯粮是解决边镇粮饷的主要来源，这与我们上面的论证矛盾。解决这一问题的关键就在于弄清万历《大明会典》所记载数字的真实性。

拙作《试论明初的军饷供应》②一文已对万历《大明会典》有关"原饷额"的记载进行考证，笔者认为万历《大明会典》所记九边原饷额是万历以前各朝该饷项的"大杂烩"，不同镇所记的同一饷项年代不一，同一镇所记的不同饷项年代亦不一，年代相差很久，不具有可比性。具体到山西行都司而言，结合《万历会计录》等其他史料，则发现万历《大明会典》所载屯粮原额为正统五年的数字，而民运粮额则是正统八年的数据，二者也不具备可比的条件。所以，以上二位先生的观点都是值得商榷的。

《春明梦余录》卷30"卫所之制"中详细开列了"九边"屯军、屯地、屯粮原额，其中"大同屯军一万六千七百名，屯地一万五千八百三十顷，各色籽粒五十一万三千九百四石五斗五升"。《明经世文编》卷198潘潢的《会议第一疏》中的记载与此相同。对此，王毓铨在《明代的军屯》一书中认为这组数据是弘治间的数字，"最早也不能早于弘治"。但《万历会计录》则认为这是正统五年数据。③果真如此，510300余石屯粮足够28500余名军士的口粮，而据张金奎考证宣德七年至正统九年间，山西行都司

① 《明英宗实录》卷77，正统六年三月戊戌条。

② 张松梅：《试论明初的军饷供应》，《东岳论丛》2004年第6期。

③ 《万历会计录》卷24，《大同镇》。

官军总额始终在2000至24000之间徘徊，正统五年的屯粮额足以达到自给自足的程度。同时，《万历会计录》又保存下来二处正统十四年以前民运本色粮的数据，一处记载正统八年民运粮41万8860石，一处记载正统十四年民运粮44万5315石。可见明代有关军屯的记载多有虚实。对此张金奎又通过列表的形式，将明中后期的民运粮与军屯、开中盐粮进行比较，认为山西行都司的供饷体制是以"民运"为主。[1]

（二）福建军屯

福建沿海地区的军屯。从洪武元年至二十四年（1368—1391），明朝在福建陆续设置福建都指挥使司与福建行都指挥使司两个军事机构。福建都司分布在福建沿海一带，下辖11卫，福建行都司多分布在闽北、闽西山区，下辖5卫，两都司共辖98千户所。明初，福建官军数额难以稽考，吴晗在《明代的军兵》一文中指出《大明会典》所记福建军兵"原额"12万5318名当指永乐以后数额。[2]何乔远《闽书》在谈及福建军兵数额时，只是提到"皇朝天下初定，以地方镇守为重。闽中诸卫指挥约三十余员，卫各有左右中前后五所，千户、百户约百余员，每所军丁千人，至殷（果多）矣"[3]。按"每所军丁千人"统计，福建98所，约有军丁10万名。《闽书·扦围志》曾列出除建宁左、右二卫之外的各卫军兵"旧额"，共计105448名，如加上建宁左右二卫，估计福建军兵总额约有12万之数，基本与吴晗的推论吻合。按统计，一卫军士年需粮约68000石，福建11卫共需粮748000石。

福建各卫所都实行军士屯田。按"边境卫所三分、四分守城，六分、

① 张金奎：《明承元制与北边供饷体制的解体》，《明史研究》第七辑，黄山书社，2001年版。

② 参见吴晗《明代的军兵》，收入《读史札记》，生活·读书·新知三联书店，1979年版。

③ （明）何乔远：《闽书》卷39，《版籍志·屯田》。

七分下屯，腹里卫所一分、二分守城，八分、九分下屯"的原则，福建地区的部分卫所属于边境，部分属于腹里，所以拨屯旗军不尽相同。如泉郡屯种军士"大约四六为率"，即四分守城，六分屯种。[①]而邻近的漳州府各卫所则是三分守城、七分屯种。[②]据《八闽通志》卷40—43"公署"记载的数字表明，福建共有屯军33503名，屯田650570.9亩，每屯军受田20亩左右。洪武时屯田籽粒未有定额，建文四年（1402）规定，屯田每耕一份纳正粮12石，余粮12石，正粮收贮屯仓，归本军支用，余粮上交供本卫官军俸粮。永乐十二年，免余粮一半，只纳6石。宣德十年正月，英宗即位，免屯军正粮上缴，自给食用。自此，屯军屯种一份屯田，只要纳余粮6石。如按永乐十二年屯军上纳籽粒数统计，该粮603054石，约占总需求量的81%；按宣德年间的屯田籽粒数计算，该粮201018石，约占总需求量的27%，可见在福建"明初军饷仰于屯田"之说是成立的。

（三）贵州军屯

明代在贵州设置二十多个卫所，驻扎了十几万军队，而贵州乃"刀耕火耨之乡，素称瘠薄"，并且在明初，明廷对贵州少数民族地区不征赋税，后来虽起科征收，但课额很轻，因而单纯地依靠贵州地区的力量是远远不能满足贵州军粮需求的。对此，郑维宽在其代表作《明代贵州军粮来源考述》[③]中总结出贵州军粮来源的几种重要渠道：排在首位的是四川、湖广地区的额解粮，其次是军屯粮，再次为开中盐粮、贵州布政司及四川播州等地所征田赋粮，以及官爵米、免试米、赎罪米等。显然，在这几种供给渠道中，四川、湖广的接济粮是贵州军粮的重要来源，军屯并不占首要地位。而正统六年尚书王骥则认为贵州等20卫屯田池塘共

---

① 万历《泉州府志》卷7，《版籍志下·屯田》。
② 万历《福州府志》卷20，《兵戎志二·武备》。
③ 郑维宽：《明代贵州军粮来源考述》，《贵州社会科学》1997年第3期。

957600余亩，所收籽粒足给军实。"而屯田之法久废，徒存虚名，良田为官豪所占，籽粒所收百不及一，贫穷军士无寸地可耕，妻子冻馁，人不聊生，诚为可虑。"①由此可知，正统以前贵州军屯田亩曾达到957600余亩，所收籽粒足给军食。但仔细斟酌则会发现，即便是尚书王骥所言军屯田亩数符实，按照洪武时期的岁征正粮12石、余粮12石的税率，则洪武时可征收军屯粮228000余石。如按永乐时期正余粮18石的税率计算，则可征收屯粮172368余石，根本不能满足明初贵州庞大的驻军所需。而且洪武十五年，贵州普安、普定、乌撒三卫，乌撒、乌蒙、普安三府都因缺粮而实行开中。②除开中盐引补充军饷外，正统之前，贵州地区还接受四川、重庆等地的接济，如宣德三年八月，贵州兴隆卫经历陆升言："本卫官军俸粮计二万余石，除收四川播州等处税粮支给外，余于重庆等府支。"③可见，尚书王骥所言多有虚夸，概是为了引起明廷的重视，恢复军屯。

那么明初的屯田效果究竟如何？屯粮数在军士所需粮饷中所占比例是多少？抛开明代统治者对军屯的赞誉之词，实事求是地从明初几朝的屯粮收入及明政府的军饷开支的状况看，即便在军屯兴盛的洪永时期，也出现屯军大量逃亡、消极怠工的情况，致使"一人所耕，不足自供半岁之食"④，"虚有屯种之名"⑤等情况。当然也有少数搞得比较好的卫所，基本做到自给自足。如永乐年间皇陵卫军士二分守城、八分屯种，"岁收子粒，足给军士月粮"。⑥永乐初年，宁夏四卫积存粮料302100余石，而

---

① 《明英宗实录》卷80，正统六年六月壬午条。

② 《明太祖实录》卷143，洪武十五年闰二月丁丑条；卷150，洪武十五年十二月丙申条。

③ 《明宣宗实录》卷46，宣德三年八月壬午条。

④ 《明太宗实录》卷27，永乐二年正月己巳条。

⑤ 《明史》卷164，《范济传》。

⑥ 《明宣宗实录》卷110，宣德九年四月庚子条。

官军月支8600石，足供近三年之用。[①] 所以，军屯是明初粮饷供给的重要渠道之一，这一点是无可置疑的，但明代军屯供给军饷方面的作用，各朝不一，边地腹里有别，我们应该区别对待，不能笼统妄下定论。有个例子可以参考，于志嘉《明代江西卫所的屯田》[②] 一文利用万历三十九年《江西赋役全书》中的资料，研究江西卫所屯田子粒供军的比例，她所得到的百分比差距很大，江西卫所的官俸月粮中由屯粮支付的比例，最低的是吉安所（11.5%），最高的是赣州卫（约86%），其余9个卫所都在29%至72%之间浮动，仅江西一省的状况差距就这么大。尽管于氏是利用万历时期的资料，我们有理由相信明初各地的军屯差距也不会太小，所以对某一地区的情况做个案分析是研究明初屯田作用的关键。

二、民运粮饷

除军屯外，民运也是明初粮饷供给的重要渠道。正如嘉靖时期兵部尚书潘潢所言："国初各边钱粮，取办民屯二种。"[③] 按《明史》解释，民运者"屯田不足，加以民粮、麦、米、豆、草、布纱、花绒供给戍卒，故谓之民运"。[④] 这种解释还是受"屯田"为主思想的影响。但这里的解释给我们提供了一个信息，那就是民运是指调拨给戍边士卒的物资。综合明代文献中民运的记载，笔者认为民运当指主要以粮长或大户负责制的形式将调拨州县的税粮转输到边塞卫所，以区别于"漕运"、"军运"、"商运"及"海运"。

就民运制度而言，转运到北边的民运粮主要来自淮河以北的府州县，

---

① 《明太宗实录》卷17，永乐元年二月乙亥条。

② 于志嘉：《明代江西卫所的屯田》，《"中央研究院"历史语言研究所集刊》第67册第3分册。

③ 《典故纪闻》卷19，第313页。

④ 《明史》卷82，《食货六·俸饷》，第2005页。

"顺天及直隶保定八府，实畿内近地，陕西、山西极临边境，河南、山东俱近京师，凡各边有警，其粮食马匹俱籍四省八府之民攒运供给"①。主要是指北方四省八府之民转运粮饷物资供饷边军。

早在洪武时期民运粮于边制度便基本确立。韩文在《会计足国裕民疏》中，对洪武年间的钱粮输纳体制作了回顾，"……洪武年间，建都金陵，当时供给之大，南京为重，各边次之。……然洪武年间，供给南京，止于湖广、江西、浙江、应天、宁国、太平，及苏淞、常镇等处而已。供给各边，止于山西、陕西及河南、山东、北直隶等处而已"②。可见北边受重视程度，仅次于国都应天府地区，而担负向北边输纳钱粮任务的则是山西、陕西、河南、山东、北直隶等华北诸省。洪武十三年户部在奏定文移减繁之式时规定，天下有司仓库金谷钱帛"陕西、北平、四川、山东、山西五布政司供给军需者，两月一报，其余布政司并直隶府州半年一报"③。再次提到北边诸省供给北边驻军转输体制。

至洪武十五年，在免除浙江、江西、河南、山东、直隶府州税粮时，再一次明确北边诸省供边分工，"山东东给辽阳，北给北平；河南北供山西，西入关中……"④说明山东供给辽东和北平，而河南则供给山西、陕西二省。关于民运粮供边地区大致采取就近原则，山东、北直隶供给辽东镇，河南、山东、山西、北直隶供给宣府镇，山西、河南供给大同镇，陕西、河南供给延绥镇，陕西西安、平凉、巩昌等府则沿大路官仓供给兰州、凉州、河州、岷州、洮州、宁夏、庄浪、西宁、临洮、甘肃、山丹、永昌等西北军卫等。所以，就输纳地区而言，所谓民运粮是指山东、北直隶、河南、山西、陕西五省向北边输纳的税粮。

---

① 《明经世文编》卷64，马文升：《为会集廷臣计议御虏方略以绝大患事疏》。
② 《皇明疏钞》卷38，《财用一》，韩文：《会计足国裕民疏》。
③ 《明太宗实录》卷130，洪武十三年二月丁亥条。
④ 《明太祖实录》卷144，洪武十五年四月壬辰条。

民运的重要性更多地体现在民运粮的数量，及其在明初边饷中所占比重上。有关明初民运粮的记录仅限于不同地区输纳的米粮斗数，其中民运粮总额仅见于《明史》卷124税粮的记载，"洪武末年及永乐时期，民运供边地区仅限于山西、陕西、河南、北直隶等地，每年向边地输粮不过八百万石"。这与隆庆元年户部尚书马森所奏，"臣查祖宗旧制，河淮以南以四百万供京师，河淮以北以八百万供边境"[1]基本相符。从《明实录》看明前期民运粮供边的情况可知，民运粮的确是解决北边粮饷问题的一个重要渠道。

民运粮在解决北塞官军粮饷的同时，却给华北农民带来了沉重的负担，一方面是税粮征收，另一方面是运送实物至数百里外驻军所在地的艰辛，如史料中经常见到"军粮转输艰难""馈运艰难""道途险远，民力艰难""民粮艰于转输""山路险阻，民之运粮皆背负攀援"等。

运输艰难，导致运输成本极高。宣德九年二月，自京师运米至开平，"率二石七斗而致一石"。正统四年五月，山西岁运大同、宣府、偏头关三边税粮时，道途之费率六七石而致一石。陕西"转输腹里粮储，因是路远，每一石约有二三倍之费，人民实难供给"[2]。河南起运京边税粮，"以远近价脚计之，大率三石以上，方致一石。民财既竭，军饷亦空"[3]。

为了解决运输困难问题，明廷对民运粮制度作了部分调整。如民户可以不直接运输米粮，而是改将其他比较容易运输的物资如茶叶、棉布、金帛等运到交纳地附近，就地交易成米粮，然后再行交纳。大致说来，在白银流通较便之处，纳户携带银货往纳处买粮草交纳。而在白银流通不便之处，纳户则携带布绢等物至纳处易粮草交纳。据《明宣宗实录》卷71记载，户部因山西运纳大同、宣府两镇的秋粮负欠太多，曾计划令

①　《明穆宗实录》卷15，隆庆元年十二月戊戌条。

②　《明经世文编》卷46，项忠：《处置地方事》。

③　《明经世文编》卷82，徐恪：《一节起运以充岁支疏》。

其向两镇运输当地特产，换成米粮交纳。为此，山西布政司拟定了"转输事宜六条"，其中一条便明确提到："山西岁纳大同、宣府之粮，宜征民间所产有，度边境所宜用，若布、绢、棉花、茶、盐、农器等物，估其时价，十分减二，运赴边上，令掌收粮官辨验酌量，市米上仓。"①把山西民间所产，且为边地所需的棉布、丝绸、棉花、茶、盐、农具等运往边地，换取米粮，就地纳仓。既满足了边地所需，又加快了民间的物品流通，活跃了市场。

除物物交易外，为减轻运输负担，民户也可以采用纳银方式交纳。据《明英宗实录》卷55记载，巡抚河南、山西兵部右侍郎于谦为了减轻山西的税役负担，建议实行平价籴买政策，每年从法司的赃罚银及江南的折粮银中拨出60万两，于粮食丰稔时在边地收购贮存米粮，从而可将山西的155万余石民运粮减免约一半。②至十一月，这种变相折纳的方式则直接过渡到折银交纳。当时规定由山西运往宣府、大同两镇的民运粮可以按四石折银一两的比率折纳。除便于运输外，民运粮折银与当地的粮饷储备充裕与否有关。正统十年十二月，由于大同蓄积米粮过剩，所以把大约一半的民运粮改为纳银，其请求的理由则是米粮易腐烂变质。这样既满足了官军当时以实物为主的消费，又有充足的准备金，防患于未然。此外，明廷还采取了犯人赎纳的方式，以实边储。犯人输纳的数量大致是由其犯罪的等级来决定，并与其构成反比关系。如宣德五年，宁夏总兵陈懋也援引岷州等事例，在陕西三司及附近延安等五府实行赎纳，以解宁夏粮储之困。③

尽管明廷想尽办法缓解民运的压力，以充边储，明初民运粮拖欠现象还是非常严重，洪熙元年正月，西安、凤翔等府税粮拖欠未输于临洮

① 《明宣宗实录》卷71，宣德五年十月癸酉条。

② 《明英宗实录》卷55，正统四年五月丁巳条。

③ 《明宣宗实录》卷72，宣德五年十一月戊戌条。

等卫者尚有40余万石，所以，远戍宁夏、甘肃官军家属无以给之。宣德九年，开平、独石等处备御参将都指挥使司马升也奏，龙门千户所原拨山西犁城等县税粮供军饷，"近年输运不足"①。及至正统元年，行在户部左侍郎王佐等统计，延安、庆阳、临洮、绥德、宁羌、汉中、巩昌、秦州、洮州、岷州十卫，金州文县二千户所共十二卫所缺粮严重，"其部运官俱宜治罪"，并限令两个月完成，否则"问罪如律"②。

三、开中盐粮

除军屯、民运外，为解决北边地区的粮饷问题，明政府还利用食盐专卖权，动员商人运粮或供粮（商屯之粮）到边境，以缓解军饷转运的压力，加强边防的军事力量，这种制度被称为"开中法"。

在明代，"开中法"被广泛、长期应用，成为边军粮饷供应的一个重要途径。开中法创立之后，在洪武三年六月即开始施行。由于它适应明初边防的需要，得以迅速推广，开中的范围、开中上纳的物资种类也逐渐得到拓展。洪武三年九月，中书省官员上言："陕西、河南军储，请募商人输粮而与之盐，凡河南府一石五斗、西安府一石三斗者，并给淮盐一引。河东解盐，储积甚多，亦宜募商中纳，凡输米西安、凤翔二府二石，河南、平阳、怀庆三府二石五斗，蒲、解、陕三州三石者，并给解盐一引。"③同年十一月，"诏令商人输米北平府，每一石八斗给淮浙盐一引"④。洪武四年，又根据里程之远近，路途之坦险，时间之缓急，米价之高低等定中盐则例，"输米临濠、开封、陈桥、襄阳、安陆、荆州、归州、大同、太原、孟津、北平、河南府、陈州、北通州诸仓，计道里远

① 《明宣宗实录》卷112，宣德九年八月癸丑条。
② 《明英宗实录》卷14，正统元年二月庚子条。
③ 《明太祖实录》卷56，洪武三年九月丙申条。
④ 《明太祖实录》卷58，洪武三年十一月辛亥条。

近，自五石至一石有差"①。可见，开中法已经涉及当时北方大部分防区。至永乐、宣德年间，中盐济边逐渐成为定制。

至宣德七年，因各处总兵皆请召商纳米以实边储，行在户部重拟边境中盐则例，按其规定，宁远、独石、肃州三处，淮浙盐每引二斗五升，河间、长芦盐三斗，山东、河东、福建、四川、广东盐俱一斗五升。宣府、大同、山海、龙门、甘州、宁夏六处，淮浙盐每引三斗，河间、长芦盐三斗五升，山东、河东、福建、四川、广东盐俱二斗。②可见这时已完全把边镇所需放在首要地位。紧临边镇的其他地区如辽东广宁，陕西边卫西宁、庄浪、甘州、凉州、肃州等地也制定了开中盐粮则例。③

随着开中制实施的深入，其开中上纳的物资种类，也依边储军需的情况而派生出多种实物形态，由最初意义上的为卫所官军补充粮储，逐渐扩展到纳马、草、茶、钞、铁、豆、帛、银等多种形态，其中纳粮中盐还是占据主导地位。只要是边储军需，朝廷便以盐利即食盐运输权为交换条件，吸引民间商人投入开中，需要什么就开中什么，从而使盐在社会产品交换中充当了几乎全能的媒介角色。由此我们也可以看出，开中法的实行，其意义绝不仅仅是盘活了明代盐业经济，更重要的是它把明代的盐业资源与北部边防联结起来，"盐法边计，相辅而行"。

为了更直观地说明开中制的实行对明代边镇粮饷的作用，就必须对盐运司、提举司投入的开中盐引数做一量化分析。首先要查明米粮与盐引之间的交换比率。现以明代开中量最大、盐价最高的淮浙盐为例，可知不同年份开中则例纳米粮数的变化，是引发盐量交易比例变动的直接原因，而最根本的原因却是由于盐产区盐价与仓口米价的变动。但对于商人而言，其"道里远近"，纳米粮的斗数及上纳物资种类的规定也是是

---

① 《明史》卷80，《食货志四·盐法》，第1935页。

② 《明宣宗实录》卷89，宣德七年四月壬寅条。

③ 《明宣宗实录》卷112，宣德九年八月壬申条。

否投入开中的决定因素。所以户部必须制定商人可以接受的适宜的盐粮则例，否则，必然导致开中制的失败。如中盐例重，连年灾荒，物价腾涌，地处险远、馈运艰难等都使开中盐粮的比价受到影响，从而使商人赴者少，粮饷供用不敷。所以，户部不得不调整政策更定开中比价，使"商旅必至，边廪可充"。

开中盐引与米粮的交换比率一定，需要交代的就是通过开中发出的盐引数量。正统五年五月己巳，陕西延安府绥德州开中盐粮，淮盐12万引，浙盐8万引，如肃州纳米例召商中盐；正统十一年十一月庚辰，在陕西、宁夏、甘肃、延安、开平、独平等处，开中淮、浙、长芦运司存积盐30万9512引；在此之后几年中，景泰三年八月丁丑，在宣府开中淮、浙、长芦盐13万引，在大同开中淮、浙、长芦盐33万4183引；景泰五年正月丙子，在万全卫（宣府）开中淮、浙、长芦盐24万6166引；景泰七年十月戊申，辽东的广宁等四卫仓开中淮、浙、河东盐56万引。据以上数例可知，每次盐引的发行量，少则几万引，多则可达几十万引。

盐的开中形式方面。户部根据边防或所需纳粮地区的报告，经皇帝批准后，标示纳米中粮的地点和仓口，公布上纳米粮额数及所中盐运司的盐引数额，上纳米粮的商人可根据户部榜示的开中则例，自行选择盐运司，然后到指定仓口报中上纳米粮。"客商输粟于边，计其多寡，官给引目，自支盐于坐派之场，限以地方令其获卖"[1]，即报中后的商人运粮输边，根据其报中运粮的多少，持勘合赴司换相当的盐引，然后持有政府颁发的盐引到指定盐场支盐，而后按指定路线到指定区域销售。至此一个运销周期告此结束。如此反复循环，盐不停地在灶户、政府、商人之间运转，从而带动粮饷不断地由内地输边或有商屯就地输边，边地兵卒则可就地受粟，坐待刍粮。开中商人为了节省运输费用，提高中盐利润，

---

① 万历《金华府志》卷8，《田赋·盐志》。

多得盐引，就在边境地区招民垦种，将收获的粮食就近交入粮仓换取盐引，于是便产生了商屯。商屯是明代的一个创举。

所谓商屯，即由商人"自出财力，自招游民，自垦边地，自艺菽粟，自立堡伍"①。商屯兴起于永乐年间，史载，永乐、宣德年间，"商人惮远输之劳，无不自出财力，招致游民以事耕作"②。所以在这一时期，沿边地区出现了许多盐商兴建的屯庄。明人倪元璐在《屯盐合一疏》中记录了当时辽东地区商屯的盛况，"迩时辽东千里，晋人商屯其间，各为城堡，耕者数千万，人皆兵。商马数千匹，匹堪战。不惟富，而且强"。③商屯既兴，边境土地多被开垦，米价得趋平稳，而政府无转输之劳。因此，在这一段时间内，商屯对朝廷的边储供给，的确起了不小的作用。

由于开中制与商屯的实行，北边地区粮储稍有充盈。如正统四年辽东巡抚李浚所言："迩者募商中盐输粟广宁，已得十余万石。而仓廒不足，城中有旧王府城奉司等房，请修葺为仓。"④商人输广宁粮饷十余万石，使其仓廪不足贮藏，可见数量之大。但这十万之中有多少是"商屯"生产的呢？不得而知。因为当时也有不少商人收买粮食运边中盐，如正统八年商人李恭"收籴米麦三千余石，运至广宁僦屋安顿"，以待官府"收取"。⑤至少说明商屯所生产的粮食只是中盐所纳粮食中的一部分。但商人建屯生产较之收籴获利丰厚，是显而易见的。

商屯是伴随着食盐开中制度而出现的，并随着其形态的改变而作适当的调整。按照开中法的规定，本来应把军需粮草送到指定的边仓，天顺、成化以后，开中渐有向纳银转化的趋势，弘治五年（1492）叶淇变法，更改为运司纳银开中制，也就是商人纳银至盐运司，再由盐运司转

---

① 《明史》卷80，《食货志四·盐法》，第1939页。

② 《明经世文编》卷34，张宸：《商屯议》。

③ 《倪文贞公奏疏》卷11，《屯盐合一疏》。

④ 《明英宗实录》卷50，正统四年正月癸卯条。

⑤ 《明英宗实录》卷109，正统八年十月辛亥条。

运至户部太仓，由户部作为年例银下拨各边，支付边境军需。开中纳银的结果便是边商纷纷内徙，弃屯不耕，边地米价大涨，严重影响边饷供给，这是目前学术界的普遍看法。但不能由此得出开中纳银与商屯崩溃，给边饷供给以致命打击的结论。因为从转变形态看，开中形式由纳粮变为纳银，而所纳之银又以年例银的形式下拨到边镇，这期间供饷形态的变化多少会影响边军对米粮等实物的需求，但并不是边饷筹集陷入困境的决定性的因素。

总之，"有明盐法，莫善于开中"，从开中的范围、方式及销运等方面可以看出明之开中因边政而生，对解决当时边境的粮饷问题起到了重要的作用。叶淇改制的推行，并不意味着纳粮形态的消失，而是根据各镇所需，纳粮与纳银开中同时并举，只不过纳银开中的比重越来越大。所以，成化、弘治以后仍然有不少实行纳粮开中的记载。[①]开中的作用并没有随着纳银改制的推行而有所削弱。对此，万历时期礼部尚书叶向高总结道："国家之制盐政也，盖边政也。盐政修而边政与之修也，盐政弊而边政与之弊也。"[②]

四、明初军饷供给的特点

明前期特别是北部边镇地区建立了由屯田、开中、民运三位一体的供饷体制，三者地位之主次因时因地而略有改变。但从交纳的实体形态看，三者均呈现出明显的以实物为主的特点，并略有向折银转变的趋势。这一特点的形成除部分地源于元朝外，主要是由当时的社会局势和朱元璋的"治国思想"决定的。

---

①　参见《明宪宗实录》成化十六年八月壬戌条、二十年十二月己巳条；《明孝宗实录》弘治元年正月乙丑条、九年闰三月丙辰条、十年十一月丙子条、十四年二月己亥条；《明武宗实录》正德五年十月乙巳条、九年四月己亥条、十三年四月丙戌条等。

②　《古今图书集成》卷214，《食货典·盐政考》。

（一）军屯方面

明朝建国之初，面临着严重的政治经济困难。政治上，社会秩序不稳定，南部仍有割据势力存在，西北边境地区，元朝的残余势力仍然严重威胁着明王朝的安全。经济上，百废待兴，面临着恢复和发展的任务。为巩固政权，朱元璋一方面采取军事行动平定北方，消灭南方割据势力，一方面移民垦荒，大兴屯田，兴修水利，鼓励发展经济。军饷供给渠道之一的军屯就是在这种背景下兴起的。军屯的兴起，旨在让士兵且耕且守，减轻农民负担，民不困而国用足。但就其性质而言，军屯粮本质是卫所军士的劳役地租。这一特点的形成，主要受元王朝的影响。

其一，元代特有的军队自身解决部分军费的传统保持下来，元王朝的军队有蒙古军、怯薛军、汉军和新附军。蒙古军和怯薛军是由蒙古族和其他游牧少数民族组成的。游牧的经济特点决定了其士兵有能力自备军需器械，而汉农业经济特点决定了汉军自备军需器械困难较大，故采取朋充的办法，合二三家或四五丁而当一军。汉军"或以贫富为甲乙，户出一人，曰独军户，合二三而出一人，则为正军户，余为贴军户。或以男丁论，尝以二丁而出一卒，至元七年十丁出一卒。或以户论，二十户为出一卒，而限年二十口上者充"[1]。为了维持军户供装的推行，元政府一则采取合并的办法，"贫不能役，则聚而一之"[2]，二则实行正贴更代即轮充法。明王朝建立后，元代靠军队自身解决部分军费主要是汉军军户供装的传统被继承下来，明立国前的兵源主要来自从征、归附、谪发三种途径，立国以后军源主要为拔编户为军，即垛集、籍选、抽丁诸法。为了使军户有能力供装，垛集编户为军，沿袭元代办法，垛集一般三户垛一，一户为正户当军役，其余二户为贴户，帮贴正军户。抽丁籍选

---

[1] 《元史》卷98，《兵志一·兵制》。

[2] 《元史》卷98，《兵志一·兵制》。

则四五丁籍一为军。正军金妻随营，并带余丁一人或二三人，优免其差役，专以帮贴正军衣装。原籍也免户下一丁差徭，供军户衣装。军户所供给的盘缠主要用于供给军士征调途中的衣装及往返之费等。后来因为军士征调时间长，耗费多，军户负担困难，成祖时采取正贴户更代法即轮充法。

其二，元代在全国大规模军事屯田的办法被保留下来并有所发展，元统治者统一全国的过程中，没收了大批官田和私田，占有大量荒地，为屯田的实施打下了物质基础，全国统一后，"内外各卫，外而行省，皆立屯田，以资军饷"①。明王朝建立后，元代的大量官田同样落入明政府手中，长期战乱造成的抛荒土地也归政府所有，大量国有土地的存在，是明代中前期大规模军事屯田得以施行的基础。同元朝相似，屯田在全国进行，同时基于军事重心的变化，屯田又以边地为主。元朝强制汉军或新附军进行屯田，使之处于与农奴相似的地位。明代的屯田卒虽然比元代的屯军地位略高，但也带有强制性。明代前期这种兵农合一的军事制度除因袭元代外，还借鉴了唐王朝的经验，在一定程度上也可以说是唐府兵制在明代的继续和发展。

明朝创建兵制和田制相结合的卫所制度，在很大程度上是基于解决军饷问题而考虑的。朱元璋说："屯田守边，今之良法，而寓兵于农，亦古之今制，与其养兵以困民，曷若使民力耕而自卫。"②

（二）民运方面

明朝建国伊始，社会政治、经济等各方面都需要整顿与完善。经过元末战争的摧残，人口大批流亡，土地大片荒芜，农业生产凋零，为恢复和发展农业经济，稳定政局，朱元璋及其大臣们制定了农业国家最合

① 《元史》卷100，《兵志三·屯田》。
② 《明太祖实录》卷220，洪武二十五年八月丁卯条。

适的制度：重农抑商。要先自给自足，让老百姓得到休养，使明王朝趋于稳定。这就决定了这种国策下的财政政策必然是内敛性的，"轻徭薄赋""藏富于民"，明初的税率很低，且几乎全征本色。据赵轶峰统计，洪武二十六年，在两税的征收中，货币所占比例在0.3%～1.5%。①而作为国家赋税收入一部分的民运粮当然也是以本色为主。就民粮的输纳而言，明初交通极不发达，漕运效率低下，粮食运输困难，途中损耗较大。出于现实的考虑，军粮的供给主要采取对拨的办法，并不是集中于中央进行再分配，而是采取就近原则。政府按照卫所军士所需确定相应的数量，责令应纳粮户直接供给。当时西北几镇概由山西、陕西、河南、四川、湖北等省供给；东北方面由南北直隶、山东等省供给，京师则有江浙诸省供给。对拨各地卫所军粮，视各地军屯自给程度而定，此消彼长，此长彼消。减少中间周转环节，节省民力，防止官吏从中盘剥。而开中盐粮，则是有效地利用了民间商人资源，利用盐引作诱饵，鼓励商人运粮或输粮于边，使得盐法边计相辅而行。

由此可以看出，明代建国之初，迫于当时稳定政局，发展经济，与民修养的现状，重农抑商、轻徭薄赋，实行实物财政体制是当时必然的选择。在这种国策下，也就不难理解为什么明初军饷供给表现出以实物和劳役为主的特点。但从军屯、民运、开中的交纳的实体形态看，三者均表现出不同程度的向折银转变的趋势。随着北部边塞白银流通的增加，以银为主的边饷筹集体制也初现雏形。与此同时，开中法顺应了这一潮流，开始采用以纳银运司代替纳粮上仓的办法，把明代的粮饷供给体制推到了以银为主的时代。这一特征在明中后期的供饷体制中表现得尤为突出。

---

① 参见赵轶峰《试论明末财政危机的历史根源及其时代特征》，《中国史研究》1986年第4期。

第二节　明中后期京营及外卫军饷供给

京营与外卫军饷的供给状况直接反映明代财政起运、存留制度。明代财政分起运与存留两部分，起运是指各府、州、县将赋税定期定额运至中央及九边仓储。其中起运中央的税粮主要储存于户部太仓、皇帝御用仓、运河中转仓、北京户部以外的诸部寺仓及南京仓库等。京营官军月粮主要来自太仓粮库（也称京、通二仓）。存留则是指留于地方的部分赋税，该项钱粮分别储存于各府、州、县卫所仓库，用作地方常规开支，内地诸省的外卫军饷开支也是从这一部分中支取。

一、京营军饷供应

京军粮饷主要来源渠道有二：一是军屯粮，一是太仓税粮。京师乃根本之地，粮储所需动以百万计，所费不菲。然明代北方财赋不足自给，故明初京营粮饷多运自江淮（也称漕运①）。明初定都南京，以江南漕运为主，各地漕粮由江淮民运至京师南京。自永乐元年起，为迁都北京作准备，先后大规模营建北京城和修复元末淤塞的通惠河。为适应漕运发展的需要，相继推出一系列改革漕运制度的措施，如"兑运法""改兑法""直达法"等。其漕运数量，成化八年（1472）之前，尚没有固定数额，概而言之，永乐朝为200万至300万石，至宣德朝达到674万余石，

---

① 按鲍彦邦的解释，我国漕运可分陆运、河运、海运三种，但从漕运发展史来看，河运一直占居主要地位，实际上已成为"漕运"的同义词。有关漕运的形成、漕粮制度、漕粮折征、漕粮漂流、漕粮运费及有关的问题，请参见鲍彦邦《明代漕运研究》，暨南大学出版社，1995年版。

达到明代漕运量的最高点。正统、景泰、天顺三朝一般都保持在400万至450万石。至成化八年始规定每年额运漕粮400万石。

成化八年以后，始规定每年运粮固定在400万石，其中兑运330万石，由支运改兑者70万石。自成化至嘉靖年间，每年漕粮数额都基本保持在400万石的水平。隆庆以后，随着折银交纳比例的提高，每年漕粮数额一般都低于400万石，最少一年仅有138万石。这些漕粮绝大部分都上纳于京、通二仓，但也有一小部分直接输纳于边仓，其数额在明代前期不过一二十万石，到明代后期增至四五十万石，若再加上截留济边漕粮，数额最高可达近百万石。①漕粮除来自浙江、江西、广西、湖广、南直隶、河南、山东等有漕省份外，北直隶各府每年也向京仓输纳粮米，弘治时期的输纳数额为15万余石，其后北直隶各府输纳边仓的粮额日增，输纳京仓者不断减少，到万历初年已不足2万石。②

漕粮输纳京、通二仓的比例，起初并无规定。一般称为正兑的，都上纳京仓。称为改兑的，在临、淮、徐、德四仓收纳，然后由运军逐程支运到通仓。实行兑支时，漕粮分程接运，至通州后，再派官军将粮接运至京。至永乐二十一年，平江伯陈瑄奏言："每岁馈运若悉令输京仓，陆行往还八十余里，不免延迟妨误。计官军一岁可三运，请以两运赴京仓，一运贮通州仓为便。"③后京、通上纳遂以此为例，但京通仓收粮的比例经常会有变化。

在嘉靖七年之前，通州至北京的通惠河淤塞，漕粮运到通州或是张家湾后，由车户运往北京。由于路道崎岖，存于通仓的漕粮往往多于京仓。通惠河疏通以后，道路便通，京仓漕粮才逐渐多于通仓。到了万历三十年（1602）以后，因两仓岁有定额，通仓改折数少，所以常拨京仓正

---

① 参见高寿仙《明代京通二仓述略》，《中国史研究》2003年第1期。
② 万历《大明会典》卷26，《户部十三·会计二·起运》
③ 《明太宗实录》卷264，永乐二十一年十月己酉条。

兑里粮加以补充。

通常情况下，运军必须按既定的正兑、改兑数额上纳京、通二仓。只有在特殊的情况下才可以加以变通。如天顺六年（1462）正月，明政府规定："漕运遇风破舟者，令所在官司覆验无伪，即令全卫所皆于通州上纳，免赴京仓，省其僦车之费，以补漂流之数。"①即把本应上纳京仓的漕粮改于通州仓交纳。弘治十一年因京仓缺廒，改京仓米58万石于通州仓收用。②万历二年，因"京仓粟米不敷一月支放，通仓米约可挨陈五年"，令"将万历改兑二年、三年粟米尽改京仓，将应上京仓免运粳米照数抵拨，以足通仓岁支"③。

正统、景泰年间，京、通二仓经常缺乏仓廒收受新粮，所以有时不得不下令提前发放俸粮，以缓解仓廒之不足。如正统元年，因各处漕粮将至，仓廒无空闲者，遂预给在京官吏军校人等夏季三月俸粮；三年，因通州各卫仓廪充溢，缺仓收新粮，命在京文武官吏军校预支四、五两个月的俸粮；五年以各地仓粮米充溢，缺仓收受新粮，命在京官吏旗校预给二月三月俸粮，俱于通州五卫仓关支。④至景泰四年（1453），因通州空廒数少，下年无所收受，命预放正月至六月在京官军俸粮；六年，因通州仓储充盈，各处运至者无处收受，命于通州仓预支官军九、十两个月的俸粮。⑤及成化年间，运京漕粮虽有所减少，但京通仓粮仍比较充裕，朝廷曾临时性地将部分漕粮折银。如成化十一年，因京、通二仓缺廒，将支运粮35万石于通州仓收贮，其余35万石，每石正耗折银5钱，

① 《明英宗实录》卷336，大顺六年正月辛丑条。
② 《漕运通志》卷8，《漕例略》。
③ 《明神宗实录》卷22，万历二年二月甲寅条。
④ 《明英宗实录》卷15，正统元年三月壬申条；卷40，正统三年三月庚戌条；卷63，正统五年正月丁巳条。
⑤ 《明英宗实录》卷235，景泰四年十一月丁丑条；卷256，景泰六年七月戊子条。

交与官军带赴太仓收贮，间月折给官军俸粮，后不为例。[①]据统计，成化二十二年底，京、通二仓实在粮共计2000万5550余石。[②]

弘治以后，由于支出日繁，京通仓粮储数额逐渐减少。至正德时期，朝臣常为粮储不足感到忧虑。正德七年（1512），廷议谓京储岁额400万石，以30万石运送蓟州，仅存370余万石，而当年放支之数为490余万石，"入不供出，国力艰窘"[③]。据高寿仙分析，造成京通仓储空虚的重要原因之一，是"冗食者多"[④]。尽管朝臣屡次上言裁汰，但终武宗之世，始终未能解决冗员激增问题。至嘉靖初年，首辅杨廷和力除积弊，裁汰冗员，"锦衣旗校革三万一千八百余人，岁省粮储数十万，革冗官冗兵四万余人，岁省京储一百八十六万石"[⑤]。嘉靖十年以前，京通仓粮较多，至有八九年之积。[⑥]此后，由于漕粮改折数额增加，加之冗食复增，支用日繁，京通仓经常处于粮储不足状态。嘉靖三十三年，户部疏言"今太仓乏数年之蓄，而耗蠹者日倍于前"，是年京通仓粮不满1000万石，仅可供两年支费。[⑦]嘉靖后期，徐阶在一封奏对中指出："近年太仓只有二三年之储，而一岁所入，又仅足够一岁所出，未见有积。"[⑧]隆庆元年，户部清查诸仓，京仓存粮678万余石，而岁支官军月粮262万余石，遇闰还需加22万余石，仅足两年有余。[⑨]

万历初期，张居正改革，明朝财政状况有所改善，京通仓储又呈现出充溢局面。以万历六年京通仓粳米计之，岁报京仓1205万余石，该年

① 《明宪宗实录》卷145，成化十一年九月庚午条。

② 《明宪宗实录》卷285，成化二十二年十二月辛丑条。

③ 《明武宗实录》卷88，正德七年闰五月癸未条。

④ 高寿仙：《明代京通二仓述略》，《中国史研究》2003年第1期。

⑤ （明）李乐：《见闻杂记》卷1，第36条，北京图书馆古籍珍本丛刊本。

⑥ 《西园闻见录》卷34，《户部三·积贮》。

⑦ 《明世宗实录》卷414，嘉靖三十三年九月乙卯条。

⑧ 《明经世文编》卷244，徐阶：《答仓贮谕一》。

⑨ 《明穆宗实录》卷15，隆庆元年十二月戊戌条。

放 103 万余石，"虽放十一年而有余"①。十一年，京、通二仓存粮共 1818 万余石，而此时每年军匠在官人等实支本色米 220 万石，足资八九年之用，为了增加白银收入，同时也为了防止粮多腐烂，特令今后三年每年改折 150 万石漕粮。②可惜好景不长，张居正去世后，京通仓储日见空虚。万历三十年，管仓场刑部侍郎谢杰题奏，京仓实在粮数 448 万石，仅足二年支用，而当年所入不敷所出。③万历三十四年，京、通二仓实入米 296 万 7284 石，岁出官军人等月粮及九陵卫官军外卫及京营防秋行粮约 294 万 8147 石；三十五年，岁入京、通二仓米 316 万 5875 石，岁出官军人等月粮及九陵卫官军外卫及京营防秋行粮约为 321 万 1084 石。④四十六年，总督仓场户部尚书张问达奏言"仓储空虚"，其时京仓每年应支放 230 余万石，实存 586 万余石，仅有二年之积；通仓每年应支放 72 万余石，实存 36 万余石，不过半年之储，应拨运蓟、密、昌三镇近 37 万石，就令尽完，只够当年。⑤天启以后，"军兵增加，各役冒破"，糜费日增。如锦衣卫旗军、力士、校尉人等，万历年间常额不过 17000 人，天启年间骆思恭增至 3 万名，后续增至 34400 余名，崇祯初年虽经裁汰，仍比万历年间多出 14950 名，每年多支粮米 179400 石。⑥因而，京、通二仓益发空虚。根据户部对天启四年十一月至天启五年十月京、通二仓收支数目的统计，在本年度中，京、通二仓收支数额大致相当，储积额没有任何增长，仅为 290 余万石，相当于一年支放之数。及至崇祯年间，京通仓储更加匮乏，常常入不敷出。崇祯初年，总督仓场户部侍郎南居益就曾指出，漕

---

① 《春明梦余录》卷 37，《户部·仓场》。

② 《明神宗实录》卷 144，万历十一年十二月甲子条。

③ 《明神宗实录》卷 376，万历三十年九月癸未条。

④ 《皇明修文备史》，《国计疏》，户部尚书赵谨"题为时势孔艰积储愈匮敬陈历年出入要览"。

⑤ 《明神宗实录》卷 570，万历四十六年五月辛亥条。

⑥ 《春明梦余录》卷 37，《户部三·仓场》。

粮每年实入京、通二仓者不过 200 余万石，每年实支米反而达到了 320 余万石，需搭配旧粮 100 万石方足岁额，而当时京、通二仓实在米粮只不过 200 余万石，只够搭配两年。[①] 其后，战乱四起，财政开支剧增，京、通二仓匮乏状况也日趋严重。

因京、通二仓粮米主要用于发放京卫官军月粮，所以，其仓粮的盈亏直接影响京营官军的月粮发放，但相对于外卫与边军而言，影响不大。除此之外，在边情紧急时，京通仓也会调拨部分粮米充实边镇军储。

太仓银库，正统七年设，一般称太仓，有时也称作太仓银库。太仓银库主要储存夏税、秋粮中的折银部分，以及盐课折银、户口钞盐、商税、马草折银、银课等。太仓银库最大的一项支出是九边年例，即发太仓银以济九边，其次就是京师军饷和官俸，即"所谓公侯伯禄米折银及在京文武百官，京城内外卫所官军勇士折俸等"。整个 16 世纪，太仓银库的收入呈上升趋势。

正统以前，天下岁征各种折银等共 243 万两，其中用于支付官军俸银的有 33 万余两，官军折俸 336500 余两，其中京营官军俸饷为 22 万余两。[②] 正统至正德期间（1436—1521）太仓库银积蓄银两多达 800 万，存于中库不动，后称之为"老库"，续入银存于两庑，用于支发。据《罪惟录·贡赋志》记载：弘治二年银库收入总计 249.5 万余两，支出 140 万两，约余银 100 万两，其中官军俸银为 33 万余两，各边年例 40 余万两，给赏征进京军 69600 余两，赏在京官军 724200 余两。正德初年，户部臣奏报："今以岁入正数言之……通计仅一百五十余万两，以岁出正数言之，宣大等六镇年例三十四万两，进库给军官俸粮银共三十三万五千余两，……通计用百余万两。"[③] 岁入与岁出大体相当。总之，明王朝在这一时期，京营人

---

① 《春明梦余录》卷 37，《户部三·仓场》。

② 《皇明经济文录》卷 6，第 135 页。

③ 《明经世文编》卷 85，韩文：《为缺乏银两库藏空虚等事》。

数减少，开支不大，太仓银库大体敷用。

及至嘉靖、隆庆时期，特别是嘉靖中期以后，南倭北虏，军费剧增，加之明世宗笃信道教，大兴土木，国家财政负担沉重，经常处于入不敷出的窘境，而军官人数和军额却日益膨胀。虽然嘉靖时推行改革、裁减冗兵冗员，但万历年间，文职官员增至16000余人，武官总数仍保持在82000余人的高额。[①]京营官军人数也居高不下，所以其俸银开支巨大。至嘉靖二十八年八月，户部上奏："太仓银库，岁入二百万两，先年各边额用主兵年例银四十一万余两，各卫所折粮银二十三万余两……军士布花银十万余两，京营马料银一十二万余……一年大约所出一百三十三万余两，常余六七十万。"[②]隆庆元年，据户部尚书马森上奏报，太仓现存银135万4562两，岁支官军俸粮该135万有奇，边饷236万余两，通计所出项需银553万有奇，依此推算，太仓银库仅足支三月。[③]

万历初年，张居正改革使嘉靖中期以来财政困窘的局面得到缓和，但随后的"万历三大征"使明王朝财枯粮尽，如万历三十年，岁入507万3705两，岁出622万8314两，其中官军俸粮、丝、绵、料、草、铜价、折布绢等银73万776两。万历三十五年，岁入502万9378两，岁出541万4850，其中官军俸粮、丝、绵、料、草、铜价、折布绢等银共71万963两。[④]天启六年（1626）十月给发京卫军士冬衣布花计本色棉布45510匹，本色棉花109995斤，折仓银73683两，铜钱1842万906贯，钞109万1625锭，于甲、乙、丙等库关支给散如例。[⑤]仅三大营马匹草粮银，万历年间岁支87000余两，至天启三年逐增到184000余两，迄天启七年虽有所减

---

① 《明史》卷275，《解学龙传》，第7042页。

② 《明世宗实录》卷351，嘉靖二十八年八月己亥条。

③ 《续文献通考》卷36，《国用考·皇明》。

④ 《皇明修文备史》，《国计疏》，户部尚书赵谨"题为时势孔艰积储愈匮敬陈历年出入要览"。

⑤ 《明熹宗实录》卷77，天启六年十月庚申条。

少，尚计164500余两。查旧例每马一匹月支草料银五钱六分，后议每马月支银八钱六分，及选锋题增全马，振武营添马600匹，遂比旧例岁增银8万余两矣。①

总之，太仓银库在正统以前尚能应付边饷和京师官军的俸银支出，但嘉靖中期以后，"南倭北虏"，军费剧增，太仓负担沉重，京师官军俸银的支出受到限制，但相对于边饷来说影响不大。

京营官军粮饷除大部分从太仓库支取外，还有一部分来自军屯收入。京营军屯，始于洪武元年。永乐年间，营建北京，命靖安侯王忠往北京安插屯田军民，整理屯种。②又调兴州、营州等卫屯军拱卫京师，以保定等8府，直隶京师37个卫所，徙大宁都司于保定府，领12个卫所，各置屯田。③凡有荒闲田地，及有人佃种而无粮差者，全拨京军屯种。官军仍七分屯田，三分守城，每军田一份，每份50亩，正粮12石收贮本仓，由本军专用。及正统元年（1436）正月，大学士杨士奇等言："国家支用粮储浩大，皆仰给江南军民转粮，不胜劳苦，况河道偶有阻室则粮饷不充，实非经久之策。计今在京官军数多，除操练造作应用外，余者悉令于北京八府空闲田地屯种，倘有丰年，必有蓄积，可省南方转运之费。"④

据《皇明世法录》记载，在京锦衣等54卫及后军都督府原额屯田，凡"六千三百三十八顷五十一亩八分二厘"，北直隶各卫所"一万六十四顷二十五亩六分八厘"。到嘉靖后，锦衣等卫减为"五千五十二顷八十五亩七分四厘三毫"，直隶各卫所则增至"四万三千六百七十八顷四十六亩一分七厘"。⑤故明中期后，军屯依然是京军粮饷来源的重要渠道之一。

---

① 《天府广记》卷13，《户部·太仓京支银数》。
② 《国朝典汇》卷156，《屯田》。
③ 《皇明世法录》卷30，《开立屯田》。
④ 《国朝典汇》卷156，《屯田》。
⑤ 《皇明世法录》卷30，北直隶各卫所在锦衣卫等54卫并后军都督府。

二、外卫饷银供给

除军屯外，外卫军饷大部分来自地方存留。存留是指司、府、州、县将部分税收留于当地，用于支付军费（指内地驻军）、藩禄、官俸及教育经费等，早在洪武二十六年，明廷即规定，各地除存留二年"官、军俸粮"外，其余要分类会计上报。存留主要源于夏税、秋粮、小部分的盐课存留、商税及绝大部分的卫所屯田子粒。存留支出最多的是藩王禄米和军饷。同"外卫"军额一样，由于缺乏系统翔实的记载，内地省份的军饷供给也只能就某一地区某一阶段进行分析与论述。

（一）贵州地区

贵州素称瘠薄，且明初贵州少数民族地区不缴纳赋税，后来虽起科征收，但课额极轻。因而单纯依靠贵州地区所征田赋是远远不能满足当地军粮需求的。为此，明廷在贵州建立了以四川、湖广接济粮为主的供饷体制。

早在洪武二十二年，朱元璋经略贵州时，四川、湖广便开始向贵州调粮，贵州迤东兴隆等卫所官军俸粮，由湖广布政司临近贵州地方的府州县税粮内折征，每年粮折布10万匹（每二匹准米一石）运赴贵州镇远府仓；四川布政司也同样以棉布10万匹（准米5万石）接济贵州，其中4万匹运赴永宁卫，准作贵州迤西普安等卫所官军俸粮，6万匹运赴贵州布政司，准作附近卫所官军俸粮。其折钞仍于四川布政司官库支给。总计，洪武时期，川湖二省共接济贵州粮饷10万余石。

及至景泰年间，贵州军粮奇缺，李匡奏请将四川岁给贵州折粮布匹改征本色10万石，此后，这10万石粮米便成为四川额解贵州的粮饷数。湖广的额解数见成化二十三年十二月的免税令中，这一年湖广旱灾严重，免其应解贵州折银米102400石。这个数字也是湖广每年向贵州运纳的大致额数。但两省的解额并不完全固定，而是根据三省的具体情况时有调整，总额保持在20万石左右。

但需要说明的是，由于贵州、四川、湖广三省卫所设置犬牙交错（参见第一章外卫军额），给监督监管带来不便，加之考成官怠玩成风，每年查参不过徒饰虚文。所以，川湖额解贵州之粮，逋负现象十分严重。四川乌撒、乌蒙、镇雄、东川四府，每年协济贵州本色粮14324石，折色粮银3100两。查每年解纳不及3/10。播州协济粮银每年3164.7两，杨酋拒命逋负不纳，自万历十八年至二十七年未完银29830余两。酉阳每年协济银700两，自万历十九年起至二十七年共欠2960余两。黔中军饷仰给湖广楚中湖南一道接济，其所辖长衡、彬府州县每年协济贵州粮银30720两，递年递负不以时纳，自万历十四年起至二十七年共拖欠银53650两，而长沙府属逋欠尤甚。所以二省接济贵州实为"徒负协济之名，无益军兴之实"。①

除川湖接济外，贵州粮饷部分来自军屯。贵州军屯开始于洪武十五年，时因云南战事未停，须留兵戍守普安、乌撒等要害地方，遂将元代宫田及寺庙田土入官，分给那些戍兵屯田之人，并命乌撒等地"就粮自赡"。洪武二十年，朱元璋命普定侯陈桓等领兵屯田于毕节卫，并"诏桓等自永宁抵毕节，度地里远近，夹道树栅为营，每营军二万，刊其道傍林箐有水田处，分布耕种，为久远之计"②。毕节卫的屯田效果非常明显，到洪武二十二年，便可以免除泸州民夫运粮接济，实现"自给自足"。与此同时，其他地方的卫所屯田也相继展开。贵州军屯发展迅速，至宣德七年，就有屯堡700多个。

随着屯堡数量的增加，屯田亩数也随之增大，正统以前贵州军屯田

---

① 《黔记》卷19，《协济》，第397页。
② 《明太祖实录》卷190，洪武二十一年四月癸酉条。

地亩就达到了957600余亩，"所收子粒足给军实"。然而自此以后，"屯田之法久废，徒存虚名。良田为官豪所占，子粒所收百不及一。贫穷军士无寸地可耕，妻子冻馁，人不聊生，诚为可虑"①。贵州军屯逐渐呈下降趋势。至天顺六年，时"贵州都司所属卫所屯田共九千三百三十九顷二十九亩三分一厘八毫"②，较明初减少了23671亩，下降幅度还不是太大。及至嘉靖三十四年，据嘉靖《贵州通志》记载数据统计：贵州卫岁纳屯粮4808石、贵州前卫岁纳屯粮5204石、龙里卫4228石、新添卫2620石、平越卫2654石、清平卫2608石、兴隆卫3222石、都匀卫3052石、威清卫5158石、平坝卫4968石、普定卫6900石、安壮卫6512石、安南卫5380石、毕节卫4163石、乌撒卫6484石、赤水卫5116石、永宁卫6709石，黄平、普市2千户所分别纳屯粮2480石、824石，总计93518石。中期，贵州屯田额只有392111亩，屯田粮93811石。这个数目比明初下降了59%，所征屯粮也仅够一卫官军一年多的口粮。至万历十年，该省屯田仅有335964亩。③经全国性覆实地额后，贵州屯田略有增加，万历二十年实在屯田陆地635387亩，屯料粮米102108.5石。万历二十五年，军卫屯田陆地634353亩，屯料粮米101893.5石。④此后，贵州屯额迅速下降。总之，自正统以来，明代贵州屯田发展除万历时期一度增加外，整体呈现出逐渐下滑趋势。其屯田子粒，正统之前，部分卫所尚能"自给"，此后，便大幅下降，及至嘉靖中期，贵州都司屯田子粒仅够一卫官军一年口粮。与此同时，川湖接济粮自正统以来逐渐定额。由景泰年间的5万石，到嘉靖年间的10万石，再到20万石，与贵州军屯形成此消彼长的关系。

---

①　《明英宗实录》卷80，正统六年六月壬午条。

②　万历《大明会典》卷19，《户部四》。

③　《明神宗实录》卷126，万历十年七月癸亥条。

④　《黔记》卷19，《屯田》，第393页。

召商中盐纳粮也是贵州军饷来源的一个重要渠道。贵州有关开中纳粮的最早记载，始于洪武六年，时贵州岁计军粮7万余石，而岁征仅1200余石，军食不敷，于是有"宜募商人于本州岛岛纳米中盐以给军食"之建议①。自此以后，贵州部分缺粮卫所相继实行开中法纳粮，并根据卫所地里的远近，盐价的高低制定了纳盐则例。洪武十五年，普安、普定、乌撒三卫，乌撒、乌蒙、普安三府实行开中。②洪武二十年，命户部募商人于毕节卫纳粮中盐。③开中盐粮为明初军队在云南等地的军事行动提供了充足的粮饷。弘治五年叶淇改制，开中纳粮转变为纳银于盐运司，开中盐粮在贵州的供给作用逐渐减弱。从洪武十五年至正德十一年的130多年间，贵州共开中25次，平均5年一次，开中频率并不是太高，这主要是川湖协济与军屯执行得力的缘故。从开中数额看，最多的一次开中23万石，相当于川湖接济粮饷的总额。开中盐粮在明代中前期，对缓解贵州都司的军食紧张状况，保证征调状态下的粮饷所需，起了一定的作用。

此外，贵州军粮还部分来自地方存留及四川播州等地所交纳的田赋。明政府对贵州土民征收赋税有一个渐进的过程。洪武时期，除播州宣慰司附近汉化程度较高的地区外，明代对贵州大多地区如贵州宣慰司、新添长官司、把平寨长官司等少数民族聚集地不造黄册，不征收赋税。④即便征收，其税率也较中原低，且多遵循自愿的原则，以表明其归服明朝统治的决心。如洪武十七年，改乌撒、乌蒙、芒部为军民府，"定其赋税乌撒岁输二万石，……乌蒙、东川、芒部皆岁输八千石"⑤。仅相当于内地

---

① 《明太祖实录》卷79，洪武六年二月壬辰条。

② 《明太祖实录》卷143，洪武十五年闰二月丁丑条；卷150，洪武十五年十二月丙申条。

③ 《明太祖实录》卷190，洪武二十年十一月庚子条。

④ 万历《大明会典》卷21，《户部六》。

⑤ 《明太祖实录》卷162，洪武十七年五月辛丑条。

一县赋税额。洪武二十年十一月，普安卫军民指挥使司周骥奏，古州12处长官司所统民9217户，"愿纳秋粮8929石，户部籍其数"①。同月，贵州平越卫、都匀安抚司奏，"诏谕各处长官司民8343户，岁纳粮699石，命登籍户部"。

播州地区是贵州汉化程度较高、赋税征收较重的地区。明代播州地区隶属四川布政司，但其境内的黄平千户所及重安千户所（后革）却隶属贵州都司，在地理上和管理上与贵州都司形成了犬牙交错的局面。但因其去四川甚远，离贵州为近，所以其税粮除交纳四川布政司外，还额派贵州，以缓解贵州粮饷紧张的局面。播州旧额以5800石输贵州，②至嘉靖年间，坐派解纳贵州丰济、平越、清平、兴隆、黄平等仓夏秋粮米共10600余石。③至万历年间，据万历《贵州通志》记载，播州宣慰司额纳秋粮10625余石。但由于屡年拖欠，至隆庆三年，明廷委官责令认纳3/4，实征5850石（内实米96石，折色3164两7钱）④。可见，按额播州供给贵州数额愈来愈大。同川湖接济粮饷相似，拖欠现象严重，实际缴纳的粮饷也很有限。

1. 税收方面

随着贵州地区农业经济的开发及明政府对贵州少数民族地区统治的加强，明廷开始在全省征收一定数量的赋税。据嘉靖《贵州通志》记载，嘉靖年间，乌撒府起运乌撒仓秋粮9400石，乌蒙府起运乌撒仓秋粮米3850石，东川府起运乌撒仓秋粮2900石，镇雄府起运乌撒仓秋粮4092石余，以上四府共起运乌撒仓20242石。思南府秋粮岁征1829石余，起运铜仁仓1198石余；普安州，夏税岁征小麦232石余，秋粮岁征3167石余；

---

① 《明太祖实录》卷187，洪武二十年十一月丁丑。

② 《明神宗实录》卷357，万历二十九年三月辛酉条。

③ 嘉靖《贵州通志》卷4，《财赋》，第423页。

④ 万历《贵州通志》卷18，《粮饷》，第411页。

龙里卫军民指挥使司，秋粮岁征平伐二司共679石余（其中平伐司241石，大平伐司438石余）；新添卫军民指挥使司，秋粮岁征新添把平等司共937石余（其中新添司480石余，小平伐司182石余，把平司81石余，丹行司133石）；平越卫军民指挥使司，秋粮岁征杨义、高坪共780石余（其中杨义司610石，高坪招谕军人李整下150石）。嘉靖年间，贵州部分地区夏税秋粮供给军饷共27225石。此外还有，课程税钞"一十三万六千四十六贯四千三百八十八文"，税银329余两。①

2. 犯人赎纳

贵州犯人纳米赎罪始于宣德年间。宣德九年，贵州按察司应履平言："贵州所辖地方悉是蛮夷，刀耕火种，纳粮不多，军卫屯田储积亦少，官仓所贮不支半年。……请敕刑部，凡贵州三司并所属官吏军民，除真犯死罪，强盗不在赎例，其余笞、杖、徒、流、杂犯死罪依在京事例减轻，纳米于本处官仓赎罪，不分军民职官就令发落。……俟积米三年之上，依常例论断。"②除真犯死罪、强盗不在赎罪的行列外，其余的笞、杖等罪行都可以通过纳米赎罪，且一旦纳粮地区积米"三年之上"，足以供给粮饷，便终止赎纳行为，实属权宜之计。一般情况下赎罪米的数量是根据道里远近及罪犯刑量来确定的。如景泰二年，刑部左侍郎罗琦奏，"自成都府支米运赴播州者，杂犯死罪二十五石，三流二十石，徒三年一十八石，余四等递减二石，杖五等俱八石，笞五等俱六石。自重庆运至贵州者，杂犯死罪一十八石，三流一十六石，徒五等递减二石，笞二石"③。

3. 纳米免试

主要是指以免试武艺等形式，由官军捐纳米粮以助军储的筹粮策略。贵州地区的纳米免试始于正德六年（1511），时贵州守臣奏，"指挥五十

---

① 嘉靖《贵州通志》卷4，《财赋》，第423页。
② 《明宣宗实录》卷110，宣德九年五月己卯条。
③ 《明英宗实录》卷206，景泰二年七月辛亥条。

石、千户镇抚四十石，百户镇抚二十石，总旗一十石，小旗五石，输石阡、思南二府，或兴隆、清平诸仓，免其比试刀枪"①。

4.纳米荣身

指以授予官职、赏冠带、赐敕旌异等形式奖励缴纳米粮的军民官员人等，是一种筹集社会闲散资金的方式。纳米补官一般受纳米主体、纳米数量两方面的制约。如景泰元年十月，巡按贵州监察御史黄镐奏，定银600两者，土官升一级，士人、民人授驿丞、河泊等官，旗军、舍人、余丁授所镇抚。②这是典型的因纳米主体不同，授官有异的例子。不同品级的官位，需交纳的米银数亦有不同，大致来说品级越高需要交纳的米银数就越多。弘治六年，募人纳米于贵州都匀、清平等仓以助军饷，时规定纳40石者授正九品散官，50石者正八品，60石者正七品，20石者给冠带以荣其身。③此外，明政府还通过僧人纳米度牒、纳米冠带荣身、赐敕旌异等办法鼓励官民人等纳米助边，以筹集社会闲散资金。

整体来看，明代贵州地区通过纳米赎罪、纳米免试、纳米荣身等形式所筹集的粮饷总数不详，其作为非常时期的特殊政策，对缓解明代贵州地区军粮吃紧的状况，保障供给等方面起到了积极作用，但对其作用不宜作过高估计。

综上所述，在明代贵州军饷的来源中，川湖两省的协济粮总量最大，最为稳定。军屯粮在明初曾起到一定的作用，及至明中期军屯遭到破坏以后，其在贵州粮饷供给方面的作用越来越小。开中盐粮，作为弥补粮饷短缺的紧急措施，无论是在和平时代，还是战时筹集都起了非常重要的作用，但随着弘治朝纳银运司的改革，其作用逐渐减弱。明代贵州粮税经历了一个从无到有再到渐趋增多的过程，随着开中盐粮与军屯粮的

---

① 《明武宗实录》卷78，正德六年八月癸巳条。
② 《明英宗实录》卷197，景泰元年十月戊子条。
③ 《明孝宗实录》卷71，弘治六年正月庚寅条。

减弱，税粮在军队供给中所起的作用越来越大，但不宜高估。赎罪米、免试米、荣身米等作为补充粮饷的权宜之计，缺时则纳，事罢即停，不具有普遍性。上述五种供饷渠道在不同时期，不同程度上为贵州官军提供粮饷。有明一代，贵州军粮供给紧张的局面一直都没有得到有效解决。

（二）江西地区

明代江西地区共设有4卫、11千户所、1百户所。其中，除九江卫属直隶前府直接管辖，其他均属于江西都司管辖。其卫所兵马原额39893员名，至嘉靖年间，新旧旗军舍余共32636名，而《皇舆考》则记江西都司所属马步官军12700员名，属于军数较少的省份。所以，其官军粮饷的供给渠道相对简单清晰。史籍中很少提及江西地区因为粮饷短缺，需要利用开中盐粮、犯人输纳等形式筹集粮饷的情况。明代江西地区的卫所粮饷主要是从军屯粮和地方存留中支取的。

江西军屯始于明建国初期，但关于其功效，由于屯田原额及祖军人数不能完全掌握，无法讨论。明中后期的军屯供军情况，明代史籍中有关江西军屯原额的记载大多是不可靠的。粗略地估计，江西地区军屯地最高5700顷，最高子粒也只有10万石左右，仅够一卫多官军食用。由于资料缺乏，我们并不能对屯粮在江西官军食粮中所占比例作出准确的推算。

参照《江西赋役全书》，从各卫所屯田子粒总额估算，万历末年江西屯粮供军比例不高。按洪永时期的旗、屯分配原则，沿边卫所大致三分守城、七分屯种，腹里卫所二分守城、八分屯种。其屯田子粒的交纳，由原来的正粮12石、余粮12石，变为余粮12石，正粮减半，再到只缴纳余粮。屯军月粮可以自主支配，不必再经过上仓统一分配的环节，所以，有些史书记载"屯军不支月粮"，其实屯军所支是交纳后剩余部分，只不过没有经过统一分配而已。江西地区位属腹里，屯军比例原则上可达十分之八。按理可有80%的屯军不支月粮，但实际上，由于江西地区屯种者多出自舍余、佃户，如万历二十五年江西都司官军舍余人等共36787员名，屯种军舍就达13488名（不记抚州所），约占总数的1/3强。背离了明初屯军自赡的原则，所以江西地区的马步旗军大多是支付月粮的。按每卫官军年需粮68000石计算，明代江西都司卫所屯粮供给卫军比例不足25%。

但具体某一卫所而言，由于各卫所官军人员设置不同，俸粮支给情况有异。现根据《江西赋役全书》中的相关资料，对万历末年江西卫所供军粮饷的进行分析。万历后期，江西都司卫所粮饷供给渠道有二：一是屯粮，一是地方存留。江西都司各卫所俸月粮饷由屯粮支付的比例不一，除龙泉百户所支付不详外，其他卫所支出比例分别为：南昌卫60.78%；袁州卫25.97%；赣州卫，除旗军闰银与卫官钞银不详外，其他由屯粮支出的比例为86.28%；信奉所，除官军遇闰加银不详外，其他由屯粮支出的比例为72.85%；会昌所，除官军闰月银不详外，其他由屯粮支付的比例为72.53%；吉安所，官军遇闰不派银，其官军俸月粮由屯粮支付的比例为11.54%；安福所为48.02%；永新所为28.88%；饶州所为37.03%；广信所为28.82%；铅山所为41.48%。总之，屯粮供军比例在50%以上的有南昌卫、赣州卫、信丰所、会昌所等4卫所，不足三成的有袁州卫、吉安所、永新所、广信所等4卫所。可见，万历末年江西都司卫所屯粮供军的比例差异很大，同时也反证了卫所所需粮饷由存留粮支付部分的差异性。

同时可知，江西布政司所辖各府州县财政之间也存在一种调剂平衡的关系，以有余补不足。如赣州卫所属府仓接受南安府属协济米银1291两；信丰所所属仓接受宁都、云都、兴国三县协济米银2205两；会昌仓接受兴国、石城、龙南、定南四县协济米银1506两；吉安府仓接受万载、清江、新喻、新淦、峡江5县协济米银共3730两，其中万载县协济吉安府仓米4250石，每石折银5钱，该银2125两，内551两解司，凑给吉安所运军月粮，1574两解吉安府，支给本所操军月粮，清江县协济吉安府仓米978石，折银489两，新喻县协济吉安府仓米2797石，折银1398.5两，新淦县协济吉安府仓米1871石，折银935.5两，峡江县协济吉安府仓米712石，折银356两；安福所运军月粮由泰和、永宁、吉水、永丰四县协济银共2067两支付；铅山县仓接受协济玉山、永丰、弋阳、贵溪、兴安、东乡六县协济银2660.999两。

从协济区域看，本着府内部调节、就近接济的原则。如安福所，位于吉安府安福县内，与安福县同隶一府的还有泰和、永宁、吉水、永丰、庐陵、龙泉、万安、永新8县，其中泰和、永宁、吉水、永丰4县协济安福县供给安福千户所官军粮饷。而位于吉安府治后武镇坊之东的吉安所，则由相邻的袁州府万载县及临江府协济。临江府由于位于江西腹里，不与他省相邻，没有设置卫所，供给压力较小，所以其所辖清江、新喻、新淦、峡江4县全部协助吉安府供给本府驻扎官军所需粮饷。同样的道理，铅山所位于广信府铅山县内，其所官军俸月粮则由同处一府的玉山、永丰、弋阳、贵溪、兴安等县协济。会昌、信丰2所同处赣州府内，其二所官军俸月粮则由同府其他县本着就近原则协济，兴国、石城、龙南、定南4县协济会昌，宁都、云都、兴国3县协济信丰。所以，某一卫所的粮饷供给，不仅涉及本卫所军士屯粮、本卫所所在府县的地方财政，还受到邻近府县财政状况的影响。

从支付对象看，屯粮与存留粮银供给对象大致有所分工。如南昌卫，卫指挥使、指挥同知、指挥佥事、经历、知事、正副千户、署所镇抚、所镇抚、卫镇抚、正百户、试百户、总小旗、军门旗牌、令史、典吏，及运旗、散军、催运7个月月粮，已故副千户妻优养等费用俱从南昌府仓米银中支应。而运旗、散军、催运余下5个月月粮，及门铺、常操、巡捕、军禁、催粮、看仓、吹手、局匠、火药、马军、正军兵、余丁兵、纪录军等兵种则从屯粮中支取。[①]所以，造成屯粮略有盈余的局面，而其他各卫所均是先尽支屯粮，不足部分于府县仓米银找支。在卫所官军俸月粮的支给方面，卫所屯粮与地方存留粮之间是有分工的。

总之，江西都司卫所官军俸月粮由军屯及地方存留粮银供给，一般先尽支屯粮，不足部分于府县仓存留中找支，再不足由邻府县协济银中凑支。《江西赋役全书》凡例中提到"各卫所官军俸粮，原取给于屯田，因屯粮不足而以仓米凑之。查得屯田子粒倍轻于民田输粮，以是祖制，不论丰歉，限屯坐军。近各处卫所奸胥串通府县吏书，先支仓米，后找屯粮，以致子粒盈余，尽成乾没。今后各官军俸粮每年先尽支屯，方找仓米，四季呈报守道，扣除仓米贮库，如有故违，定行参究"[②]，由此可知，各卫所官军俸月粮先支屯粮，屯粮不足，找支府县仓米乃是遵循祖例定制。军屯，由于受地理、人文等多方面因素的影响，其在江西官军粮饷支付的比例不一，从百分之十几到百分之八十几差异很大。其不足部分尽由地方存留来补充。江西官军粮饷是地方存留开支最大的一项。如南昌府全年存留府仓银共10780.91，支付南昌卫6193.76两，约占57.4%；袁州府年存留府仓米银共6858.833两，支付袁州卫5551.437两，约占80.9%；赣州府年存留府仓米银1286.489，支付赣州卫1012.181两，约占78.7%。而其他卫所的官军粮饷则是在相邻府县的协济下完成的，可见官军粮饷对地方财政影响之大。

（三）广西都司

广西都司所辖卫所原额官军128892员名，至景泰三年，广西都司所属卫所官军舍余只有44900余员名。至弘治年间，"止有万八千人"，嘉靖

---

① 参见《江西赋役全书·南昌府总》，第231—233页，收于《明代史籍汇刊》，台湾学生书局，1970年版。

② 《江西赋役全书》，《凡例》，第23页。

年间，史载仅有10200余员名。及至万历年间，据万历《广西通志》记载，只有9836名，官军人员较少，其粮饷支给量也较小，概每月共支米9844石1斗9升，年用粮仅118130石。所以，明后期，广西军饷供给来源渠道相对较为简单，几乎全部从存留税粮与军屯粮中支取。而在明初，广西军额高达12万余，每月所需饷粮就相当于万历后期的年用饷粮，这些军饷来源渠道主要有四：一是开中盐粮，一是湖广接济粮，一是军屯粮，一是广西存留税粮。

1. 开中盐粮

广西开中盐粮的最早的记载是在洪武八年，据《明太祖实录》记载：时广西行省言，其所辖海、北、白、石四盐场，并广州东海十一场，岁办盐课除运赴北流、梧州二仓外，其余募商中纳银米者，宜定其价。拟定"桂林府纳银四两五钱，米三石二斗；浔州府米五石三斗；南宁、庆远府米四石三斗并给白、石场盐一引。桂林府纳银五两五钱，米四石五斗；南宁、庆远米四石五斗，浔州米五石五斗并给东海盐一引"。[①]随后，洪武二十八年九月于广西桂林地区开中盐八十五万引，"先定纳米三石太重，今减其半，以便商人"[②]，总计，本次开中粮米127.5万石。洪武二十九年正月开中于广西南丹地区，时因征南将军左都督杨文言，广西新立卫所奉议、庆远二卫，水陆并通，粮储足用，独南丹不通舟楫，山路崎岖，建议定中盐则例，中纳盐粮，先于南丹输粟者为便。"南丹每引五斗，奉议、庆远一石五斗，俱于顺便仓所支盐。"[③]至景泰年间，广西按察使专门添设副使巡盐，巡视梧州、庆远、柳州、衡州等处，捉拿非法违纪者，使盐法通行，客商得赴柳庆等地区中纳粮饷，以保障军饷的供给。

---

① 《明太祖实录》卷96，洪武八年正月甲戌条。
② 《明太祖实录》卷241，洪武二十八年九月辛酉条。
③ 《明太祖实录》卷244，洪武二十九年正月丙申条。

天顺四年，因广西粮饷匮乏，朝廷以广东、海北、福建三处盐为主，命户部于广西柳州、庆远府召商中盐纳米，柳州府纳米29400石，庆远府纳米23900石，此次开中共纳粮53300石，是开中盐粮较少的一次。[①]成化年间，因边储不敷，共行两次开中，一次是在成化十二年，召商中广东、海北盐20万引，一次是在十四年，开中广东、海北二提举司盐14万引。[②]前后共开中盐粮9万余石。

弘治初年，总督御史闵珪奏报广西粮饷急缺问题，广西呈明广储库原收湖广解来折粮银两，及开中引盐银16264两，俱于弘治四年八、九、十月内放支尽绝，现在库银只有4300余两。其中王府将军中尉折钞禄米需35000余石，共该折银1500余两。桂林中、右、护卫等官军俸粮折银3180余两，其余赏功、犒赏、修理等不包括在内。于是，户部决定招商开中广东、海北二提举司盐共10万引，分别于缺粮仓上纳。[③]后因叶淇改制，变纳粮于边为纳银于运司，商人逐渐内徙，此后，广西地区鲜有开中盐粮的记载。总体而言，广西地区开中盐粮的数额不大，最大的一次是在洪武二十八年，开中盐粮达127.5万石，后来历次开中均在5万石左右，相对于明前期广西地区的军队人数而言，为数不多。

2.湖广、广东接济

选择湖广、广东省接济，除因二省粮饷较为充足、距离广西较近外，主要是二省与广西势若唇齿，在战略防御与进攻上遥相呼应。广西、广东二省之军政要务统由两广总督管辖，调兵转饷，势若连瓴。诚如隆庆年间都给事中光懋言，"在广西不足于粮饷则资广东以转输，在广东不足于战士则调广西以应援"，[④]二省声援联络，事体归一。不仅如此，其要

---

① 《明英宗实录》卷323，天顺四年十二月癸酉条。

② 《明宪宗实录》卷154，成化十二年六月丙申条；卷182，成化十四年九月丁亥条。

③ 嘉靖《广西通志》卷30，《兵防四·军饷》。

④ 《明穆宗实录》卷45，隆庆四年五月庚辰条。

害地区二省均调拨军队，共同守御。如梧州地区，虽属广西，实两广之要害，故设立军防守，令广东拨戍守官军4600余名，岁派广备仓粮5万石。①

湖广、广东二省接济粮饷始于正统四年，时广西布政司奏，广西官吏俸给，旗军月粮，并祭祀等项该用钞数多，而库内收积数少，支给不敷。户部覆奏湖广、广东所属户口商税钞多，"宜将各属附近广西府州县该纳商税内拨一百万，湖广三十万，广东七十万，令广西布政司运回收贮，以备支用"②。正统前期，广西布政司官军粮饷颇足，但由于商业流通不畅，钞银数额有限，所以，湖广、广东二省以商税接济广西。正统十四年至景泰三年间，广西连年镇压少数民族的叛乱，不得休息，官军无钞可支。于是，总督两广军务太子太保左都御史王翱上奏，请乞官库收赃罚银铜钱绢布依时价折钞与军。事下，户部议"赃罚籴粮银俱不宜轻支，惟宜支铜钱布绢，其有不敷宜将湖广金沙州，江西湖口县二处船料钞三百五十七万贯运赴广西布政司"③。

除用商税、船料接济外，更多的时候是直接接济广西税粮，如景泰二年，命巡抚广东兵部左侍郎接济，并广东布按二司于肇庆等府税粮内拨运10万石于广西桂林府官仓转输柳州等处供给军饷。④天顺五年（1461），命江西、湖广二布政司出官库银12000两奇赴广西给赐征蛮官军。⑤成化十二年，从巡抚湖广右副都御史刘敷请求，命湖广拨接济广西粮3万石，每石折银三钱五分解送广西布政司收纳备用。⑥弘治三年，桂林府见广储仓并所属州县仓粮不够支用，于是，差官前往湖广、广东等收

① 《明穆宗实录》卷58，隆庆五年六月癸丑条。
② 《明英宗实录》卷57，正统四年七月甲戌条。
③ 《明英宗实录》卷203，景泰二年四月壬午条。
④ 《明英宗实录》卷208，景泰二年九月己未条。
⑤ 《明英宗实录》卷330，天顺五年七月甲辰条。
⑥ 《明宪宗实录》卷158，成化十二年十月戊戌条。

成较好的地方征收钱粮，接济广西。后知府用银1500两买米3000石，用银180两雇船装载，并借拨广东官米2000石，运送布政司收库。^①弘治五年，总督两广都御史闵圭奏请，将长沙、衡、永三府存留米均派1万石，每石折银3钱5分通运广西，按月散为官军行粮。^②

据嘉靖《广西通志》记载，弘治年间，广西布政奏报广西缺粮事宜，称桂林府仓粮只有16000石，其桂林中、右等卫并湖广等处调来哨守官军，及桂林府县官吏师生人等每月支粮11000余石，在仓粮米不够两月支用。而且，靖江王府将军中尉等，除折支钱钞外，实该支米38500余石，俱未曾关支。其他如柳庆、南宁等府也都申报在仓粮米，"有无升合者，有够一月支用者，有够半年支用者"^③。天时荒旱，钱粮缺乏。乞敕"该查照往年湖广灾伤及陕西各边缺粮事例，或将湖广、广东解京折粮银两量留十余万两解送广西布政司，分送各边缺粮仓分以备官军月粮支用，或将湖广折银粮米三万石起解本色前来，或将广东提举司存积引盐量减斗头，再行召商"。事下，将广东派运梧州的5万石食粮内拨出2万石折成银两解送广西柳庆等处，其余3万石运赴梧州。此外，凡可以增加边储者，如冠带、义民、吏典兑考等项事例，"酌情采纳，从长计议，待后钱粮颇足，地方稍宁之日，就行停止"^④。

由此可以看出，湖广、广东接济广西粮饷形式颇多，有商税、船料钞、税粮等。其中税粮数额与开中盐粮相比，略居其次。根据《明实录》及《广西通志》记载数字统计，湖广、广东前后共接济广西粮饷约20万石，较开中盐粮少。

① 嘉靖《广西通志》卷30，《兵防四·军饷》。
② 《明孝宗实录》卷61，弘治五年三月乙未条。
③ 嘉靖《广西通志》卷30，《兵防四·军饷》。
④ 嘉靖《广西通志》卷30，《兵防四·军饷》。

3. 军屯粮

广西军屯始于洪武八年，时遣中使至桂林府市牛给南丹、奉议军士。洪武三十年给广西迁江屯田所士兵兑纳税粮。建文四年始定科则，每军田一分正粮12石，收贮屯仓听本军支用，余粮12石给本卫官军俸粮。永乐二年，以广西各县田地开设屯所拨屯军屯种，自食，不纳税粮。五年增广西屯田佥事一员。正统二年，令每军正粮免上仓，止征余粮6石。八年，题准广西桂林等卫所屯田每军加给10亩，如有余剩田地，令军舍、勾补军旗等如例屯种，照例纳粮。嘉靖六年，查勘卫所屯田，其官舍军余占种年久，故军之田仍与领种，代纳粮草如军。见存无田者即令退还本军为止，其领种故军之田，一人止许一分，一户止许一分，其余俱令退还。但由于广西地处西南边陲，非中原之地，少数民族集聚，素称瘠薄，"十亩之产不当五金"，军屯收入有限。

明初，广西军屯地亩数5924顷23亩4分，军屯粮50291石3斗7升，仅够明初12万名官军半月之粮饷。随着军屯的废弛，至万历年间，军屯地亩数只有2581顷81亩，除某些州县代征外，实交军屯粮32289石8斗，仅够9836名官军3个月食用。所以，军屯在广西粮饷中所起的作用有限。

4. 广西存留税粮

除军屯、开中、接济粮外，明代广西都司粮饷主要靠存留税粮来解决。明初广西税粮在42万至43万余石之间，[①]屯粮61200余石，国初基本如数输纳，军需不匮，只是在偏僻之地，才运用商人的力量开中运输盐粮。存留税粮在广西军饷供给的方面仍然起着主导作用。

万历年间，广西都司卫所的粮饷除少数卫所明确注明从军屯粮中支

---

① 《明世宗实录》卷8，正德十六年十一月条记载："广西布政司王启右、参政黄衷言，广西税粮初四十二万有奇，顷以户口流亡，官不服输纳，每岁实征仅二十三万余石，而宗藩及官军禄粮且三十五万，所入不足以给所出。"而《明神宗实录》卷32，万历二年十二月己酉条则记载："广西原额夏秋税粮共该米四十三万一千三百五十七石。"

取外，其余大部分卫所都是直接从府州县存留粮里支出，尽管具体支付数额不详，但存留粮是广西粮饷供给的重要来源渠道，这一点是毋庸置疑的。除此之外，为筹集粮饷，广西也采取了犯人纳米①、纳米荣身②、生员纳米③等形式解一时之难，但由于数量很少，对军饷影响甚微。

本节主要论述了京营、外卫军饷的供给状况。京营官军粮饷主要从京、通二仓，内承运库及军屯中支取，所以，起运太仓税粮的多寡直接影响京营官军月粮支取，但相对外卫与边军而言，影响不大。外卫军饷主要是从军屯与存留银中支取，但表现出明显的区域性特点。如贵州，湖广、四川的接济粮是其军饷来源的主要渠道，而广西，虽仍不时靠湖广、广东接济，但不占主要地位。江西都司因所辖卫所军士较少，所以，在其军饷来源方面则鲜有开中盐粮、邻省接济的记载。除紧急调兵遣粮，需要动用太仓少量银两外，京营、外卫军饷几乎不动用国库财政，对国家财政影响较小。

第三节　明中期边镇粮饷的供给

与京营、外卫相比，"九边"军队的粮饷供给尤为复杂。凡各镇粮饷，有屯粮，有民运，有盐引，有京运，有主兵年例，有客兵年例。即所谓"屯粮不足，加以民粮，民粮不足，加以盐粮，盐粮不足，加以京运，馈饷亦不足，屡请内帑"④。九边消耗了明朝相当数量的财政收入，九边粮饷供给问题直接关系到明代的财政与军政。

---

① 《明英宗实录》卷30，正统二年五月癸卯条；《明英宗实录》卷208，景泰二年九月己未条。

② 《明英宗实录》卷262，景泰七年春正月甲午条。

③ 《明武宗实录》卷178，正德十四年九月戊戌条。

④ 《春明梦余录》卷35，《经费》，第573页。

一、质疑万历《大明会典》对九边原饷额的记载

明前期北方边镇的原饷额，万历《大明会典》卷28有明确的记载。根据对明代九边军数的分析并结合其他史料，则发现该原饷额有以下几个问题：

第一，九边各镇成镇时间先后不一。明前期先后设立甘肃、辽东、大同、宣府、延绥、宁夏六镇。固原镇，景泰三年初设总兵官于西安，弘治十五年总兵才由西安移至固原，而且"未设镇之先，民运无额，除分三镇外，余听巡抚酌量分发备用，自弘治十五年后议增粮饷，始有加派"①。所以《大明会典》所记固原镇原饷额中的民运数应是弘治十五年以后的数额。再如蓟州镇，嘉靖二十七年正式称镇。"本镇盐引天顺以前无考，成化而后多者20余万引，少者10余万引，或岁间一发，或数年不发，原无定额。"②因此，《大明会典》所记原饷额中的盐引数至少是天顺以后之数，都晚于明初。

第二，不同镇所记的同一饷项年代不一。以屯粮为例，如辽东，天启元年甲辰，给事中赵时用疏言："辽饷长久之计无如屯田。国初……是立屯之法，令军自为养而无京运也。至永乐十年，辽镇岁收屯粮七十一万六千一百余石，以养该镇官兵九万余，京运亦止一万石而已。"所以《大明会典》所记为永乐年间数额。宣府，"正统间，屯田四万六千六百余倾，屯粮二十五万四千余石"。山西，"正统中，振武等三卫屯粮八百余石"。甘肃"国初，甘州左等一十九卫屯地，足供军需"。此三镇为正统年间数额。而密云镇原屯粮则为洪武时之数，"洪武初，密云中后二卫，共五百七十五顷一十四亩，征粮四千六百二十七石

---

① 《万历会计录》卷29，《固原镇》。
② 《万历会计录》卷18，《蓟镇》。

五斗五升"。宁夏则为永乐时之数，"本镇屯田，夙号膏腴。永乐间，田一万五千六百二十四顷七十六亩。征粮一十八万七千四百九十七石，……弘治十三年，查与永乐间数同"。

第三，同一镇所记的不同饷项年代亦不一。如甘肃，民粮、屯粮为正统时数，而京运则"成化二十三年始发"。延绥，民粮"成化间始派西安等府民运二十七八万石及河南草料价银三万三千两充本镇军需"[1]。京运"原无京运年例，正统、成化年间拨十万两分送三边以济一时之急，后遂为例"[2]。

第四，京运年例始发的年代及各镇的京运年例数不同属某一年代。"国朝自洪永以来，原无年例。年例自正统始发。"[3]所以《震泽长语》卷上《食货》记，正统以前"宣府、大同、辽东、陕西年例共四十万两"中的"年例"，似为崇祯年间仓场侍郎南居益所说"按永乐、正统之间，各边镇不过有攒运粮料之例"。所以毕自严在《度支奏议》堂稿卷3中称："祖宗朝各边民屯原足供各边之用，间有军兴事故，乞济太仓益太仓积储，或杂项之所入，或支剩之赢余存充济边，是太仓时为饷用而非饷也。"因此万历《大明会典》所记后来各镇原饷额中的年例数并非沿自正统以前，这一点应予以说明。甘肃，京运则"成化二十三年始发"；辽东，正统六年发银1万两；大同，正统七年始有京运，发银5万两；延绥，原无京运年例，天顺八年，发银15万两，成化十六年，发银10万两分送三边以济一时之急，"后遂为例"；固原镇，京运银两正统以后虽有请发多寡不同，嘉靖十七年，始定为例；宁夏，京运原无专发，正统七年议将徽州的解京折粮银36600余两转解陕西分送边镇，至成化二十二年始发主兵银4万两为例；蓟镇，本镇京运嘉靖以前无例也，或一二万或三四万

---

① 《万历会计录》各镇民运部分。
② 《万历会计录》卷26，《延绥镇》。
③ 《春明梦余录》卷35，《经费》，第574页。

两，岁间一发，旋即报罢。其定为例，主兵自嘉靖二十一年始发3万两，后又增募军银54500两有奇，客兵自嘉靖二十九年始发。[①]

可见，万历《大明会典》所记九边原饷额是万历以前各朝该饷项的"大杂烩"，难以得出明初北方边镇的总饷额。

明前期北方各边镇的饷额，只有于慎行留有记载，且不似他人将实物与货币分别开来，而是只用银两折计。"今九边坐派钱粮，旧有定数。大约宣府八十三万余两，大同七十七万余两，辽东三十八万余两，延绥二十八万余两，宁夏二十二万余两，甘肃三十八万余两，六边总共三百七万有奇，俱山、陕、河南、山东，北直并本镇屯田粮草解纳。已而岁用不敷，每年议发年例并开派两淮、山东、两浙、长芦引盐，宣大三十九万余两，辽东二十万两，甘延十六万两，宁夏十六万余两，六边共计九十一万。此其大略也。"[②]作者以"议发年例"为标志，把"旧有定数"分为前后两个时期：前期即正统之前，边饷全由山西、陕西、河南、山东、北直民运和本镇屯田粮草解纳；后期直到成化末年前边饷约为398万余两，与《明孝宗实录》所记，成化、弘治间"边饷边需四百万两之银"[③]基本吻合。

二、明中期边镇粮饷

有关明中后期的时间界定不一，本节主要考察弘治初年至万历三十年间边镇粮饷的供给情况。之所以选择弘治初年作为上限，主要是为了延续上文《谷山笔麈》的记载。选择万历三十年作为下限，主要是因为在此之前，各边镇粮饷状况虽然紧张，但至少还能应付战事。而此后，

---

① 《万历会计录》各镇年例部分。
② 《谷山笔麈》卷12，《赋币》。
③ 《明孝宗实录》卷192，弘治十五年十月辛酉条。

北患逐渐转向辽东地区，万历四十六年以后，辽东战事危急，接连引起关注的就是"三饷"加派，属于非常态的军费结构。拟于下节论述。

（一）边镇屯田与屯粮

明代最大的军事威胁始终在北部，为此，明朝在北部边境部署了庞大的兵力。"千里馈粮，士有饥色"，为减少粮饷从内地转运的费用，实现"国无运饷之费"的目标，屯田在北部边防如火如荼地开展起来。但因各镇成立有先后、土壤肥瘠有别、气候寒暖不一，所以屯田效果差异很大。

依据《万历会计录》，十三镇中除永平镇分镇时间较晚（嘉靖四十四年从蓟州镇分出），屯田状况未能明确掌握外，其他各镇的屯田沿革情况大都比较明确。明初，如辽东、甘肃、大同等镇屯田效果比较明显，多数仓里有余粮。但至宣德以后，各卫所不遵旧例，屯粮数额就逐渐减少，"以一卫计之，官军一年所支俸粮动以万计，而屯收子粒止有六七十石或百余石"①。行在户部尚书郭敦把军粮缺少的原因归咎于各卫所不遵旧例，下屯人数减少，或十人或四五人，"有屯田之名而无屯田之实"。

及至嘉靖、万历年间，屯政废弛的状况更为严重。如大同镇，当时大同巡抚都御史杨顺以该镇缺粮严重，屯军输纳不前，请求更改原定边屯粮七分本色，三分折色之例。户部覆曰："祖宗时，经画边计，大同额粮至五十万石，故塞下之粟常见充，而虏不为害。今日亏月耗，存者仅十万余石，而又以三分折银，其于边计殊穷蹙矣。……但以人罢兵凶而流窜，地多废弃而荒芜，饶饫者并于豪强，贫寒者困于牛种耕耰，或夺于私差输纳，或病于重敛。掌屯之官，武职则惯于侵渔，文臣则事多姑息。屯法之坏，职此之由耳。……乞严旨顺等毋更纷纷，若万不得已，今年姑照四、六分数定征，俟年丰复旧。"②与洪武、永乐时候相比，军屯已是名

---

① 《明宣宗实录》卷51，宣德四年二月乙未条。

② 《明世宗实录》卷438，嘉靖三十五年八月辛卯条。

存实亡。

据统计（见表2-1），嘉靖初年，甘肃镇屯粮比例最高，占各边镇总额的29.24%，其他五镇依次是：固原镇21.30%，大同镇17.07%，宁夏镇14.76%，延绥镇9.05%，宣府镇8.53%。嘉靖十八年屯粮比例最高的辽东镇，占同年总额的29.33%，其他五镇依次是：甘肃镇21.92%，宁夏镇19.85%，大同镇14.41%，延绥镇7.46%，宣府镇7.03%。嘉靖二十八年占据前3位的分别是辽东镇19.13%，固原镇18.49%，甘肃镇14.69%。而万历十年与万历三十的数字几乎完全相同，占据前3位的分别是：固原镇21.95%，辽东镇19.19%，甘肃镇15.98%。而万历二十一年的那组数字，因与民运、漕粮等混在一起，不便于统计说明。但总的来看，甘肃、辽东、固原、宁夏等镇屯田收效较为明显。同时，对比这六组数字也可以看出，嘉靖朝三年的数字中宣府、延绥二镇完全相同。而嘉靖与万历年间的数字则改变较为明显，由此也可以看出明代数字统计的因因相循的现象，但我们现在的研究大都侧重于宏观层面，从这些数字中还是可以发现问题的。

明代屯田创于洪武，至永乐大兴，宣德以后逐渐败坏，至明中后期废弛，这是明代屯田的基本轨迹，也是目前史学界大都认可的。万历时期，礼部尚书叶向高为我们描述了嘉隆以来的屯田衰落的情况："……（天顺朝）屯种军余苦于补赔，相继逃亡。田亩日荒，而九边供输之费，遂以大困。……嘉隆以来，累清屯田，虽时盈时耗，而较其见存之数，大约损故额十之六七矣。盖在洪永间，辽东屯粮以石计者七十万，今十七万；甘肃六十万，今十三万；宁夏十八万，今十四万九千；延绥六万，今五万；蓟州十一万。今仅视延绥、山西，计其初当不下十万，今得二万八千有奇。……相去若此甚也。"[1]屯田失额、屯粮锐减已是不争的事实。

---

① （明）叶向高：《苍霞草》卷20，第71—72页。

因为九边各镇所处的地理、风貌、气候等条件各不相同，所以考证其实效最好的办法是做个案研究。目前辽东都司屯田的研究最为彻底，杨旸《明代东北史纲》[①]以大量的篇幅，解说了辽东屯田的由来、管理、功能、破坏、衰落，及土地占有关系的转变、营田的产生、民田的发展等问题。丛佩远在《中国东北史》[②]中用了30多页的篇幅详细地统计了自洪武十九年至万历三十七年间的屯田亩数、屯粮数、屯军数。日本学者诸星健儿《明代辽东的军屯关系考察：宣德—景泰年间的屯粮问题研究》[③]对辽东屯田史的全貌、屯粮锐减的原因、屯田科则的变动、屯军的减少等问题，都作了详细的分析。其他各镇的研究则很少深入。本书的主旨是探究边镇军马钱粮给国家财政所带来的影响，重点是对屯田的规模、屯军数、田亩数、屯田子粒等项的考察，不逐镇作较为细致的分析。

需要说明的是，屯田衰败的一个直接后果就是官军粮饷供给不足。尽管本书以列表的形式作了统计分析，但我们只能把它作为"预算额"而非实际的收益。"预算额"与"实际额"之间必然有很大的差距，所以本书无法直接回答屯粮在各边镇官军粮饷中所占比重。

（二）边镇民运粮饷

边镇屯田供给不足，明廷便采取就近原则从邻近省份征调一定粮饷供边，即为"民运"。就输纳地区而言，也是指华北山东、北直隶、河南、山西、陕西五省税粮不经过国库总收总支环节，而直接运送到北边军队驻地。这样，华北五省的赋税收入直接与消费单位挂钩，减少了中间周转环节，这在交通、运输条件极为低下的明朝初期，对保障军队供给起到了一定的积极作用。

---

① 杨旸：《明代东北史纲》，台湾学生书局，1993年版。

② 佟冬主编《中国东北史》第4卷，吉林文史出版社，1998年版。

③ 诸星健儿：《明代辽东的军屯关系考察：宣德—景泰年间的屯粮问题研究》，《山根幸夫教授退休纪念·明代史论丛》，汲古书屋，1990年版。

参考《万历会计录》，明初有四镇已经开始民运。一是辽东，辽东军需自明初就取自山东，当时山东输送税粮折布 32 万匹，本色钞 180 万锭，花绒 13.2 万斤；二是大同，明初大同民运坐派山西，率多本色；三是延绥，延绥国初额派诸省民运，俱从巡抚等臣酌量三边地方缓急，分给济用；四是易州，明初额派易州民运 68050 石，漕粮 62000 石。除以上四边镇外，民运也是解决甘肃、宁夏、宣府三镇粮饷的一个重要渠道。

其他七镇中，蓟州、密云、昌平三镇于景泰年间请派民运，山西镇于成化朝请派民运，固原镇于弘治朝请派民运，宁夏镇于正德朝请派民运，而永平镇请派民运则始于嘉靖朝。辽东、蓟州、密云、永平、昌平、易州六镇，自万历初年至六年间，改由太仓转发，六镇数额总计 853819 两。[①]但蓟州镇的民运比较特殊，山东、河南的民运银是直解户部，由太仓转发，而顺天诸府的民运仍直接解送蓟州镇。同样，顺天诸府民运仍解本镇。由此，至少可以说，万历初年，以上六镇的民运可以分成两部分，一部分由太仓转发银两，一部分由顺天府直接解送实物与银两。

关于明中后期民运情况。嘉靖初年、十八年、二十八年三年的民运基本都是以输纳实物为主，包括布、花、米、豆、草等，至万历十年则简化为以银两、石、束；至万历二十一年、三十年则转化成两个基本计量单位：银两、石（粮料），经历了一个由征纳本色实物向以银折纳的变化过程。在屯田、民运、开中、京运四个重要供饷渠道中，京运为银，盐引开中，自弘治五年叶淇变法后就改为输银折纳。京运年例银、盐引折银与屯粮、民运同属于明廷的财政收入，但输边形式有异，京运和盐引改由户部输边，而不是由军民直接交纳，可视为边饷中的折色。而边饷中的屯田收入虽有折银，但原则上还是以征收本色为主。所以，边饷中由征收本色向折纳银两的演变主要是民运的变化。

---

① 《万历会计录》卷 1，《旧额见额岁入岁出疏》。

梁淼泰在《明代"九边"饷中的折银与粮草市场》①一文中对边镇粮饷折银的原因有过详细的论述。他认为征纳本色，有签报车牛、夫役起解、廒司仓给、收领刁难等诸多不便与弊累。就九边而言，运输艰难和揽头之弊尤为突出，致使"官民俱困"。为解决运输困难，在白银流通较便之处，纳户赍银货往纳处买粮草上纳，而在白银流通较为不便之处，纳户赍布绢等至纳处易粮草交纳。后随着正统初年金花银的征收，民运也逐步实行以银折纳。

据《明经世文编》卷103，梁材《会议王禄军粮及内府收纳疏》记载嘉靖七年以前延绥、甘肃、宁夏、宣府、大同额饷，民运本色估银数占岁额饷估银数的87.98%；卷198，潘潢《会议第一疏》记嘉靖二十八年饷额，本色估银数占岁额饷估银数的53.86%；卷389，杨俊民《边饷渐增供亿难继酌长策以图治安疏》记万历初年本色估银占岁额饷估银数的14.89%；万历《大明会典》卷28，《户部十五·会计四·边粮》记九边现饷额，主客本色估银数占岁额饷估银数的21.67%；而《明史》卷82记万历初年九边本色估银数占岁饷额估银数的15.22%。由此可以看出，本色粮料在额饷中的百分比逐步呈下降趋势，由嘉靖初年的87.98%，到万历初年只占15.23%～48.71%，以银折纳取代"悉输本色"已是大势所趋。

粮饷的折银只是明政府取得九边粮草的主要方式，其立足点仍是本色。输纳银两是在保证一定比例的本色前提下进行的。倘若本色不足，仍强调交纳本色。弘治年间，肃州"往时腹里供亿皆赍折色，恐一旦有警无以给用"，"令各处坐派肃州税粮俱输本色"②。南京吏部尚书倪岳奏："大同、宣府官军粮米不能给一年之用，乞令所司今后仍收本色，待足

---

① 梁淼泰：《明代"九边"饷中的折银与粮草市场》，《中国社会经济史研究》1996年第3期。

② 《明孝宗实录》卷100，弘治八年五月丙申条。

三四年以上之用乃请征银。"①边远地区尤其强调本色，以保证军储。如甘肃，万历十四年，户部覆陕西三边总督郜光先题："甘肃一镇僻在天末，舟楫不通，故凶年不患无银而患无粟，若全本折兼开，或尽收折色，以致额粮不足，倘遇边报紧急，虽有银，军士恶得而食。"并担忧改折恐"遗脱巾之患"②。这也从一个侧面反映北部边地白银流通的局限性，边粮不能全折银，又难以全输本色。本折兼支，乃解决边镇粮饷问题的最好办法。

民运占各边镇粮饷总额比例有多大？要回答这个问题必须全面了解各个时候的边镇所需粮饷数（见表2-1）。

表2-1　明中后期九边十三镇军马钱粮数额

镇名	军马钱粮	嘉靖十年（1531）	嘉靖十八年（1539）	嘉靖二十八年（1549）	万历十年（1582）	万历二十一年（1593）	万历三十年（1602）
辽东	官兵/名	70451	87402	81443	83324	83324	83340
	马骡/匹	49961	—	60128	41830	41830	41830
	银两/两	394870	548063	498944	711391	937700	570259
	粮料/石	—	439990	166987	279212	379200	279212
蓟州	官兵/名	42900	101293	47853	34658	31658	31658
	马骡/匹	15000	10700	11726	6399	6399	6399
	银两/两	201438	236960	307081	780706	480580	571942
	粮料/石	201674	11852088	209200	103568	90300	50000
永平	官兵/名	未分镇	未分镇	未分镇	42871	33911	39940
	马骡/匹				15008	13506	15080
	银两/两	未分镇	未分镇	未分镇	404935	26600	285797
	粮料/石				61234	61500	61234

---

① 《明孝宗实录》卷126，弘治十年六月辛未条。
② 《明神宗实录》卷177，万历十四年八月丁亥条。

镇名	军马钱粮	嘉靖十年（1531）	嘉靖十八年（1539）	嘉靖二十八年（1549）	万历十年（1582）	万历二十一年（1593）	万历三十年（1602）
密云	官兵/名	未分镇	未分镇	未分镇	33569	52502	33569
	马骡/匹				13120	20768	13120
	银两/两				656506	478670	422544
	粮料/石				211456	168100	161458
昌平	官兵/名	未分镇	未分镇	未分镇	19039	28875	19039
	马骡/匹				5625	8737	5625
	银两/两				167256	269570	167280
	粮料/石				189272	39200	189272
易州	官兵/名	未分镇	未分镇	未分镇	34697	34697	—
	马骡/匹				4791	4791	—
	银两/两				365961	474880	386794
	粮料/石				23077	23000	23077
宣府	官兵/名	—	58062	82974	79258	78924	79258
	马骡/匹	—	45543	28693	33147	32904	33147
	银两/两	913250	939803	1138355	143873	935200	126773
	粮料/石	—	65402	271281	132038	188100	132038
大同	官兵/名	58620	59909	81529	85311	85311	85311
	马骡/匹	21880	46944	25647	35870	35870	35870
	银两/两	992460	775189	104395	114282	886090	481650
	粮料/石	—	515196	515196	713219	78100	713219
山西	官兵/名	—	27547	37818	55295	51746	55295
	马骡/匹	—	9665	11714	24764	22660	24764
	银两/两	90168	249015	838325	764541	675480	691543
	粮料/石	160574	225449	398292	50114	50100	50114

续表

镇名	军马钱粮	嘉靖十年（1531）	嘉靖十八年（1539）	嘉靖二十八年（1549）	万历十年（1582）	万历二十一年（1593）	万历三十年（1602）
延绥	官兵/名	41451	58067	44036	53254	36230	53254
	马骡/匹	17426	22219	20557	32133	26567	32133
	银两/两	247658	350017	513135	693619	605010	673740
	粮料/石	145440	145440	145440	154313	156300	154313
宁夏	官兵/名	41614	70263	31890	27934	27773	27934
	马骡/匹	21887	19595	13343	14657	13919	14657
	银两/两	—	290603	493866	224154	218300	228449
	粮料/石	514485	186346	318661	149652	166000	149653
甘肃	官兵/名	40245	89501	39882	46901	46901	46901
	马骡/匹	24919	6560	18206	21680	21680	21660
	银两/两	389821	445851	517883	450800	549730	450802
	粮料/石	228990	199602	218673	232434	232400	232434
固原	官兵/名	76093	67294	11755	90412	59813	90412
	马骡/匹	32901	5800	8644	33842	29527	33842
	银两/两	132721	249015	325740	417023	377420	417023
	粮料/石	308188	225449	268550	364731	267700	364731

以辽东镇为例，嘉靖十八年时，山东岁入辽东镇5个项目共银126004两，而辽东镇岁入总额是548063两，由此可知民运占辽东岁入粮饷的22.99%。同样，万历十年民运银159842两，总岁入银两711391两，民运占粮饷总额的22.47%；万历三十年的民运占粮饷总额的28.03%。由此可知，嘉靖十八年至万历三十年间，民运占辽东镇总岁入银两的比例在22%～28%之间浮动。其余12边镇的民运所占比例分别为：蓟州，嘉靖二十八年，民运占粮饷总额的1.6%，万历十年是10.05%，万历二十一年是11.7%，万历三十年是3.1%，蓟州民运占粮饷总额的比例在

1.6%～11.7%之间浮动；宣府镇民运占粮饷比例较高，嘉靖十年是69.4%，嘉靖二十八年是58.2%。其他各镇因民运折银数与盐引、屯粮等混在一起，不便统计。由此可知，民运在北边粮饷供给体系中的重要性。

（三）盐课与盐粮

"有明盐法，莫善于开中。"开中法是军饷供给的重要渠道。但随着"金花银"的实行，天顺、成化以后，开中盐粮趋于纳银。至弘治五年，"叶淇改制"，更改为运司纳银开中制，致使开中商人纷纷内徙，开中盐粮逐渐减少，这是开中盐引发展总的轨迹，但具体到各边镇而言，又有其各自不同的特点。

依据《万历会计录》，除密云、昌平、易州三处分镇较晚，无开中盐引记载外，其他十镇均有多次开中盐引的记载，开中盐引已成为解决当时边境粮饷问题的一个重要途径。[①]开中法经历了输钞中盐制，常股、存积制，代支、兑支制等形式后，内商和边商出现，这客观上引发了叶淇等人的改革，使开中制全面走向废弛。

《两淮盐法志》云："户部尚书叶淇言商输粟二斗五升，是以银五分得盐一引也，请其更法，输银于运司，银四钱支盐一引，可得粟二石，是以一引盐，坐致八倍之利。且商人纳银运司，道近而便，上下交利。奏可。于是盐银岁骤增至百万余两，诸商垦田塞下，悉撤业归，西北商或徙聚于淮南以便盐运，而边地为墟，粟涌贵，石直五两，欲复如旧，输粟塞下，及薄取，人分之利，不可得矣。"[②]盐商可以用银买盐，不必再在边境招民屯田，纷纷撤屯内徙，塞下积虚。政府的盐课收入虽然激增，可银归运司，利归商人，而边军所需的是月粮，边地所缺的是米麦，商屯撤业，盐商南徙，米粟日贵，边贮日困。实施开中纳米之初，每小引

---

① 《明经世文编》卷85，韩文：《题为钦奉事》。

② 乾隆《两淮盐法志》卷7，《商课门》。

纳米一斗二升五合，值银一钱二分五厘，变法后每引纳银三四钱，以价值而论，即视明初米价增加一倍半至两倍。而当时银价昂贵，米价又视明初大贱，如按一石粟值银二钱或一石米合银四钱计，每引实收银三四钱，可合米七斗五升至一石左右，两相比较，可增收米五倍至七倍，米价的上涨，直接影响了边防军士的生活，如榆林镇，在屯田时银一两可粜米二三石，变法后，一两银只能粜米五六斗至八九斗。"一遇凶岁，边粟如珠矣"，"贫困无极之军，衣无原褐，屋无原堵，每日只食粥汤三四碗"。①

叶淇改纳粟中盐为运司纳银制的原因颇受争议。②最有代表性的是荻原淳平的研究，他对商屯盛行的时间提出质疑。他从塞外商屯经营的危险性出发，认为宣德以后北边防线内移，北方民族频繁南下掠夺，都是以营利为目的的商屯不可能存在的原因。他认为，宣德以后商屯与军屯均处于崩溃状态，取而代之的是武官大规模的私占。加之国内货币经济的发展，阁臣丘濬、徐溥的大力推动，才有了叶淇变法的实现。因丘濬、徐溥、叶淇俱为南人，荻原将变法事件视为南人出身的官僚推行银本位货币的表现，赞成叶淇变法有保护同乡淮安盐商的目的。又因商屯早已衰败，指出叶淇变法与边地米价暴涨并无直接关联。但无论如何辩解，都不能无视当时国内货币经济的发展、白银的流通与使用，这一促使叶淇变法的主要原因。在这一根本原因的基础上，任何一个细节的发生都会导致变法的开始。而开中法的废弛只表示盐课输纳的形式发生变化，对盐课的收入影响不大。

---

① 《明经世文编》卷189，唐龙：《大虏住套乞请处补正数粮草以济紧急支用疏》。

② 参见左云鹏《明代商屯述略》，《陕西师范大学学报》（哲学社会科学版）1982年第1期；王守义《论明代的商屯制度》，《南开学报》（哲学社会科学版）1956年第2期；王崇武《明代的商屯制度》《禹贡半月刊》1936年第5期；寺田隆信《开中法的展开》，《明代满蒙史研究》，1963年。荻原淳平《叶淇の变法をめぐって—明代の北边问题に关する一考察》，《东方学》1963年第25辑。

盐课是对食盐生产、运销的课税，内分"灶课"与"引课"，灶课是灶户上交的税，引课是盐商所纳的"引价"。灶户则按户计丁，按丁办盐，明初以纳盐为主，及至明中后期多折纳银两。而盐商的引课，在弘治五年之前，也是以米、麦等实物为主（即开中盐粮），之后改为纳银（即纳银中盐）。而关于明代盐课的统计，户部统计资料，比较接近事实。

明中后期盐课收入数量变化很大，尽管成化时期盐课定额日趋形成，而至弘治时期即作为原则得以固定。[1]但实际征收能力则随着生产能力的变化而略有改变，但盐课是明代最重要的税源，这一点是毋庸置疑的。以万历六年为例，各盐运司并各提举司余盐、盐课、盐税等银共收入100万3876两，占同年太仓银库总收入367万6181两的27.31%。而明中后期粮饷大部分来自太仓银库，所以，盐课征收的顺利与否直接关系到军队粮饷供给。但由于明代盐引及盐课的资料浩如烟海，且指代不一，致使无法对盐粮在军饷供给中的重要性作一量化分析，但盐粮是明代军饷的重要来源这一点是毋庸置疑的。

（四）京运年例银

所谓京运年例银，也称京运银或年例银，是指每年从户部太仓库或内府库中拨给诸边镇的例行军费。年例银虽不是国库拨给北边银两的全部，但具有举足轻重的地位。京运"始自正统中。后屯粮、盐粮多废，而京运日益矣"[2]。洪、永以来，原无年例，边镇偶有缺粮，只不过有"儹运粮料"之例。[3]正统年间，由于边方多事，召买军马费用不足，始申请户部解银于边，补充边镇粮饷，后遂成定例。

各镇京运年例银开始解送的年代不一。最早始于正统五年，"比

---

①　刘淼：《明代盐业经济研究》，汕头大学出版社，1996年版，第206页。

②　《明史》卷82，《食货志六》，第2005页。

③　《春明梦余录》卷35，《经费》，第576页。

者，行在户部奏准，将银三万六千六百六十两运至陕西行都司，易米给军……"①其他边镇也相继效仿，自正统年间开始，户部解送边银由权宜之计遂成定制，每年都有数额不等的银两运至北部边塞地区充当军饷。

年例银发展的轨迹。明朝初年的解边银尚待详查。正统年间只有辽东、宣府、大同、密云四镇有京运解送的记载，其总额也不过20万两。直到弘治年间才有相关年例银的记载，据《明孝宗实录》弘治十五年十月辛酉条记载，早年各边年例银总额为48万两，其中宣府5万两，大同5万两，辽东15万两，延绥3万两，甘肃、宁夏各6万两。至正德末年，年例银总额约为43万两，内宣府10万两、大同5万两、辽东15万两、延绥3万两、宁夏4万两、甘肃6万两。②除蓟州镇外，其他各镇基本都建立了解送年例银体制。

总之，弘治、正德年间京运年例银的总额基本都保持在40万至50万两之间，政府负担并不沉重。正德、嘉靖以后，京运年例数激增。据陈于陛疏言，"然弘正间，各边饷银通共止四十余万。至嘉靖初，犹止五十九万。十八年后，奏讨加添，亦尚不满百万。至二十八年，忽加至二百二十万，三十八年加至二百四十余万，四十三年加至二百五十万。隆庆初年加至二百八十万，极矣！……"③

导致嘉靖二十八年后年例银激增的直接原因是俺答部落的大举进犯，同时也与边饷供给其他渠道的衰败有关。各边粮饷"初取给屯田，后以屯田渐弛，屯军亦多掣回守城，边储始唯民运是赖矣。而其派运之数，又多逋负，故岁用往往不敷，乃以银盐济之，非得已也，舍此似无长策"④。屯田败坏、民运逋负、盐法不行等都是导致年例银增加的重要因

---

① 《明英宗实录》卷74，正统五年十二月己巳条。

② 《明经世文编》卷198，潘潢：《会议第一疏》。

③ 《明经世文编》卷426，陈于陛：《披陈财政之要乞采纳以光治理疏》。

④ 《明武宗实录》卷37，正德三年四月甲戌条。

素。整体上看，京运年例与边饷其他供给渠道之间基本呈现一种此消彼长的关系。

九边十三边镇年例银是明中后期一项最大的财政支出，始终困扰着明政府。参见全汉昇、李龙华（1973）《明代中叶后太仓岁出银两的研究》与徐泓的《明代的私盐》中两个系统型表格可知，嘉靖二十五年前，年例银总额虽然在持续增加，但速度很慢，没有逾越百万，嘉靖中叶以后，由于北部边患的增加，年例银激增至200万两以上，及至嘉靖三十至三十二年间，年例银涨至500多万两。之后，互市开通，局势相对和平，年例银总额又有了大幅下降，基本维持在250万两左右。万历三十五年以后，北患逐渐转移到辽东地区，战事几乎连年不断，年例银逐渐增加，万历四十六年以后，后金首领努尔哈赤举兵伐明，攻占抚顺、清河等地，朝野震动。从此，明朝开始拨巨款用于辽东战事。自万历四十六年至天启元年（1621），仅三年时间，辽东军饷数目已达到2018.8366万两。[①]平均每年耗费600万两以上，太仓支出年例银激增至500万两。自此以后，三饷加派开始，军费的增加已呈现"非常态"性。

但是具体到某一边镇而言，十三镇年例银的演变又呈现出各自的特点。为了更直观地表达，仍采取图表的形式呈现：

表2-2　明九边十三镇年例银数额　　　　　单位：两

镇名	嘉靖初年（1522—1526）	嘉靖十八年（1539）	嘉靖二十八年（1549）	万历八年（1580）	万历十年（1582）	万历二十一年（1593）	万历三十年（1602）
辽东	—	150000	150000	266200	449984	318400	409984
蓟州	—	—	30000	389493	633658	424080余	424892
永平	未分镇	未分镇	未分镇	246085	360994	214600余	241858
密云	未分镇	未分镇	未分镇	394037	627999	333770余	394037

① 《明熹宗实录》卷5，天启元年正月乙亥条。

续表

镇名	嘉靖初年（1522—1526）	嘉靖十八年（1539）	嘉靖二十八年（1549）	万历八年（1580）	万历十年（1582）	万历二十一年（1593）	万历三十年（1602）
昌平	未分镇	未分镇	未分镇	173792	143439	130270余	143439
易州	未分镇	未分镇	未分镇	59000	62970	167980余	62970
宣府	80000	80000	80000	333221	467000	148000	296000
大同	70000	70000	44185	424638	631638	396595	450638
山西	—	—	—	213300	279300	185180余	206300
延绥	30000	40000	30000	367265	397765	310210余	377515
宁夏	40000	40000	40000	45000	30706	26700余	35000
固原	—	—	50000	60132	63721	35820余	63721
甘肃	60000	60000	60000	51497	51497	150430余	51497
总计	430000	440000	484185	3023660	4200671	2842035	3157851

　　资料来源　嘉靖初年资料来自梁材《会议王禄军粮及内府收纳疏》；嘉靖二十八年资料来自潘潢《查核边镇主兵钱粮实数疏》；万历八年资料来自刘斯洁《太仓考》；万历十年资料来自《万历会计录》；万历二十一年资料来自杨俊民《边饷渐增供亿难继酌长策以图治安疏》；万历三十年资料来自茅元仪《武备志》。

　　表2-2中的年例银包括主兵年例银与客兵年例银两部分。先有主兵，后又客兵，每年定额解发客兵年例银要比解发主兵年例银晚。在14边镇中，除了正德十四年延绥因"达贼出套"，始每年解发客兵年例银（数额不定，历年常有变更）外，其余都是在嘉靖年间（1522—1566）或以后才开始正式定额解发。在此以前，某些边镇如密云、昌平、易州、辽东、大同、宁夏等，虽有解发客兵京运年例的例子，但因客兵调遣无常，且无定数，一般视所需而发，或"数岁一发"，或"增发不等"，或"请发不一"，或"事宁既止"，或与主兵年例"通融兼支"，或"递年奏讨，解发不一"。① 所以，没有特殊说明，客兵年例银一般都与主兵年例银"通融

---

　　① 万历《大明会典》卷28，《边粮》。

兼支"，一起解送。因此，本表所列万历十年、二十一年、三十年栏把主兵与客兵年例银一起统计。

整体来看，从嘉靖初年至万历三十年，年例银数额变化很大，增长了近10倍。这主要与边境形势有关，边界情况的紧张与缓和都会很敏感地反映在粮饷的发放上。

具体到某一镇而言，嘉靖初年与嘉靖十八年的资料基本相同。嘉靖二十八年的资料较为完整，其年例银数额占总数的比例，由大至小依次是：辽东（占当年总额的30.98%）、宣府（16.52%）、甘肃（12.93%）、固原（10.33%）、大同（9.13%）、宁夏（8.26%），延绥与蓟州相同均占到总数的6.20%。万历十年的年例银总额约为420万两，排在前三位的有：蓟州（约占15.08%）、大同（15.03%）、密云（14.95%）。万历三十年的年例银总额约为315万两，排在前三位的有：大同（约占14.27%）、蓟州（13.45%）、辽东（12.98%）。从表格可以看出，万历十年与三十年的资料有多笔相同之处，至少可以说明，万历年间的边镇粮饷有不少都已经形成定额。这种情况的形成概与嘉靖四十五年、隆庆六年的"覆经定制"有关。据《春明梦余录》卷35记载，崇祯二年仓场侍郎南居益奏边镇年例数，隆庆定经制，各镇年例与杨俊民疏所记载相同，只有永平少10万两，宁夏多5000余两，缺少辽东镇年例银资料。辽东镇，自隆庆至万历元年主客年例约为20万两。[①]与杨俊民疏所记24万余两接近。从整体看，杨疏所列各镇年例数略高于隆庆间的最高数，但似以隆庆间经制为本又稍有变动。

总之，京运年例银在边镇粮饷中所占比例呈上升趋势，及至隆庆年间，虽有定经制之限，但万历二年、三年，辽东、蓟州、密云、永平、昌平等镇的年例银仍有增加。增京运一是因为战事不断、官军调动频繁，

---

① 参见《明穆宗实录》卷17，隆庆二年二月壬辰条；《明神宗实录》卷154，万历十二年十月壬戌条。

二是补充屯田、民运之不足。隆庆元年，户部尚书马森言："屯田十亏其七八，盐法十折其四五，民运十通其二三。"[1]京运额饷在明中后期的粮饷中占据举足轻重的地位。据崇祯元年的张承诏言："查户部册籍，宣大等镇自万历初年以来止载京运定额，民屯数目已不载；蓟密永昌等镇，万历初年亦止载本年发京运若干，亦未分析民运、屯运之数。"[2]民、屯数多已是虚额。京运年例愈显重要。

（五）边镇漕粮

边镇漕粮主要是指通过河运、海运等方式把粮饷等物资解运到北边边镇。在九边十三镇中只有蓟州、永平、密云、昌平四镇例行定额漕粮。辽东镇也有漕粮事例，但时禁时通，无定数，《万历会计录》也没有将此编纂在内。所以，本节只探讨此四镇的边粮运输情况。

就九边五镇的漕粮数额而言，成化之前，缺乏相关的记载，及至成化、弘治、嘉靖、隆庆、万历年间，虽偶有漕运边镇事件，也只是只言片语，资料较少，演变趋势不太明显。根据《万历会计录》五镇漕运历程可知：

蓟州镇，原无漕运，因嘉靖二十九年"北虏"侵犯，"改拨蓟州班军行粮，又昌平、密云二镇粮饷，共去二十七万七千三百四十五石，遂袭为例。在昔既以改折、佥运而减耗，在今岁又不查复原额，则以后各处有水旱之灾，日亦不足矣。……蓟镇拨漕运充班军行粮一万二千一百五石，原非旧额，出于庚戌年虏警奏拨。本出一时之事，因袭为例，则谬甚矣"[3]。

与蓟州镇相似，密云、昌平二镇漕粮原非旧有，拨运始于"庚戌之变"。"密云镇近拨漕粮十四万八千八百十五石，昌平镇

---

① 《明穆宗实录》卷15，隆庆元年十二月戊戌条。
② 《崇祯长编》卷16，崇祯元年十二月癸巳条。
③ 《明经世文编》卷298，韩文：《明会计以预远图疏》。

三万九千二百七十三石，俱非原额，亦皆始于庚戌之警，共该漕粮十四万四千八十三石。……其昌、密二镇军饷，照数议行。比照大同事例，于隆庆三年为始，预发银两。秋收之时，委官抵石□籴买，上纳昌、密二仓。"[1]

为补充太仓积蓄，尚书马森一再建议将拨运、乞运太仓漕粮改正归位，但随着边境战事吃紧，改折漕粮济边事件呈现出有增无减的态势。万历四年边饷急需，户部奉令于翌年改折全国漕粮三分之一，共110余万石，折银约90.5万两，除留3万两"修船"外，"其余尽数解部济边"。[2]万历十八年又以"边用"为由，将河南输纳临清、德州二仓的漕粮，改折1年，以备边用。[3]

随着辽东战事的蔓延，漕粮折银济边也变得更加频繁。万历三十九年，将南京兑军漕粮每年"改折征银"89600两，"以三分之一饷辽"。四十六年"改折南粮以充辽饷"。天启年间更是严重：户部尚书李宗延言边饷告匮，唯有"借漕折混充边饷"，导致太仓的漕粮"藐无丝毫在库"。[4]以上是四镇的漕运基本情况，因辽东镇漕运时断时续，无定例，《万历会计录》没有收集，故不赘述。

总之，从以上五个重要供给渠道看，明中后期边镇军队供应体制呈现出明显的由纳米向纳银过渡的趋势，折银已成为常态。但要想从整体上对九边粮饷供给数额做一评价几乎是不可能的。九边粮饷的供给渠道过于复杂。单就军屯而言，至今也没有一个能使大家信服的数字，首先从屯地而言，一个都司的屯地往往包括田地、山、园、池、荡、兜、溇、潭、塘、滩、沟等，把这些地的面积加总并无意义，因而屯粮数额依旧

---

① 《明经世文编》卷298，韩文：《明会计以预远图疏》。

② 《明神宗实录》卷52，万历四年七月丁酉条。

③ 《明神宗实录》卷226，万历十八年八月甲午条。

④ 鲍彦邦：《明代漕运研究》，暨南大学出版社，1996年版，第113—114页。

比较模糊，其在粮饷供给过程中的作用也只能做因时因地的估算，其他供给渠道也是如此。

第四节　明后期军饷供应的非常态性

辽东战争开始后，军费急剧增加，使得原来辽镇粮饷的供给体系雪上加霜。明政府为应付庞大的军费开支，除加征田赋、关税、盐课外，还采取鼓铸、捐助、捐俸、搜刮等方式筹措粮饷。这一切正规赋税之外的征派，总名为辽饷，即专门为辽东战事所设之意。其中辽东、蓟州等镇粮饷的筹集主要体现在辽饷的加派上，其发展大体分为万历末年、天启及崇祯朝三个阶段，每个阶段均有其特色。万历末年为辽饷田赋加派之始，基本未涉及其他征收项目；天启朝则加征杂项、盐税及关税；崇祯朝则进行第四次田赋加派及整理杂项。

一、粮饷加派

万历四十六年辽东战争爆发，户部在筹款无策的情况下，奏请田亩加派，全国各省直中，除贵州因苗变和土地贫瘠没有加派外，总计浙江等12省、南北直隶，按照《万历会计录》所定田亩额数，总计700余万顷，每亩加派3厘5毫，共加银200余万两。① 及至万历四十七年，再度加派田亩，且每亩加派银由原来的3厘5毫，增加为七厘，共派银400余万两。② 翌年，又在"军兴诸费不足"的情况下，每亩再加派2厘。③ 经过万

---

① 《明神宗实录》卷574，万历四十六年九月庚戌条。
② 《明神宗实录》卷589，万历四十七年十二月壬子条。
③ 《明神宗实录》卷592，万历四十六年三月庚寅条。

历末年的三次加派，平均每亩田增课银9厘，全国增赋520万两。

万历末年前后三次加派，共增赋达520万两，全国除了贵州外无一幸免。但到了天启年间，田亩加派银中先后蠲免留用了一二百万两。所以天启三年田亩加派银实收348万余两。就支出而言，因天启元年沈阳、辽阳相继失陷，翌年，广宁失守，关门一带岌岌可危。为保障畿辅地区的安全，不得不加强近畿诸镇的防御，天启三年官军费用支出高达628万两，与收入相比，共亏银280万两，田赋加派不足以应付庞大的军费开支，于是，乃有了征收杂项的规定。

明末的杂项名目繁多，大致包括：卫所屯田、优免丁粮、平籴仓、房屋税契、典铺酌分、督抚军饷、抚按捐助、巡按公费、抽扣公费及马夫祇纸等十项，除湖广、广西、四川、云南杂项银四十八万两或留用或改入黔饷外，浙江等八省南北直隶共额定杂项银181万余两。[①]

除此之外，天启五年又增加关税135000两。[②]总计，天启元年、五年两次关税增派银200240两。天启年间辽饷内容上最大的改变，是杂项的规定，以及关税和盐课的增派。此三项连同蠲免留用后的田赋加派银，四项总额共581万3672两。如将芦课、辽东旧饷也一并算入，共计656万7450两。

崇祯年间军饷筹措仍然十分紧张，天启年间的拖欠银两情况仍然十分严重。天启初年辽东军费的支出达620余万两，而辽饷的收入仅有460余万两，遂有杂项181万两的征派规定。然而"省直承认者仅及一半"[③]，"杂项各项……每年有解到十分之二三者，有全不照管者"[④]。总计每岁所入杂项仅六十余万。[⑤]由于各省直的拖欠，致使辽饷的收入达不到预期的

① 《皇明世法录》卷34，《理财》。

② 《度支奏议》新饷司卷6，《覆户科题覆新饷入数疏》。

③ 《度支奏议》堂稿卷3，《召对面谕清查辽左缺饷疏》。

④ 《度支奏议》新饷司卷5，《题覆加派数目疏》。

⑤ 《度支奏议》堂稿卷3，《召对面谕清查辽左缺饷疏》。

效果，军饷入不敷出的情况仍然十分严重。

以崇祯元年为例，据《度支奏议·堂稿卷二·钦奉上傅覆查外解拖欠疏》统计，崇祯元年（1628）各省直旧饷能够完成的地区只有山东、徽州、顺天、河间、保定、大名及两淮等运司而已，其余地区全无解银。本年度该解银为274万9132两，而实际解到银只有117272两，仅占预计总额的4.3%。新饷的拖欠情况亦相当严重，崇祯元年该解银额为255万4781两，而实际解到银只有501861余两，仅占总数的19.64%，缴纳约为总数的二成。崇祯元年户部王家桢奏明各省欠饷达800万两，经毕自严详查后指出有826万9449两欠饷，六月至九月间只能追讨解到新饷银636133余两，旧饷银842345两，总计147万8478余两，追讨部分只占原欠额的17.88%，[①]绝大部分地区不能完额缴纳。

至崇祯三年，缺饷情况仍十分严重，政府已很难从其他方面增加辽饷，正如毕自严所言："今日而思开节之法……欲开矿而虑得不偿失……欲加关税而关税已增，徒扰商旅。至于开架门摊均属苛细……今日之计……求其积少成多……无逾加派一策。"[②]建议加派田赋，由万历四十八年的9厘增加至崇祯四年的1分2厘。这次加派除贵州贫瘠兼有苗变免除外，北直八府中的顺天、永平二府将按"从优恤"对待，而其余六府则有原先的蠲免改为每亩增派6厘，共计田亩加派银667万9000余两，去除蠲免、奏留等银144万9000余两外，实入新饷库者有522万9000余两。杂项方面，实该967000余两，盐课则由崇祯二年的30万增加至939855两，关税也增为336000两，除了买铜铸钱的65000两外，实解银271000两。以上额内杂项、关税、盐课三项实该251万余两。

杂项方面。由于天启年间的杂项存有两种弊病：一是杂项税额略嫌繁重；二是某些税项根本无法限定征收，如房屋税契等。而在天启三年

---

① 《度支奏议》堂稿卷2，《钦奉上傅覆查外解拖欠疏》。

② 《崇祯长编》卷38，崇祯三年九月庚子条。

竟规定此项收入为197250两，无疑是强迫民间买卖房产。[①]其他杂项如马夫祇候、平粜仓谷等银亦定得相当高，每年均有短缺。所以，不得不在杂项的项目上加以更定。更定后的数额由181万减至96万余两。而要填补这笔税项，政府将原先免征的"生员优免银"加入，此项收入是从崇祯三年开始征收，计解到崇祯五年为止，一共只解三年，共43万余两。

其他项目亦有改动，如崇祯初年将"朝觐路费"拨充军饷。所谓"朝觐路费"是指外官在外到一定的年限，须回京述职，而回京的路费则由政府支付，崇祯初年将此路费拨充军饷，所以在崇祯四年的预算案中就多了这一项。再如崇祯五年取消"事例银"，"事例银"是指生员的捐纳。宪宗时，规定生员纳米百石入国子监，军民纳250石为正九品散官，加50石则增二级，至七品官而止。[②]到武宗时有所更改，富贵之家若纳粟赈济，则由政府表彰其门，900石至二三百石者授散官，至从六品止。[③]世宗时，义民出谷多者可授正七品官职。[④]至辽东战事爆发，更令民间俊秀子弟纳银130两充附学。[⑤]其后发展至官员升迁均依据此"事例"，故崇祯五年，崇祯帝下令废止。[⑥]另外，为增加军饷收入，把督抚军饷与巡按公费重新纳入额派之中。在天启三年的杂项收入中，督抚军饷与巡按公费银约占15万两，原计划额收23万余两。但因多未如数起解，所以在崇祯二年预算案中，并没有把它列入，现在为了接济军饷之不足，又重新纳入杂项收入中，一并收取。

筹措辽饷的其他方式。加派、关税、盐课及杂项是辽饷加派的主要形式。除此之外，辽饷的筹措还采用一些特别措施，如鼓铸、带运粮、

①　朱庆永：《明末辽饷问题》，第63页。

②　《明史》卷78，《食货志二·赋役》，第1909页。

③　《明史》卷78，《食货志二·赋役》，第1909页。

④　《明史》卷78，《食货志二·赋役》，第1909页。

⑤　《明熹宗实录》卷64，天启五年十月甲申条。

⑥　《山书》卷5，《停止事例》。

搜刮、捐助、捐俸等。这些措施大都属于临时之举。

总之，自万历四十六年至崇祯年间，为筹集辽饷，明政府运用加派田赋、盐课、关税、杂项，及鼓铸、捐助、捐俸等手段，穷尽其法，收获颇丰。但这一笔为数不小的银额，能否达到它预期目的，还要取决于有几成能到军士手中。

二、粮饷加派之实效

加派辽饷数额均属于政府收入预算性表面数字，而在实际征收过程中，往往会出现奏留、蠲免、拖欠等现象，影响辽饷实际效益。辽饷的实际收益甚微，崇祯元年各省直新饷部分，新饷拖欠情况十分严重，该解银为255万4781两，而解到银只有501861余两，仅占总数的19.64%，缴纳约为总数的二成，有17个地方的额解银全部为零。

旧饷额解部分，能够完成旧饷的地区只有山东省、徽州、顺天、河间、保定、大名府及两淮等运司，其余地区全无解银。本年该征解银274万9132两，已解完银只有117272两，仅占总数的4.3%，比新饷解纳的情况更糟糕。

崇祯元年户部王家桢奏明各省欠饷达800万两，经毕自严详查后指出有8269449两欠饷，六月至九月间只能追讨解到新饷银636133余两，旧饷银842345两，总计1478479余两，追讨部分只占原欠额的17.88%，[①]绝大部分地区不能完额缴纳。

新旧饷的拖欠对明政府而言，只是一种名义上的损失，如及时追讨，分期补缴，还有陆续收回的可能。但如果下令蠲免，中央财政的损失便成为事实。天启元年，蠲免过北直隶的顺天、永平、保定三府，和山东

---

① 《度支奏议》堂稿卷2，《钦奉上傅覆查外解拖欠疏》。

省的青、登、莱三府的新饷加派银，共217950.2两；①二年，又蠲免了北直隶各府以及山东省的青、登、莱三府和兖州府的邹、滕二县的新饷加派银，共600892两。②

新饷递增至500万两以上，人民实在没有能力完全缴纳。至天启三年已缺饷额达186万两有奇。③崇祯二年七月二十二日，户部尚书毕自严曾经把省直9厘的加派额数和各地蠲、留、分饷数额详细地罗列出来。崇祯二年各地固定蠲免、留用与工部分饷银，总计167万余两，占加派所得辽饷的33.26%。也就是说，户部实际收入已较预期加派额减少了1/3。虽然还有杂项、关税、盐课等其他加派的收入，但仍难以弥补差额。何况，有些杂项银也在蠲免之列，崇祯四年六月十一日，批准蠲免天启六年分和七年分各省直未完旧饷银104774.472两和未完新饷杂项银521524.67两。④同时，户部也对本年度新饷加派银与蠲免、奏留、分饷银额作一对比。崇祯四年蠲免、奏留、分饷银共191万6911.8两，占当年加派总数的18.6%。实际解户银略高于崇祯二年。

此外，崇祯年间盐课和生员优免银的拖欠极为严重。崇祯四年加派的盐课累年拖欠数已积至100.4万两。⑤以额派最多的两淮运司而言，崇祯五年两淮每年的加派额是618593两，其所欠旧额盐课41万两，而新课则分文未解。⑥生员优免银按规定只征收三年，共计148.7万余两，除了解销、蠲免845347两外，实际未完银641758两⑦，近一半没能缴纳。

---

① 《明熹宗实录》卷17，天启元年十二月丙申条。
② 《明熹宗实录》卷29，天启二年十二月辛卯条。
③ 《度支奏议》新饷司卷6，《覆户科题覆新饷入数疏》。
④ 《度支奏议》堂稿卷17，《题蠲六七两年未完京边杂项钱粮疏》。同月十一日奉圣旨："这天启六、七两年各省、直未完旧饷并杂项银两，依拟照数蠲免。"
⑤ 《度支奏议》新饷司卷25，《题催省直盐课疏》，第5—6页。"两浙、山东、长芦、福建、广东、河东、陕西灵州、两淮等运司，提举司累年盐课欠至一百万四千两。"
⑥ 《度支奏议》山东司卷7，《题覆查覆饷科朱国栋督征两淮逋课疏》，第53页。
⑦ 《度支奏议》新饷司卷34，《查催三四五年生员优免疏》，第8—22页。

总之，崇祯四年之前辽饷的征收虽然也有极大的拖欠额，但总在当年内补交，所以实际收入的情况并不算差。崇祯四年后，拖欠额银数很大，补交的情况也不尽如人意，实收与原额间的差距日益加大，户部从辽饷所得到的加派收入，也日趋减少。

辽饷的加派，并没有从根本上改变军饷供给困窘的局面。万历二十七年十月十八日，山东道御史李柄在一个奏疏中报告："环视（太仓）库房，一空如洗。所仅存者老库二百万耳。"① 万历二十八年四月，因各边镇额饷"逾时历年不能给发"，决定借老库银"五十万分发各边"。② 万历三十二年九月，由于屡次动支，老库存银只剩下"五十万"③。京通仓储，张居正刚刚去世时，其贮量尚大，万历十一年十二月统计，京通两仓："实在粮共一千八百一十八万五千四百石有奇，每年军匠在官人等实支本色米二百二十万"，"京仓积米足支八九年"④，而到万历三十年九月，"京仓实在之数四百四十八万余石，足二年之支"⑤。天启元年，户部覆给事中赵时用疏言辽饷长久计时称："先臣马森奏除民运外，所支太仓三百八十九万有奇，乃每岁天下所入不足三百七八十万两而文武俸粮羽林军饷凡四十万不与焉。此九边所以不支、而臣部七事疏内亦谆谆以修屯为急也。"⑥ 而九边军饷"除盐兑民运外，什七仰给京运"，所以九边缺饷现象严重。"自万历三十八年起至天启七年止，各边镇通共欠银九百六十八万五千五百七十一两七钱。"⑦

崇祯二年三月户部尚书毕自严上疏曰："诸边年例自辽饷外，为

---

① 《神庙留中奏疏汇要》，《户部类》卷1。

② 《明神宗实录》卷346，万历二十八年四月丁亥条。

③ 《明神宗实录》卷400，万历三十二年九月壬申条。

④ 《明神宗实录》卷144，万历十一年十二月甲子条。

⑤ 《明书》卷83，《食货志三》。

⑥ 《明熹宗实录》卷6，天启元年二月甲辰条。

⑦ 《度支奏议》堂稿卷4，《详陈节欠各边年例钱粮数目疏》。

银三百二十七万八千有奇。今蓟、密诸镇节省三十三万，尚应二百九十四万八千。统计九边岁入之数，田赋百九十六万二千，盐课百十一万三千，关税十六万一千，杂税十万三千，事例约二十万。凡三百二十六万五千有奇。而逋负相沿，所入不满二百万，即尽充边饷尚无赢余。"[①] 这里，所入"即尽充边饷尚无赢余"，财政危机，入不敷出，实在到了无以复加的地步。在这种情况下，军队长期得不到粮食供应。有的边镇如"延绥、宁、固三镇，额粮缺至三十六月矣"[②]，士兵索饷哗变不断，仅天启四年、崇祯元年两年内就发生七次兵变。为了缓和当时的矛盾，减轻士兵的困难，也迫于群臣的压力，皇帝往往不得已发内帑充兵饷犒赏士兵。泰昌年间，朱常洛念及"辽东缺饷，军士劳苦可悯，遵照遗旨，特发内帑银一百万两，解赴（辽东）经略熊廷弼，犒赏军士"，又下令"发内帑银一百万两，解赴九边抚按官军，酌量犒赏"，"并谕两项共给解银五千两，沿途支费，不得骚扰驿递"[③]。天启元年正月七日因辽事告急，饷库一空，军士枵腹，复发内帑50万金解往充饷；[④] 三月，再次发内帑金以佐边饷之急需，数额高达100万两[⑤]；十二月二十六日，又一次发内帑金充兵饷，其数为200万两[⑥]。崇祯年间也多次发内帑饷边，崇祯元年癸未发帑金30万两分给宣大东江；庚申，发帑金50万两饷边。崇祯八年出帑金20万两助剿饷贮开封以援兵会集于此，出太仆寺金十万输西安；崇祯十二年，出帑金30万两济饷；十五年甲申发帑金10万资饷。[⑦]

由此可以看出，自万历三十年以降，国家无日不用兵，度支无日不

① 《明史》卷256，《毕自严传》，第6610页。
② 《明季北略》卷5，《南居益请发军饷》。
③ 《明光宗实录》卷2，万历四十八年七月己亥条。
④ 《明通鉴》卷77，第2464页。
⑤ 《明通鉴》卷77，第2469页。
⑥ 《明通鉴》卷77，第2475页。
⑦ 《崇祯实录》卷1，第5页；卷1，第19页；卷11，第243页；卷12，第365页；卷15，第452页。

需饷，正供不足，取之加派，加派不足，取之捐助，又取之优免工食等项，海内之物以告罄，民间之膏血已穷，而士卒仍嗷嗷待哺。倾天下之财而不足以供一隅，而各省又因一隅之取盈遂致其不足，军民交相疲困，国家岂能不亡？

第三章 明代军饷发放

明代通过各种渠道筹集粮饷的目的是满足官军基本生活所需，并以物质形式赏功惩劣，"慰英魂而召激劝"，以达到稳定局势、保家卫国之目的。因此，军饷通过何种形式，采取何种标准发放，粮饷额度制定得是否合理关系甚重。这些问题对将士的素质、士气，乃至对明朝的稳定都起到非常重要的作用。

第一节 明代军士粮饷

明代军士的粮饷主要是以月粮、行粮形式发放。由于兵种不同，执行任务的繁简劳苦程度不一，相应粮饷的发放标准也不尽相同。同时，不同地区不同时期的军士粮饷发放也会根据当地当时的具体情况适当调整。除月粮、行粮之外，军士粮饷还包括经营田地所得，修造工程等工役类劳动所得的口粮、盐菜银、工犒银，以及安家银、夏季解暑的黑豆银、冬季熬姜汤的煤炭银等。本节重点对军士月粮、行粮进行论述。

一、军士月粮

月粮是卫所军士每月的报酬所得，是军士的基本收入，用以供养随营家口。其支取形式一般是以卫所为单位，于每月月初赴其所隶属的卫所仓储或指定的府、州、县仓储内支领。明初卫所军士月粮的支取方式有两种:一种是对拨,即卫所与某府、州、县等建立固定的供给关系,由各该有司负责派人赴卫所照军交收,如洪武二十四年,兰州、岷州、临洮、宁夏四卫官军就是由平凉、巩昌等府民纳米麦对拨供给的[①];另一种则是自百户所、千户所、卫、户部层层申请审批下发,并由该卫所委官赴所在粮仓支领的粮饷,我把它定义为"申拨"或"上拨"。对拨与申拨的最大区别有三:(1)粮饷来源不同。对拨粮饷是从对拨部分直接支取的,而申拨粮饷是从起运中支取的。(2)输运的方式不同。对拨粮饷是由地方府州县令纳粮户依期运粮赴卫所粮仓,而申拨粮饷则需要该卫所委官赴粮饷所在地自行运纳。(3)粮饷收支程序不同。对拨中供给者与被供给者是直接的一对一关系,程序简单,军士粮饷受这些地区收成的影响很大,不稳定。而申拨则需要自下而上,经百户所、千户所、卫、户部层层申请、磨算、勘合,然后再下批于某指定仓廒关支,手续烦琐,但由于是从户部所属粮仓中支取,供给相对稳定,因此明代边军粮饷大都是采取这种供给方式。为了防备管军官吏克减月粮,明代还规定:"许旗首军人奏闻,即将害人的官吏抄没家财,就与告人再加重赏,若旗首通同官吏害军者,许军人自告。"[②]

(一)军士发放标准

洪武时规定:旗军月粮"在京在外各卫所马军,曾经出塞三次,马匹不曾倒死者,月支米二石,步军总旗一石五斗,小旗一石二斗,军一石"[③]。这是普通士卒的食粮标准。九品及九品以上武官食等级俸禄,而没有官秩的总旗、小旗等则与军士一起总称旗军,官给月粮。其他兵种如

---

① 弘治《明会典》卷25,《户部十·边粮》。
② 万历《大明会典》卷41,《户部二十八·经费二·月粮》。
③ 万历《大明会典》卷41,《户部二十八·经费二·月粮》。

城戍军、漕运军、屯田军、戍边军、牧马千户所军士等的月粮大体以旗军月粮为参照，并根据其工作的性质，劳苦程度，距离卫所远近而适当地增减。城戍军如数（旗军月粮数）发给，屯田军发给一半，军匠充军者月支粮八斗，牧马千户所军士月粮1石，民丁编军操练者1石，江阴横海水军稍班、碇手1石5斗，绍兴卫三江千户所驾海船民兵月支粮1石。其支领月粮的数额也不尽相同。如屯田军以"月粮一石"为准，不断地调整上缴的余粮数额。交纳正粮的办法，最初规定在收获时把正粮12石交与所隶属卫所或相对应的府州县的仓库，然后再从中支付月粮，随后即取消了上缴，而改为只缴纳余粮部分。从表面上看"屯田军例不支月粮"，但实际上是有的，只不过是直接从其所得中扣除，减少了中间发放的环节。像城守军、漕运军则是直接赴所在地支取月粮，而普通旗军则大多是以百户所为单位支取。洪武时规定了大军月粮式，使卫所官军的军粮支出有了较为固定的标准。其文书格式为：

某卫某千户所某百户某人下见在旗军112名，该支洪武＿＿年＿＿月分粮，各支不等

总旗支米1石5斗	2名
小旗支米1石2头	10名
头军支米1石	58名
次军支米8斗	23名
只身支米6斗	19名
实支米102石8斗整	洪武＿＿年＿＿月＿＿百户某人（押字），吏某人＿＿＿①

这是卫所制下"上拨"月粮的支取方式，以百户所为基本单位，旗军月粮由百户负责发放支给，百户所额定旗军112名，内包括没有官秩的

① 弘治《明会典》卷27，《户部一十二·经费四》。

总旗、小旗共12人。其余100名军士又分为头军、次军、只身三等。洪武时期,"头军"一般是指精壮官军,随时听候调遣,"次军"则为稍弱者,随操听当杂差,但其具体的划分标准不明。这样,同一百户所中军士分工不同,相应待遇也有区别,月粮有1石、8斗、6斗,相差甚远。

同类兵种之间,有无家小、家口人数的多少也是月粮发放的另一个标准。① 无家小者(只身)是指独身。如洪武二十三年(1390)规定,贵州布政司普定、贵州、平越、兴隆、普安、层台、赤水7卫,乌撒、毕节、永宁、黄平4千户军士有家小者月支粮1石,无家小者5斗。又规定陕西、宁夏左屯卫未堪入伍而被记录的旗军有家小者月支粮5斗、只身月支3斗,待其出幼补役屯种之日,再行停止。洪武时期又实行食盐配给制,也是以有无家小而有区别地发给军士月盐,有家小者2斤、无家小者1斤。籍没免死充军的恩军,家四口以上者1石,三口以下者6斗,无家口者4斗。②

洪武时期不同兵种所得月粮之间的差异主要表现在屯军与其他兵种之间。如洪武三年三月,淮安侯华云龙言:"前大军克永平,留故元五省八翼兵一千六百六十人屯田,人月支粮五斗。"③归服的留守永平屯田的旧元军士1600余人,人月支粮5斗。同年九月规定,"其城守兵,月给米一石,屯田者减半。在边地者,月减三斗,官给农器牛种"。明太祖则认为

---

① 按明朝史料记载,一般有无家小是以有无妻子来判断,进而作为本色月粮发放的依据。对此也有异议者。景泰元年,总督边储参赞军务右佥都御史李秉就指出:"各处军士止以有妻为有家小,其虽有父母兄弟而无妻亦作无家小,肩支月粮,是轻父母而重妻,非经久可行之法。况父母兄弟供给军装,不无补助,乞以此等作有家小开报,一体增给,庶使亲属有赖,军不逃亡。"参见《明英宗实录》卷219,景泰三年八月乙丑。许多官员也认为言之有理,但果真如此,无家小者寥寥可数,增加了明廷的财政负担,所以在以后的执行过程中仍遵旧制,并没有采纳此建议。

② 万历《大明会典》卷41,《经费二·户部二十八·月粮》。

③ 《明太祖实录》卷50,洪武三年三月甲辰条。

"边军劳苦，能自给足矣"①。太原、朔州等地的守城军月粮1石，内地屯军5斗，边地②屯军2斗。

洪武年间，边地屯军月粮2斗，概为通例。如洪武八年，中书省臣奏，"山西大同都卫屯田二千六百四十九顷，岁收粟豆九万九千二百四十余石。其屯军月粮，请依陕西屯田之例，月减三斗。上曰，大同苦寒，士卒艰苦，宜优之。月粮且勿减，待次年丰熟，则依例减之"③。"待次年丰熟，依例减之"中的"例"应指"陕西屯田之例，月粮减三斗"，即边地屯军月粮2斗。洪武十九年，就有了屯军不支粮的记载，辽东定辽等九卫官军吏胥，其屯军不支粮者共18050人，其余47450人，月支粮共55400石。按规定，明初辽东都司军丁的守屯比例"二分守城，八分屯田"，依次推算，洪武十九年，辽东定辽等9卫官军65000人，屯军约有52000人，除去18050名屯军不支粮外，约有33950名屯军与守城军一起支粮，屯军支粮呈现出下降的趋势。

除屯军外，其他的兵种如土著军士、归服鞑靼官军等月粮也有记载。如洪武十年，命"陕西等卫土著军士，每月人给粮一石。时上阅庆阳、延安土著军籍，月止给米四斗。因谕省府臣曰，今军士有客居、土著之名。然均之用力战阵，奈何赐有厚薄耶？俱全给之"④。为增强军队实力，陕西的庆阳、延安等地土著居民入伍增援，与到防的国家正规军（即客居军）并肩作战，然月粮发放则有1石与4斗之别，太祖依同工同酬为由，命令提高土著军的待遇，与客居军相同。

---

① 《明太祖实录》卷56，洪武三年九月辛卯条。

② 关于边地的范围，据《明太祖实录》卷132，洪武十三年六月癸亥条记，"遣使，赍敕谕诏北平、山西、陕西、四川、广东、广西、辽东、福建都指挥使司，布政使司，会计边卫之地见储仓粮及今年所征田粮，可给军饷及官吏月俸几年，具报户部以闻"，也就是说，上述地区全属边地。

③ 《明太祖实录》卷96，洪武八年正月丁丑条。

④ 《明太祖实录》卷115，洪武十年九月丁丑条。

对于归附官军，明初均采取一视同仁的政策，"凡归附鞑靼官军，皆令入居内地，仍隶各卫所编伍，每丁男月给米一石"[1]。归附官军丁男给月粮1石，显示出明太祖的优待措施。同时，对那些士卒无余丁，幼军无父兄者，及因征战伤残致疾者，皆以增加月粮的方式给予物质照顾。[2]

但由于兵种不同，各地军粮的来源不一，仓储量多少有别，洪武以后的军士月粮数额常会因时因地而发生改变。而且随着折银的增加，月粮的发放采取本色、折色、本折兼支等形式，使得各地军士实际得到的月粮差别很大。所以，我们无法通过比较分析而得出明确的结论，只能对明代军士月粮之演变作概括性的论述。

（二）军士月粮形态之演变

从总体上看，明代军士月粮大致经历一个由实物向货币、由本色向折色转变的过程，其中最常见的折支有米折钞、米折银、米折物等几种形式。

1. 米折钞

军士月粮折钞是于洪武九年被明确提出的。洪武九年二月规定："文武官吏俸、军士月粮，自九月为始，以米、麦、钞兼给支。其陕西、山西、北平给米十之五；湖广、浙江、河南、山东、江西、福建、两广、四川及苏、松、湖、常等府给米十之七。余悉以钱钞准之。储麦多者，则又于米麦兼给。每钱一千，钞一贯，抵米一石，麦减米价十之一。"[3]洪武二十二年正月，又规定"庄浪、河州、洮州、岷州、西宁、凉州、宁夏、临洮八卫官吏月俸，每石折钞二贯五百文"[4]。总体而言，洪武时期官

---

① 《明太祖实录》卷188，洪武二十一年二月丁卯条。

② 《明太祖实录》卷169，洪武十七年十二月丁酉条；卷177，洪武十九年四月己亥条；卷197，洪武二十二年九月乙未条。

③ 《明太祖实录》卷104，洪武九年二月庚子条。

④ 《明太祖实录》卷195，洪武二十二年正月丁亥条。

军月粮折钞大都是为解决局部地区粮饷紧张的权宜之计，且折钞比例不一，很不规范。

折钞的全面施行始于永乐时期。建文时期，因连年内战，国库亏损，户部秉承成祖之意，奏称"天下仓粮，宜搏节以备国用"，并在建文四年（1402）九月和十二月制定了在京、在外文武官军俸禄、月粮折支例："折支钞，每石折钞五贯，九品杂职、吏典、知印、总小旗军并全支米。奉天征讨自指挥以下，有家属者亦全支米，家属在原卫者，其米于京仓支什之三，于原卫支什之七，总小旗军俱于原卫支米，在京每月别给行粮米六斗。"①这表明在外官军俸粮折钞已在全国开始施行且标准相对统一。永乐五年（1407）又规定："粮多地方旗军月粮八分支米，二分支钞，少者照旧。"进而于永乐九年详细地规定了在外诸卫所的折钞标准："中都留守司、河南、浙江、湖广都司各卫所守城旗军照旧支全米；山西都司各卫所、陕西都司腹里各卫所八分支米，二分钞；福建、广东、广西、四川都司各卫所七分米、三分钞；江西都司各卫所米钞中半兼支。"同时又规定"小河、叠溪、茂州、威州四卫马军月支粮一石四斗、步军七斗，余折钞"②。这就是普通军士月粮的米钞兼支例。这样几乎所有官军的俸粮均分为两部分：一为本色；二为折色。本色折色的比例大致由当地仓储粮饷的多寡和士兵有无家小为依据，仓储丰裕者则多支本色、少支折色，反之则少支本色、多支折色；有家小者则比只身者多支本色。所以，军士月粮的折钞之米在月粮中所占的比例是屡有变化的。永乐十九年规定，"锦衣卫将军月支本色米一石，余折钞。各卫旗军、力士、校尉、厨役人等有家小者月支本色米六斗，无家小者四斗五升，余折钞"③。由于明太宗六征塞外，连年用兵，军士粮饷供应呈现紧张局面，不得不对军士本色

---

① 《明太宗实录》卷15，洪武三十五年十二月甲寅条。
② 万历《大明会典》卷41，《经费二·户部二十八·月粮》。
③ 万历《大明会典》卷41，《经费二·户部二十八·月粮》。

月粮下调，至永乐二十二年，将锦衣卫将军本色粮添支米5斗，而各卫总小旗军、力士、校尉人等月粮本色则下调"有家小者四斗，无家小者一斗五升"①。

自此以后，除个别地区外，在京、在外军士的本色月粮整体皆呈下降趋势，但在本折对比中，折色则有所增加。宣德元年，湖广布政司铜鼓卫军士因本色粮米偏低，要求增加月粮："先是，本卫军士有家室者月给米五斗，无家室者给三斗。至是上闻之，谕行在户部臣曰：'边储固难，边军亦难，五斗何足赡家？自今有家室者给八斗，无者五斗，着为令。'"②按永乐九年折钞标准，湖广地区守城军旗军全支本色米一石，而在实际的执行过程中，有家室者只给5斗，只身者只给3斗。由此也可以看出，至少在宣德元年以前，就已经存在大幅度降低旗军月粮的现象。宣德十年，中都留守司和辽东都司均对月粮实支6斗的情况表示不满："中都留守司奏，近例旗军月米一石止给六斗或四斗，余皆折钞。今怀远诸卫连年亢旱，缺食者多，请仍全支。行在户部议，宜暂从所请，俟夏麦即登，仍如近例。上是其言。后辽东江西诸卫亦有是请，皆暂从之。"③

虽然"上是其言"，但亦是头痛医头，脚痛医脚，并没有从根本上解决军士月粮下降的问题。直至正统初年，除特例外，各地卫所军士年收入大抵在4~6石之间。如正统三年，陕西镇房、西安等卫所军士有妻子者月粮例给6斗，无妻子者4斗5升，④根本无法满足军士赡养妻老的需求。随后，各地卫所军士要求增加月粮的呼声此起彼伏。如四川诸卫所每月添加2斗；⑤各边夜不收军士每月添支口粮2斗；四川盐井宁番、会川建昌2卫，茂州越嶲卫并小河、威叠3千户，贵州赤水等卫所，湖广瞿塘卫忠

---

① 万历《大明会典》卷41，《经费二·户部二十八·月粮》。
② 《明宣宗实录》卷23，宣德元年十二月庚申条。
③ 《明英宗实录》卷3，宣德十年三月癸酉条。
④ 《明英宗实录》卷41，正统三年四月癸卯条。
⑤ 《明英宗实录》卷46，正统三年九月癸丑条。

州千户所，四川成都左护卫，成都右等11卫，并雅州等千户所旗军每月各添支米2斗；正统五年，又令中都留守司凤阳右等卫所旗军有家小支米6斗者添支2斗，无家小支米4斗5升者添支1斗5升，残疾并幼军如旧例仍月支米3斗，其所添粮俱于折色内扣除。随后大河、淮安、凤阳、陕西、宁夏、大同、辽东广宁等卫所及定辽左等卫所旗军相继添加3斗、2斗、1斗不等。①经过调整后，大部分卫所旗军的本色月粮标准为有妻小者8斗，只身者6斗。

在米钞兼支比例屡有变化的同时，米钞折支的比例亦不固定。自月粮折钞大门打开后，军士月粮的收入名义上是1石，但一经折钞，军士的收入就会随着大明宝钞贬值而大幅度的降低。洪武八年发行宝钞时规定，"每钞一贯，折铜钱一千文，银一两"②。洪武十三年五月，户部上言"行用库收换昏钞之法，本以便民，然民多缘法为奸诈，每以堪用之钞，辄来易换"③，以致钞值日跌。洪武十八年"定钞二贯五百文代米一石"④。洪武二十三年，"两浙市民有以钞一贯折钱二百五十文者"，二十七年，"有以钱一百六十文折钞一贯者"⑤。至此，自大明宝钞发行以来短短的十多年内，钞值贬值如此迅速，军士月粮所受的影响可想而知。

永乐年间，户部拟定米钞折支比例为钞5贯抵米1石，而明太宗则将此提升到钞10贯抵米1石。无疑，这就等于承认了洪武末年官方所定的米钞比价与当时的物价已经脱节了，而且其脱节程度至少为二倍，甚至更高。虽然如此，终永乐一朝大都遵循洪武旧制，在洪熙元年发布的《郊恩诏》中可以窥见一斑："天下诸司文武官吏俸给，每石折支钞二贯

---

① 万历《大明会典》卷41，《经费二·户部二十八·月粮》。

② 万历《大明会典》卷31，《库藏二·钞法》。

③ 《明太祖实录》卷131，洪武十三年五月己亥条。

④ （明）朱国桢：《皇明大政记》卷4，广陵古籍刻印社，1991年版。

⑤ 《明太祖实录》卷205，洪武二十三年十月戊辰条；卷234，洪武二十七年九月丙戊条。

五百文，近来米价腾涌，日用不给，除原本色米外，其余俸米每石折钞二十五贯，候年丰粮积，再行定夺。"①在此诏令之前，官员俸米每石折钞二贯五百文为洪武十八年旧制，历经永乐二十多年保留了下来。而且在此之前，由于米价上涨，钞值下跌等各方面原因，官员用度已渐趋不支，而官员折米的比例却始终不变，米折钞值完全脱离了市场价格，考虑及此，遂令官军俸米折钞25贯，做些适当的调整，以改善官军的待遇。即使如此，官军廪米所折之钞仅能买其所折数额之半。因为当时"四方米价贵贱不同，每石四五十贯者有之，六七十贯者有之，官员俸米所折之钞仅能买不及其所折数目之一半"②。自此以后，米钞兼支比例几经变化，愈折愈少，严重偏离市场。

宣德初年，"米一石用钞五十贯"。宣德八年（1433），礼部尚书胡濙上疏，欲每石减作10贯，少师蹇义力争曰："仁宗皇帝在春宫久，深知官员折俸之薄，故即位特赐数倍，此仁政也，岂可违？"③胡濙乃减作15贯。

正统年间，钞价日贱。正统元年，"银一两当钞千余贯"④，与洪武年间相比，钞之贬值不啻千百倍，宝钞已经基本上退出了流通领域，而此时已开用银之禁"朝野率皆用银，其小者乃用钱，唯折官俸用钞，钞壅不行"⑤。天顺时，"钞一贯不能值钱一文"⑥。弘治六年后，各关税收大多改征银两，钞法名存实亡。宝钞"惟官府行之，然一贯仅值钱三厘二文。民间得之，置之无用"⑦。弘治八年（1495）十一月，礼部尚书倪岳等疏称："军士月粮旧制支粮一石者不许折色，令在外军士本色月粮止支六斗，余

---

① 《皇明诏令》卷7，《郊恩诏》。

② 《日知录集释》卷12，《俸禄》。

③ 《典故纪闻》卷10，第183页。

④ 《明英宗实录》卷15，正统元年三月戊子条。

⑤ 《明史》卷81，《食货志五·钞法》，第1964页。

⑥ 《明史》卷81，《食货志五·钞法》，第1964页。

⑦ 《菽园杂记》卷10，第123页。

四斗虽称折钞，亦系虚名，今后请除守城局匠外，不分京操、运粮俱支本色八斗。"①决定增添军士本色月粮2斗，同时仍保存军士月粮折钞旧制。在民皆弃钞不用的情况下，朝廷以米折钞的办法无疑是掩饰其对军士月粮的克扣。

除月粮外，在外卫所军士的月盐也实行折钞。原来的标准是有家室者，月盐2斤，无家室者1斤。洪武十五年，"命天下卫所军士所给月盐以钞代之。时西安卫千户宋寿领河东盐六千四百余斤以给军士，侵欺三千二百余斤。事闻，上命户部悉准盐价给钞，免致所司为奸，于是户部议定京卫军士仍旧给盐，外卫以钞代之"②。所以，无论是月粮折钞，还是月盐折钞，对明廷而言不失为缓解仓储压力、促进市场流通的良策，但对普通士卒而言则是一种变相的掠夺。

2.米折银

为缓解军士粮饷输纳中的困难和弊病，军士月粮在折钞的同时，也部分开始折银。由于各地折银的标准不同，又受到物价浮动的影响，折银成为影响军士生活的又一重要因素。

各地月粮折支银数没有统一的标准，差异很大，而且同一地区月粮的折支银数也会有差别。正德四年（1509），武宗规定执行的标准是："在京操练工作官军月粮每石折银四钱五分，各监局等衙门匠役并在外隆庆卫等处官军每石折银四钱，岁折支二月，永为例。"③这一规定虽注明"永为例"，但是由于各地的物价水平差别很大，在粮食充裕的地区尚可执行，在一些粮食供应紧张的地区，其购买力显然要大打折扣。正德年间，居庸关守军的月粮本色每石"止给银四钱五分"，由于该地自然条件恶劣，加之防守任务重，每月4钱5分折价银只换来本色米四五斗，普通军士一

①《明孝宗实录》卷106，弘治八年十一月甲申条。
②《明太祖实录》卷150，洪武十五年十一月丙辰条。
③《明武宗实录》卷51，正德四年六月丁卯条。

家老少全靠此月粮，何以养赡？

而且各地月粮折支银数不尽相同。嘉靖时礼部尚书霍韬认为："甘肃、延绥军士月粮一石折银四钱，成化米一石价银二钱，军士得银四钱买粟二石，食乌得不足也。今则银一钱仅买粟二升，银四钱仅买粟八升矣，军士数口之家月食八升之粟，如之，何可足也？空腹守边，寒苦交迫，无怪其然矣。"[①]

相对而言，京营旗军的待遇略高于在外诸卫所。京营军士月粮支放一般是十月本色、两月折色，"每年正、二、三、五、六、七、八、十一、十二月俱支本色，四月、十月支折色，每米一石折银五钱，如是月米价腾贵，临时题给本色"。与在京军士相比，河南、山东、中都等地远赴京畿班军的待遇要稍差一些，"其口粮每官军每月照支四斗，双月折色，单月本色"[②]。班军本色、折色数都低于在京军士，且折色由二个月增为六个月，实际上是又一次降低班军的待遇。如万历二十三年（1595），中都留守司柳传在疏言："各军月粮本折原无定额，盖通融相济，其意甚善，第闻之万历十三、四年间，每年止两月折色，迨后本折相半矣。至今则一年之中放本色仅仅三月耳，折色之入，每石米六钱，麦四钱，而放则三钱。此虽旧制，然折色之渐多，军士不渐病乎？月粮多者一石，少者止三斗，是一军一月仅得折银九分。"[③]随着白银的大量流入，物价上涨，折色愈多，军士所得愈少，就愈加贫困。

对此，御史萧如松认为，折色的增加只是为了方便府、州、县交纳粮饷，"河南、江南各府属额解折色，凤、庐、淮、扬四府属额解本色，以地有远近之殊，故派有本折之异，从其便矣。本色例给守卫官军，折色例给班、漕诸军，以行者善于轻赍，居者乐于资养，利其用也。本色

----

① 《图书编》卷127，《议边权附》，第2225页。

② 《天府广记》卷19，《戎政府·京营事例》，第253页。

③ 《皇明留台奏议》卷13，《财储类》，柳传：《陈仓庚利病疏》。

每石实收实放，折色米每石六钱，麦每石四钱，而给放则概以三钱，余者存留，以备缓急，以补逋负"①。对地多险峻，道途险远的地区而言，征纳本色确有诸多不便，且运费高昂，数石而致一石。折色的实行与折支数量的增加在某种程度上缓解了运输难的问题，但由于明廷没有根据具体情况的变动而作出折银比例的调整，与月粮折钞如出一辙，再次导致军士生活贫困。

（三）军士月粮发放的其他形式

除以上几种形式外，有些地区为缓解上述本、折色短缺的压力，以有余补不足，通融支给军士食盐、青稞、海贝、胡椒、苏木、芦苇、胡桃、草束等以充月粮。宣德元年春，福建布政司右参议樊翰奏："福建属卫军士月粮应支钞者，岁久未支，盖由有司课程不敷，比闻福建都转运盐使司浔尾、惠安、浯洲、汭洲盐场积盐甚富，以其海道涉险故有三四十年未给者，请准户口食盐之例给军以代粮钞，庶几军得食用，盐免陈积。"②军士月粮以钞代之，而钞又以盐代之，钞可储备，盐岂能长久保存？实为不便。而陕西布政司及行都司则因连年荒歉撙节边储，军士月支本色米5斗，多系青稞，不足养赡，行在兵部尚书王骥请求"支青稞者加一斗"。③正统十年，云南地区则因岁征税粮数少，官军月粮除本色支米外，折色俱支海贝。④景泰元年春，巡抚永平等处右佥都御史邹来学奏："自密云至山海守边军士月粮一石，除本色八斗外，余二斗折色自正月至六月例于附近官司支钞，自七月至十二月例于京库关胡椒、苏木，然每军岁关胡椒二两一分，苏木一两七钱二分，往来关领动经数月，所得不

---

① 《皇明留台奏议》卷13，《财储类》，萧如松：《循职掌议军饷疏》。

② 《明宣宗实录》卷13，宣德元年春正月癸丑条。

③ 《明英宗实录》卷31，正统二年六月甲申条。

④ 《明英宗实录》卷134，正统十年冬十月辛丑条。

偿所费，乞俱于附近关钞为便。"①同一时期，直隶天津武清等卫军士月粮除本色外，折色内一斗折支芦苇，军士养赡不敷。②更有甚者，因草束积久浥烂，令此处官军每年以草束折豆折支一个月。③军士月粮的发放不是根据军士的需要折支，而是根据当地的情况，由当局者决定折支发放军士物品种类及多少，以致许多物品如海贝、芦苇等被闲置腐烂。胡椒、苏木等作为一种调味品和染色品多从国外进口，将这些在明朝人眼中只有宫廷才能享用的奢侈品以月粮形式发放给军士，直接导致军士的日常生活不继、养赡不足。这实际上是对军士月粮的一种变相克扣。

总之，军士月粮基本是由三部分构成：米、钞、银。普通军士月粮名义上是1石，实际到手的少者只有3斗、4斗，多者不过8斗，其余皆为折色。由于大明宝钞于正统年间已基本退出流通市场，银所占的比例较大，这样无形中就把军士的月粮置于市场流通的大背景之下，军士的月粮收入受到市场价格、供求关系的影响。而明政府发放军士折米的比例却没有根据市场的变动作出适当的调整，折色比例始终不变，折色比例几乎完全脱离市场，致使军士银1钱只能买到粟四五升，一月之银，不及半月之粟，腹无宿饱，困苦可怜。

二、军士行粮

"居有月粮，出有行粮。"行粮是专为从征军马而设，视军马调动情况而定所需粮饷。其例"验日、验程支给，或出境一百里至三百里，或计程五日，或本折、或暂支、或轮季，各有例"④。由此可知，行粮马草是专为操备、出哨、守墩、瞭高、烧荒、修边、防秋及各色公干人役等而

①《明英宗实录》卷187，景泰元年春正月癸卯条。
②《明英宗实录》卷278，天顺元年五月癸酉条。
③《明武宗实录》卷37，正德三年四月丙申条。
④ 万历《大明会典》卷39，《户部二十六·廪禄二·俸给》。

设，验日或验程支给。验日至少5日，验程至少100里方许给行粮，不足100里者或计日不足5日者不许支给。其支粮方式有本折、暂支、轮季，各有规定。洪武二十六年规定：凡出征军马所支粮草，"该卫先具军马数目开呈，户部主案出给批文，差官赍领，经过官司并驿分，照依坐去军人马匹数目照例验程支给，其有为事编发应支行粮人数，亦合照例关支，仍仰所在官司将支过数目申达上司作数，其所赍批文，候至所止地方，随即赴官告缴，递回本部，于原编底簿内销注"[1]。与月粮的"上拨"支粮程序相似，该卫所先将出征官军数目呈报于户部，经户部照磨、核实批文，差官赍领，凡出征军马经过官司依官军人马数目验程支给行粮，候出征完毕之日，有司将发放支粮文册上缴户部核对，并于原编底簿内注销。但由于临时征剿而带来全国性或区域性的军队调动，则不受此验日验程规定的限制，从征军士则令沿途支给行粮，日行一程关支一次。[2]以后历朝屡次强调验日计程关支行粮，以防滥支粮饷，但由于各地仓储粮饷储备多寡不一，在执行行粮发放标准时有所不同，就验程而言，有100里、200里、300里、400里不等。其支给数额按地域、路程及差遣种类，日支1升至1升5合或月支3斗、5斗不等。

这里需要解释的是行粮与口粮两个名词。"口粮"是指从征官军离开卫所至目的地沿途所支粮饷，以满足官军本人的果腹之需。口粮一般是验日支粮，日行一程只支一次。而行粮发放的区间则是出征官军到戍守目的地开始，至离开为止，行粮一般验日验程支放。大多时候，行粮与口粮区别不大，所以有人把行粮等同于"口粮"。[3]一般来讲，行粮自出征日起至应援戍守地方，中间所需粮饷俱于应援地方验日验程关支。行粮发放俱以当时上班点名后编制的"行粮文册"为准，按月计算（如不足月

---

① 万历《大明会典》卷39，《户部二十六·廪禄二·俸给》。

② 万历《大明会典》卷39，《户部二十六·廪禄二·俸给》。

③ 参见杨艳秋《明代初期北边边粮供应制度探析》，《中州学刊》1999年第1期。

则按日发放）。"行粮文册"由该管都司攒造后送京营，然后交赴户部，由户部统一关支。一旦有留班、改拨或调遣等情况发生，行粮即停止支付或改变支付方式。如嘉靖年间，紫荆关一带驻军的发放情况："新改常屯白石之兵，旧皆茂山卫番上京操之数，向因防秋留戍，例有行粮，自改常屯，遂罢其给。今宜令其分番更戍，自七月至十月在关戍守，仍给行粮，余月归伍罢给。"①

行粮的发放标准依据从征军士的兵种、任务不同而略有差别。明初，军士守边、出哨、巡边、守墩、瞭高等项公差一般都是验日计程关给行粮。永乐年间，令从征旗军人等沿途给予行粮，日行一程，只关一次。建文四年规定："奉天征讨，自指挥以下有家属者亦全支米，家属在原卫者，其米于京仓支什之三，于原卫支什之七，总小旗军俱于原卫支米，在京每月别给行粮米六斗。"②这里规定在外卫所的总小旗军俱于原卫支米，而在京者则另行给行粮米六斗，大体确定了在外卫所官军实行月粮、行粮兼支的双粮标准。同年，凡从事出哨、巡边、守墩、瞭高等项公差活动的守边军士也开始实行验日计程关给行粮的政策。

至宣德年间，按月支给行粮已成惯例。各处镇守总兵等官带去官军，皆按月支行粮4斗5升，而随总兵官出境征讨的军士则可以验日支行粮；其他如不定期差遣沿边探听消息者及境外巡逻瞭哨者，俱自带粮饷，不予支给。对于选调"京操"官军则规定月支行粮3斗。但稍后河南彰德等卫所京操军以不足食用为由，要求增加，"人月支米三斗，食用不足，宜增一斗。上皆从之"。③另据《宣府镇志》记载：洪熙元年例，京操军行粮每月3斗，至宣德三年时增加至4斗。④至此，京操军行粮4斗的标准基本

① 《明世宗实录》卷347，嘉靖二十八年四月戊申条。
② 《明太宗实录》卷15，洪武三十五年十二月甲寅条。
③ 《明宣宗实录》卷10，宣德元年十月甲午条。
④ 正德《宣府镇志》卷16，《军储考》，第99页。

确定下来。

正统、景泰年间，对行粮支给出行路程的标准又有了进一步规定。正统四年（1439）规定凡沿边各卫砌关口旗军离卫400里以上者，准月支口粮3斗。正统六年规定，凡大同境外卫所守墩官军，及离城百里之上者给行粮，其内地，不及百里者不给。十年规定，宁夏沿边修砌军士，如离城百里，则日支行粮一升，不及百里者，于本月月粮内食用，不再另支行粮。景泰三年（1452）规定，松潘等卫所官军出差至300里之外者，巡哨、贴守经5日之程者支行粮。并规定无论是伴送使臣赴京公干的旗军人等，还是牧放马匹官军每名只准日支行粮1升，一日经过两处者不许重支。①以上各边哨备官军在边者月给行粮，回卫即罢支。

至成化年间，行粮的发放在出行历程及出行时间上都有了明确的规定。成化十五年（1479）规定，各边防护、修墩、烧荒官军，若在百里及5日之内能够自备粮料者，不许关支行粮马草。若5日及百里之外者，听其关支。如遇警截杀、探贼按伏官军不能自带粮料者，听其随处关支。②至此，行粮发放的两个必备要素基本确定，即出征路程在百里之外，出征时间超过5天。

这样对出征百里以内，时间不超过5天者略显不公。所以，翁万达对此提出异议，其《广储蓄以备军需以防虏患疏》云："查的《大明会典》开载成化十五年令，各边防护、修墩、烧荒官军，若有百里及五日之内，堪自备粮料者，不许关支行粮、马草。若五日及百里之外者，听令关支。其遇警截杀、探贼按伏官军，不能自带粮料者，并听随处关支。又弘治二年奏准，沿边各卫所，征哨并按伏、备堡等项官军，出百里之外者，俱日支口粮一升五合，都指挥、把总等官日支廪米三升，备御官军日支行粮一升七合、马料三升、草一束。在营草料住支。钦此钦遵。看得会

① 万历《大明会典》卷39，《户部二十六·廪禄二·俸给·行粮马草》。

② 万历《大明会典》卷39，《户部二十六·廪禄二·俸给·行粮马草》。

典所载，盖为行兵五日，及有警按伏，暂住暂来者而言，未尝及防秋久住之军也。即今防秋军士，派定各边防守，顷刻不敢暂离。盖自六月赴边，至九月方回，昼夜戒严，且帮补边墙，辛苦万状，不可胜言。若照前例，百里之内者，一概不给行粮，其势必使防秋军士，日每回家，自取饮食，及令各军妻子，日逐亲自负送。若无家属，凭谁运输？"时为嘉靖二十四年（1546），翁万达任宣大总督。当时"北虏"势力逐渐膨胀，屡谋南下，宣大边境成为当时防御前线。所以，每年都有相当数量的官军自六月至九月进行为期三个月的防秋摆边①活动，以防"北虏"南犯。若照前例，百里之内、5日以里不支行粮，势必动摇官军防秋的决心，影响防秋的效果。所以，翁万达接着论述道："照得，今日摆边，尽将各路马步官军，调赴墙下。……令其不分风雨，无间昼夜，披坚执锐，寝甲枕弋，常如虏在。目前，兼以帮修墙垣，堆积石块，担水造饭，提铃转筹，各有责成。盖无时刻可以撤离者。岂非截杀、按伏之类邪？遣行于六月之半，而议撤于十月之终，往返之间，动几半载，尚可计五日之内外邪？"

防秋摆边官军之辛苦，非用计程百里计时五日所能表达的。若"行粮不取于官，非放归令其自弁，则运送付之家人。如放归也，虽三二十里之近，去归一日，托以籴买一日，比其赴边，则又一日。况又有家无担石，称贷罔资，而竟至泯没者乎。如运送也，数口之家，出戍者一人，则运输者又一人，未免老稚妇女，奔走于穷荒绝塞之下，已非人情。况又有单丁只身，无人可籍者乎？"防秋摆边官军食粮如不取于官，无论是放归回家自取，还是家人远赴运送都不是解决问题的良策。况且，防

---

① 所谓防秋摆边，据《明经世文编》卷223，《计处防秋戍边人马疏（防秋）》记载："防秋，云以秋高马费，水草有依，虏可深入，故特加戒严耳。然往昔罕闻有客兵之调，而亦未尝有摆兵之说也，近因贼势益横，异于曩时，故征调之兵多，而摆边之议起矣。二者并行，劳费加倍，已甚不赀，使于七月秋临塞草茂而始聚，九月秋尽塞草枯而渐散。"

守应援官军，百里之外者十五，百里之内者十五。若将百里之外者日支粮料，百里之内者不支，"则防守既同，支否顿异，拨之物情，似有不堪"①。

对此，宣大总督翁万达对支给行粮的规定作了一个弹性的解释："据此，职伏睹《大明会典》所载，防护、修墩、烧荒，分百里、五日内外者，盖修墩、烧荒，约其所住之日不多。故首分百里、随分五日。又系堪以自备之说，盖一人带所自用者，力之所能，仅五日耳。五日之外，未必不仰给于官也。故又曰，五日及百里之外者，听令关支，不曰五日，而又曰五日及百里之外。该百里之外，自是应支，而加以五日者，恐指百里以内言也。又曰，其遇警截杀，探贼按伏，官军不能自带粮料者，并听随处关支。又有变于先意之意。百里、五日，又非所限矣。惟先朝裁定会典之时，尚未有摆边之事，而缘情立法，亦自稳括。即其文意，而可以类推也。"翁总督以前朝制定会典时，尚无摆边之事为由，认为祖制把行粮的发放限制在百里五日是针对短期出征行为而言。概一人所带食粮，最多仅能坚持5日，5日之外，必然求助于官府。同时，他把行粮发放的两个限定条件解释为：百里之外者，听其关支，没有强调时间限制是5日；而加上时间限制5日者，可以理解为百里以内，没有强调路程必须限制在百里以外。这就为摆边边境的官军支取行粮找到了依据。如此山西、大同等极边地区的防秋摆边活动，虽不及百里，但逾时5日，当支给行粮马草，既不违背"祖制"，而防秋摆边官军又得到实惠，既防御了边防，又稳定军心，一举两得。这一解释得到多数官员的支持，此后，行粮的支给不再限制在百里、五日外，而作了可行性的变通。

嘉靖二十九年规定，密云、马兰谷、太平寨、燕河营4路墩军俱以防秋为始，每年自七月至十月共四个月，每名每月添支行粮2斗。②不再拘

① 《明经世文编》卷223，翁万达：《广储蓄以备军需以防虏患疏》。

② 万历《大明会典》卷39，《户部二十六·廪禄二·俸给·行粮马草》。

于时间、路程的限制。至嘉靖三十四年，又将防秋摆边的军士细分为100里、50里、50里内三种情况。如蓟州、密云、昌平征调官军，出行百里之外者准全给行粮，50里以外者，（系防秋之日，果有贼势压境，昼夜把守）间日一支。50里以下者，如果与敌对垒相持，情势危急，间支者暂准全支，不支者暂准间支，待贼退后就立刻停止。[①]这样，100里、50里及50里内者均能得到实惠。对于"贼至百骑愈日不退者，虽在百里之内，亦听支给"[②]，这是非常情况下的非常之策，目的是为与敌对垒的一线官军提供物质保障。由此可知，行粮发放数额受出征时间与出征路程的限制。

由此可以看出，有明一代，军士行粮的发给标准大致都在4斗（每月）上下浮动，亦有按日支给行粮1升、1升5合的记载，但在数额上变化不大。

三、军士粮饷的差异性

明代军士月、行粮差异很大，这种差异不仅表现在"大边"、"二边"与"腹里"地区之间。就某一地区而言，由于当地经济发展的水平不一，丰歉难料，加之灾荒、瘟疫、旱涝等自然灾害的影响，军士粮饷也表现出明显的差异性。此外，军士粮饷差异性还表现在不同的兵种之间。

（一）地域差异性

以腹里地区的贵州、江西为例加以说明。贵州地区地处西南边陲，荒山野岭，土地贫瘠，经济文化都比较落后，其驻军粮饷主要靠湖广、四川接济。所以，在军士月粮方面必然呈现出与经济相对发达地区不同的特点。

---

① 万历《大明会典》卷39，《户部二十六·廪禄二·俸给·行粮马草》。
② 万历《大明会典》卷39，《户部二十六·廪禄二·俸给·行粮马草》。

贵州地区月行粮最早记载始于洪武二十三年，规定普定、贵州、平越3卫，乌撒、毕节、永宁、黄平4千户所，与兴隆、普安、层台、赤水4卫军士有家小者月支粮1石，无家小者支5斗。[①]与全国其他地方军士月粮差别不大。正统三年规定，贵州、赤水等卫所军士每月各添支米2斗。正统五年，贵州各卫所选操旗军的月粮与全国平均月粮相比已略有降低，当时规定旗军总旗月支粮7斗5升、小旗6斗，军人有家小者5斗，无家小者3斗，余具于四川布政司官库者支钞。普通军士有家小者5斗，无家小者3斗，已搏节到最低限度。至成化二年，重新制定卫所月粮事例，规定贵州都司所辖卫所俱米钞中半兼支，军人无家小者月粮6斗、本色4斗、折钞2斗，老疾并纪录各支本色3斗。松、茂、威、叠、小河5卫总旗本色1石、折钞5斗，小旗本色9斗、折钞3斗，有家小者军人本色8斗、折钞2斗，无家小者本色4斗5升、折钞1斗5升。其极堡贴守总旗本卫支本色5斗5升，该堡支4斗5升；小旗本卫支4斗5升，该堡支4斗5升；有家小者正军本卫支米3斗5升，该堡支4斗；无家小者堡支米4斗5升，不支行粮。后来，又规定松潘等卫所旗军有家小者月支本色1石，无家小支8斗者减去3斗，老疾、纪录俱支3斗。贵州都司月粮米钞中半兼支，有家小者一般是给实物米8斗、6斗，无家小者给实物米6斗、4斗5升、4斗不等，不能足食，更无法养赡。[②]

贵州旧设20卫所，共有军士145400余人，至成化年间，除屯田之外，守城支粮者仅15000人，后因月粮减少，逃亡剧增。后经镇守等官屡次奏请，"止加米八斗"[③]。既而，总兵官毛荣再次上奏，"展转岁月，失边士心，乞视旧例，一概关支月粮，粮或不足，乃折以布，仍行各边守臣抚恤士卒，整饬边备，如粮饷不足，听其便宜处置。及敕兵部，查原

---

① 《黔记》卷19，《月粮》，第393页。

② 《黔记》卷19，《月粮》，第393页。

③ 《明宪宗实录》卷82，成化六年八月丁未条。

额军数，严加清解，卫所岁终申报稽考。如此，则食足兵充，而边境又宁矣。"[①]于是，第二年，即成化七年，增添贵州军士月粮，总旗8斗3升者添为9斗，6斗8升者添为8斗，军士有家小5斗8升者添为7斗，无家小4斗8升者添为5斗5升，如粮不敷，折给银布。[②]但由于贵州地狭人稀，其用度大多仰给于邻省湖广、四川等地，但实际上，二省额运贵州粮饷少有足额运纳者，积欠甚多，致使贵州官军粮饷发放受到限制。嘉靖二十五年，据巡抚贵州都御史王学益奏报，川湖二省额运贵州兵饷自嘉靖十三年迄于二十四年计少21万余两，[③]至万历年间，贵州巡抚郭子章、张鸣鹤多次上书请求严催邻省积逋粮饷，以防军士脱巾之虞[④]。但拖欠问题一直没有解决。军粮不及，贵州军士生活艰难，致有"四五季未支者"[⑤]。

总之，明初，贵州军士月粮有家小者平均1石，只身者5斗，前者与全国其他地方差距不大，后者略低于全国平均数8斗、6斗的水平。至明中后期，由于军屯的废弛，开中盐粮的改制，湖广、四川接济粮饷的拖欠，贵州军士月粮撙节甚多，普通军士有家小者5斗，无家小者3斗，无法满足军士的日常生活所需。加之贵州是烟瘴之地，驻军多从外地调入，水土不服，逃亡者多。为稳定政局，安慰军心，月粮一度上调至7斗（有家小者），5斗5升（无家小者）。但足额兑现者鲜有，甚者有四五季不得关支者。整体来看，贵州军士月粮的发放低于全国平均水平。

江西地处腹里，所辖卫所较少，便于逐卫所分析。江西各卫所军士月粮，除安福所、永新所外，其他卫所无论操军、运军俱支银3.84两。

---

① 《明宪宗实录》卷82，成化六年八月丁未条。

② 《明宪宗实录》卷89，成化七年三月乙亥条。

③ 《明世宗实录》卷311，嘉靖二十五年五月丙寅条。

④ 参见《明神宗实录》卷414，万历三十三年冬十月甲寅条；卷536，万历四十三年闰八月己未条；卷538，万历四十三年十月庚戌条；卷574条，万历四十六年九月辛亥条。

⑤ 《明神宗实录》卷536，万历四十三年闰八月己未条。

至于永新所军士月粮普遍低下的原因，还要从军士粮饷的来源说起。永新卫军士月粮8斗，其来源有二：一是军屯粮，一是永新仓存留税粮。而军士月粮折银部分，屯粮每石折银3钱，而仓粮米每石折银5钱。军屯粮折银比存留米折银少2钱，永新所军士月粮偏低概由此所致。同样，赣州卫运军月粮偏低也可能是因为府仓支付部分折银率偏低。所以，军屯粮是影响江西军士收入的一个重要因素，由于各卫所的屯田子粒留用于本卫所，自主性很强，各卫所可以根据本卫所收入状况适当地调整官军俸粮，袁州卫、永新所就是很好的例证。不仅如此，除军屯外，江西都司卫所官军俸粮还主要来源于各府州县的存留粮，因此，地方财政状况也会对卫所官军的收入有较大影响。

总之，江西地处腹里，其境内军士主要负责漕运粮米，保卫地方治安。军士月粮一直比较平稳，保持在8斗左右，波动不大。但由于江西都司官军粮饷由军屯粮、地方存留粮两部分组成，所以，各府州县财政状况及军屯粮的效果是影响军士月粮的主要因素。

（二）兵种差异性

根据防御性质的不同，明代武装力量可以分为三类：军、兵、丁。所谓军，一般是指卫所军，其军士粮饷由军屯粮、民运粮、开中盐粮等多条渠道构成。兵，一般是指募兵，其军士粮饷由国家财政来负担。而丁，则特指家丁，家丁既不同于传统的卫所军、营兵，又不同于募兵、民兵，属于非兵非军的一种类型。其军士粮饷部分由国家财政负担，部分由将官自筹。由于前面我们对募兵官军粮饷已有所探讨，故本节仅从军、丁两个兵种论述军士粮饷的差异性。

1.军

卫所军种类繁多，根据其职能的不同，可以分为陆军、马军、哨军、屯军、夜不收军等。因为夜不收军劳苦繁重，风险性最大，理应厚禄养赡，所以本节选择夜不收军作为考察的对象。

夜不收军主要从事出境侦察、瞭望敌情、传报军情等任务。夜不收军，顾名思义，是指日夜轮防坚守岗位，全天候侦察敌情，其目的是在敌军进犯之前先期获得情报。

明代有关夜不收军的记载始于宣德三年[①]，此后，关于夜不收军的资料始散见于各种史料记载中。于谦在其奏疏中曾提到："新旧墩台五百二十座，前后联络烽火相望，关外至五十里止，各有接连架炮士卒，五十里之外至百里止，又有长哨夜不收。"[②]也就是说，长哨夜不收执行任务，要在距离边境50至100里的区域，而较远者则在百里以上[③]，甚至有往返千余里者。据载："紫荆关夜不收，前往宣、大爪探声息，往返千余里，请月加行粮三斗，以偿其劳。"[④]

为了不被敌人发现，夜不收军需隐匿行踪，常选择在夜间行动。[⑤]《明宣宗实录》载："大同左等卫夜不收高政等，常出穷边绝境，窥探贼情，跋涉险阻，冒犯霜露，昼伏夜行，艰苦万状。"[⑥]于谦曾明确指出，夜不收军应该"昼伏夜行，不露行踪"[⑦]。更有甚者，为了掩人耳目，夜不收军还需要乔装成胡人出境哨探。[⑧]

明洪武永乐年间，夜不收军的待遇应与一般守边军士相当，直至宣德九年，大同参将曹俭奏请增给月粮，夜不收军的待遇才得以提高。"大

---

① 《明宣宗实录》卷46，宣德三年八月乙未条。

② 《少保于公奏议》卷6，《兵部为归来人马事》。

③ 《少保于公奏议》卷2，《兵部走回人口事》。

④ 《明世宗实录》卷13，嘉靖元年四月丁亥条。

⑤ 《皇明疏钞》卷55，《备边事宜疏》。

⑥ 《明宣宗实录》卷115，宣德九年十二月丁未条。又《明英宗实录》卷25，正统元年十二月乙丑条记："陕西整饬兵备右佥都御史曹翼奏：缘边夜不收出境探贼，昼伏夜行，劳苦特甚，请自今官给衣粮，剿贼之后，视奇功升赏，庶几人乐为用，从之。"

⑦ 《少保于公奏议》卷5，《兵部为声息事》。

⑧ 《少保于公奏议》卷7，《兵部为建言事》。

同左等卫夜不收高政等，常出穷边绝境，窥探贼情，跋涉险阻，冒犯霜露，昼伏夜行，艰苦万状，其月粮概支六斗，无以致人死命，请月支米一石，俾有所养。"①然而此次增给月粮者，仅限于大同左等卫的夜不收军，其余各镇夜不收军似乎并没有如此幸运。所以，至宣德十年仍有增加万全都司所属夜不收军粮赏的记载。②

直至正统三年十一月，才有了全面增给夜不收军月粮的规定。"各边夜不收军士，月增口粮二斗。"③自此，夜不收军的待遇才稍高于一般军士。而正统八年，又令宣府夜不收"再关行粮本色三斗，共米一石三斗"④。加上行粮三斗，夜不收军共得一石三斗，可见宣府夜不收军原支月粮一石。

正统九年，甘肃总兵官又奏请增给出哨夜不收本色米五斗。⑤此请求虽获得准许，但是增给者显然仅限于甘肃的夜不收军。正统十年，大同总兵官武进伯朱冕又奏请增给夜不收军粮，"夜不收者，劳勋尤甚，月给一石五斗"⑥。然而，大同夜不收军1石5斗的月粮并没有实施太久，正统十四年，又规定大同镇夜不收"原关月粮一石，添与行粮三斗"⑦。则大同镇夜不收军之月粮又恢复到原有的1石，即便加上添给3斗行粮也不及1石5斗之数。

---

①《明宣宗实录》卷115，宣德九年十二月丁未条。

②《明英宗实录》卷9，宣德十年九月壬辰条。"行在兵科给事中朱纯往万全都司查理军伍还，上便宜六事……一沿边夜不收及守墩军士，无分寒暑，昼夜瞭望，比之守备，勤劳特甚，其中贫难居多，妻子无从仰给，乞量加粮赏，以恤其私。"

③《明英宗实录》卷45，正统三年八月辛巳条。又《大明会典》卷41，《月粮》："各边夜不收军士，每月添支口粮二斗。"

④ 万历《大明会典》卷41，《月粮》。

⑤《明英宗实录》卷121，正统九年九月戊寅条。"甘肃总兵官宁远伯任礼等奏，陕西行都司所属俱临极边，近选精健旗军二百九十九名充夜不收，常川出境，探报信息，劳苦陪于常军，而粮赐与众无异，乞于月粮内增给本色米五斗，庶得养气锐气。从之。"

⑥《明英宗实录》卷129，正统十年五月丁亥条。

⑦ 万历《大明会典》卷41，《月粮》。

至成化九年，夜不收军的待遇反而仅有月米8斗；[①] 成化二十二年，夜不收军的月粮又有所增加，户部奏："往时各边守墩军人及夜不收月粮一石，今或增至二石。"[②] 弘治十五年，巡按直隶监察御史又奏请加增夜不收军折粮银两，每石比其他军士增1钱5分。[③] 弘治十七年，又令榆林等各营堡夜不收每月于月粮之外，再加发2斗。[④] 弘治十八年，宣府守臣又奏请按照延绥、大同之例加发夜不收军粮饷。[⑤]

嘉靖二十九年，又规定马兰谷等三路夜不收，按照密云夜不收例，于正粮之外再加发1斗。[⑥] 嘉靖三十四年，又令大同镇所选夜不收，除月粮1石外增给2斗。[⑦] 隆庆元年（1567），又因蓟、辽夜不收较之操军劳苦特甚，因而加发本色五斗。[⑧] 万历六年，又增给蓟、辽夜不收月粮一倍。[⑨]

由此可知，夜不收军的待遇一直处于不断地调整状态，少则8斗、1石，多则1石3斗、1石5斗。可以肯定的是，夜不收军的月粮较之一般操备军士略高。但由于各镇经济条件不一，夜不收加给月粮的数目也不尽相同。正如明人王一鹗所云："边人善食，食每尽一升。"[⑩] 以最高月粮数1石5斗计算，合计150升，勉强供一家三口人一月的食粮，而三口以上之家何以资生？

---

① 《明宪宗实录》卷120，成化九年九月乙巳条。"军夜不收与民夜不收俱在军中，今军月米八斗，冬给布三匹，棉花一斤，而民月支米三斗，亦宜添米二斗，布一匹，棉花半斤，庶几稍均而彼此亦乐于从事也。"

② 《明宪宗实录》卷275，成化二十二年二月己丑条。

③ 《明孝宗实录》卷190，弘治十五年八月壬子条。

④ 《明孝宗实录》卷218，弘治十七年十一月辛丑条。"巡抚延绥都御史文贵，请增夜不收军士米月二斗，如米布敷，给之银一钱五分。从之。"

⑤ 《明武宗实录》卷1，弘治十八年五月甲辰条。"宣府守臣奏：新选夜不收，昼夜哨探甚劳，欲如大同、延绥例，月粮外人加煤炒小麦二斗。从之。"

⑥ 万历《大明会典》卷41，《月粮》。

⑦ 万历《大明会典》卷41，《月粮》。

⑧ 《明孝宗实录》卷11，隆庆元年八月庚子条。

⑨ 《明神宗实录》卷77，万历六年七月丙辰条。

⑩ 《三关四镇奏议》卷5，《议增辽镇军饷马价疏》。

除月粮之外，夜不收军还有一定的行粮补贴，但行粮的发放，一般限于沿边守瞭或出境哨探者，其余夜不收则是按其出勤天数计算，验日发给。[①]但通常每月不会超过三五斗。

2. 家丁

明代家丁可以分为三类：一是为将帅士宦私养之私家将士，谓之家丁、家众、家兵、家卒、家人、私卒、健儿等；二是私蓄而报名在官支官饷之随意部曲，谓之随任家丁、随身家丁等；三是为公家挑选、召募之武勇之士，自成一营，以作防御、先锋者，谓之在营家丁、官家丁、军家丁、团练家丁等。[②]由此可知，家丁既不同于传统的卫所军、营兵，又不同于募兵、民兵，属于非兵非军的一种类型。但就其重要性而言，不在军、兵之下。

家丁本始于将领私人招募或役占，或因军士投托为私属，后则转化为公家佐防之私有部曲。就其成分而言，家丁全属"骁勇绝伦之人"[③]，且家丁没有专门的组织，实为因时需而形成的一种军伍补充力量。家丁之收入，不依国家月粮之经制，其粮饷全由督抚镇守将官自行筹集。就在边而论，"家丁之召，本为军士气弱，散守地方，倏然遇有小警，一时军士呼集不前，而将官当锋，必得亲养恩深之人，相救相护"。因此，在边各将无不各"召家丁二三百，厚养以充先锋"。既然以自身生死功罪相托，那么"以军士之粮作家丁养赡"[④]也就不足为奇，于是将领冒占军饷又增一端之由。

其他来源，因时因地因投靠将官不同而略有差别。如正统年间罗亨信于大同督屯将校家丁"自耕于边"[⑤]，自耕自养；正德间，马永镇守蓟州，

① 《明英宗实录》卷59，正统四年九月己酉条。

② 马楚坚：《明代的家丁》，收入于《明清边政与治乱》，第124—162页。

③ 《明经世文编》卷283，王忬：《修陈末议以赞修攘疏》。

④ 《练兵纪实》，《杂记·卷四·登坛口授》，第198页。

⑤ 《皇明经世文编》卷214，钱薇：《论急遣抚臣安边靖虏疏》。

"尽简诸军，散遣其老弱"，"取其庸，倍给诸健武者"[①]；嘉靖初，梁震"在边练家丁，时时出塞劫虏营"，"得虏营马，尽与诸出塞劫者"[②]；隆庆、万历年间，李成梁镇守辽东左，为"杀虏建功"，其属下健儿，"恣其所好"，家丁所需费用，"俱曲以济之"，"当其穷时则贷之"，[③] 以供其生活与挥霍。宣府诸边"将领所蓄家丁，平居则出边赶马，以图印卖，有警则按伏斩获图升赏。故壮士乐为用之"[④]。由于将领私募家丁之风盛行，政府对其合法或非法之筹饷举措也多予默许，虽然有些大臣公然斥责其筹饷手段之非法，但最终结果总是不了了之。至明中后期，随着战事的吃紧，将帅依靠家丁的心理加重，客观上促使家丁数量的增长，而将帅贫富不均，钱粮用度受到限制，于是在将帅及中外督抚、镇守、廷臣的奏请下，部分家丁饷银渐转由国库支付。

早在土木之变后，北边地区已开了由国库支付家丁费用之先河，当时正处于与也先对峙之际，景泰帝敕"各边守将，令招募壮士"[⑤]，官给粮饷。此后，直到嘉靖前期，有关家丁方面的资料比较少见。至嘉靖十九年"梁震死，祝雄代镇"，以震家丁"无所家归"，上请而"令入伍，与衣粮"。[⑥] 有关家丁粮饷方面的记载始频繁见于史料。嘉靖二十一年，绥抚张瀚议添延绥游击一员，其所辖新募家丁安家银、口粮议准动用"太仆寺马价，并募军银内支付"，[⑦] 第二年，定例起用废将赴军门效力，"责令自备鞍马，随带家丁"，官支粮饷。[⑧] 三十八年为防"板升"之变，督臣杨博奏请"将蓟辽保定之镇废将，不拘总兵、参、游、守备，通行查出，

---

① 《续藏书》卷14，《都督马公》，第945页。

② 《续藏书》卷14，《太保梁武壮公》，第944页。

③ 《明史》卷238，《李成梁传》。

④ 《明经世文编》卷196，张珩：《条上地方极弊十五事疏》。

⑤ 《明英宗实录》卷183，正统十四年九月辛丑条。

⑥ 《续藏书》卷14，《太保梁武壮公》，第944页。

⑦ 《明经世文编》卷159，毛伯温：《防胡要略疏》。

⑧ 万历《大明会典》卷132，《兵部十五·镇戍七·各镇通例》。

取赴军，令其各带家丁，自备战马，官给廪粮料草，尽其见在之数，合为一营于宣府"，名为家丁营。^①次年定例，京营曾任边将官随任家丁，每员准二十额名，"每名月给米二石"，由"马价或本营子粒银中动支"^②。四十年定例，"蓟州镇新旧家丁千名，每名月粮一石，一岁通给本色"^③。四十二年为对抗倭寇，特允将帅以下"副、参、游、守、提调等官许自募家丁，报名在官，一体给粮"^④。在嘉靖、隆庆期间，辽东家丁则"食双粮五钱"，额军半之；万历初年，经督抚再次题请而增至"六钱五分"，额军四钱。^⑤但仍与各边家丁粮饷有一定差距。后经王一鄂、陈登云再三争取，获准移赃罚银及该镇税饷作家丁戍守"衣甲盘费之用"，而各人月增5钱。^⑥后该镇家丁每月饷银改为9钱，并规定自万历十五年起"增入年例并发"。^⑦随着辽东战事的发展，家丁之身价倍增，至万历中叶后，辽东家丁月粮为"一两二钱"，^⑧而由辽征募赴朝东征倭寇之家丁，月粮"一两八钱"，安家银6两，另外，行粮、盐、菜、马匹料草等另行支付。^⑨及天启末年，辽东家丁月粮，最高者"二两四钱，加以食米五斗"^⑩。由此可见，军、兵月粮较之家丁之收入，有天壤之别，以万历三十六年为例，朝臣指出"各边军粮皆有五六钱，或七八钱，辽独每月四钱"，实为不公。^⑪此亦为明季军、兵军伍不振，逃亡、兵变增多的因素之一。

由此可知，家丁粮饷来源有二：一是将帅自行措处，一是由国库负

① 《明经世文编》卷275，杨博：《陈时弊度房情以保万世治安疏》。

② 万历《大明会典》卷134，《兵部十七·京营》。

③ 万历《大明会典》卷41，《经费·月粮》。

④ 万历《大明会典》卷129，《兵部十二·各镇分例·蓟镇》。

⑤ 《总督四镇奏疏》卷5，《议增辽镇军饷马价疏》。

⑥ 《总督四镇奏疏》卷6，《申明辽镇加饷疏》。

⑦ 《明神宗实录》卷178，万历十四年九月庚戌条。

⑧ 《明经世文编》卷428，侯先春：《安边二十四议疏》。

⑨ （明）宋应昌：《经略复国要编》上册，卷2，《檄标下中军都督杨允》。

⑩ 《崇祯长编》卷2，天启七年九月戊辰条。

⑪ 《神庙留中奏疏索要》兵部卷1，第4页，万历三十六年四月二十八日。

担。同时，招募家丁之法也逐渐制度化。万历年间规定："丰其粮糈而不隶于军籍，鞍马甲仗等项俱官为制备。"[①]募法原则虽定，家丁月粮亦每因人因时因地而异，如广宁"每名安家银五两，即器械在内，月食粮银一两一钱五分，马料银四钱五分，其粮银入蓟门之双粮家丁，而马有料无草"[②]，而遵化"有马家丁每月二两三钱五分，无马家丁亦一两五钱"[③]。及辽东危急，征诏各边家丁、在任或废将统家丁往援，而官给粮饷又因势变而有赴援及戍守之分而出现月粮之差异。

总之，家丁之饷是将帅督抚先行自筹而后争取支用国家库款，部分减轻了将帅私募家丁的负担。尽管如此，仍有部分将吏宁愿自筹私蓄，而不愿如实上报家丁数量，如名臣范景文在督抚河南之际，即自措私蓄家丁千余名。[④]实际上，报名在官由国家支付家丁之粮饷与私蓄家丁粮饷一样，都是卫军或营兵的两倍或更高。但报名在官之家丁必须听从督抚镇守等官之调遣，而且还有名额限制，所以，很多将帅不肯将私养家丁名额报官领饷，以图自保以防不测，仅依中央所限名额而报，而且此等被报随任家丁除领官粮外，仍与不报家丁一样，私下仍被将帅厚养。所以，中央虽定官养家丁之例，但仍然无法根治家丁饷源与用款问题。

本节主要从地域和兵种两方面论述军士粮饷的差异性。在地域方面，由于受本地区财政的限制，贵州军士粮饷多依赖于邻省接济，军士月粮发放受到限制，略低于全国平均水平。相比之下，江西地区状况略好，但由于江西军士粮饷有军屯粮、存留税粮两部分组成，因此各卫所军屯粮的多寡，及所处府州县的财政状况直接影响军士月粮的发放。兵种方

---

① 《筹辽硕书》卷4，薛三才：《题为奴酋议在必剿兵食计当早决恳乞圣明立断以定庙算事》。

② 《筹辽硕书》卷5，汪可受：《题为援辽事急谨遵派明旨允过饷银先图防御乞再允兵部续议饷银早备挞伐事》。

③ 《崇祯长编》卷19，崇祯二年三月甲戌条。

④ 《崇祯长编》卷33，崇祯三年四月甲戌条。

面，由于各兵种从事任务的繁简程度不一，所以在酬劳上（即军士月粮）
也会有所差异，但总的来说，夜不收军是陆军收益最高的一种。在家丁
方面，由于其粮饷主要是由投靠将官筹措，因此将官在政治、经济等各
方面的能力都不同程度地制约家丁粮饷的发放。所以，我们既要看到军
士月粮制度化一面，又要看到不同地区、不同兵种之间的差异性，具体
问题具体分析。

第二节　明代武官俸饷

明代武官俸饷是明代官俸的一个组成部分，也是粮饷发放的一个重
要环节。明代官俸的制定始于洪武年间，至永乐时"俸粮支米钞格"而
成定制，前后经历了官俸支米、官俸折钞、官俸折银三大阶段。同军士
月粮相似，武官俸饷也存在地区差异性。

一、武官官俸的规定

明代的俸禄是以品级制为基础的，共分为十八等。"武职府卫官俸
级视文职，惟本色米折银，例每石二钱五分。其月米折绢布钞俱与文职
同。"[1]但由于官俸的发放必须与官职、官品、官勋、官阶等配套，而在明
初一切制度尚处于草创阶段，明初包括武官在内的官俸最终确立大约经
历了二十年的时间。

明代官员俸禄的制定始于洪武四年。明代的官禄"以岁计数"，被称
为岁禄，但支给时，却按月支给，[2]实行年俸、月俸双轨制。作为俸禄制

---

[1]　万历《大明会典》卷39,《廪禄二·俸给》。

[2]　《明太祖实录》卷60，洪武四年正月庚戌条。

度的补充，明初沿袭前朝做法，"听武臣垦荒为业，文吏悉授职田"①。至洪武六年，朱元璋又命"添给省（中书省）、府（大都督府）、台（御史台）官禄"②。可见，洪武四年所定俸禄偏低，但此次添给多少，史无明载。洪武十三年，复立文武百官岁禄，俸钞制度。与洪武四年相比，官员俸禄普遍增加，三品以上官员增加100、150、200石不等，四品以下官员或增百余石、数十石、十数石、数石不等，并且在禄米之外，各级官员均增加俸钞不等。

明代官俸制度最终确定是在洪武二十五年。先是对公、侯、伯的俸给制度进行改革，"令公、侯、伯皆给禄米，论功定数，责成他们各归旧赐田于官"，废除了明初"勋戚皆赐官田以代常禄"之制③；后又把核定官俸与文武官员的品、阶、勋相结合，根据官制统一按月发放官俸，取消俸钞，只保留禄米。具体数额：正一品月米87石即年禄1044石（闰月另加1月）；从一品月米74石、年888石；正二品月米61石，年732石；从二品月米48石，年576石；正三品月米35石，年420石；从三品月米26石，年312石；正四品月米24石、年288石；从四品月米21石，年252石；正五品月米16石，年192石；从五品月米14石，年168石；正六品月米10石，年120；从六品月米8石，年96石；正七品月米7.5石，年90石；从七品月米7石，年84石；正八品月米6.5石，年78石；从八品月米6石，年72石；正九品月米5.5石，年66石；从九品月米5石，年60石。凡未入流官，"禄月米有差"。④

这次更定官禄以月计之，不同于以往以年计禄之例。若以岁计禄，遇有闰月岁禄不增，而以月计禄，遇有闰月则增1月之禄，较为合理。其

---

① （明）黄汝成：《日知录集释》卷12，《俸禄》。
② 《明太祖实录》卷83，洪武六年六月己丑条。
③ 《明史》卷82，《食货六·俸饷》，第2001页。
④ 《明太祖实录》卷222，洪武二十五年十一月丙午条。

所定官禄之数，除正一品和八、九品外，其余品阶禄米均低于洪武十三年规定的数额，略高于洪武四年的数额。此后历代相沿，永为定制。

总体来看，明代俸禄大体可分为本色和折色两部分：本色俸包括米、折银、折绢三项，折色俸包括折布俸、折钞俸两项，俸米折色成为定制。

洪武七年设宝钞提举司，第二年发行"大明宝钞"。但由于宝钞的发行不设钞本，发行额没有限制，且易于伪造，致使"大明宝钞"迅速贬值，形同废纸。通货膨胀直接冲击了明代正常的俸禄体系，折钞与减俸无异。

官俸折钞始于洪武九年，时规定，文武百官俸禄，米、麦、钱、钞兼支，其中陕西、山西、北平一半给米，一半折钱钞，湖广、浙江、河南、山东、江西、福建、两广、四川及南直苏、松、湖、常等府七分给米，三分支钱钞。钱一千或钞一贯抵米一石，储麦多的地方，则以钱八百抵麦一石。洪武十八年规定，"天下有司官禄米皆给钞，二贯五百文准米一石"[①]。洪武二十二年九月规定，"庄浪、河州、洮州、泯州、西宁、凉州、宁夏、临洮八卫官吏月俸，每石折钞二贯五百文"[②]。洪武二十六年，"令在外各布政司、府、州、县官吏俸给，每米一石折钞二贯五百文，于官钱、钞内支给"[③]。不过，洪武时期折钞并没有得到认真的执行，时断时续，未成定制，加上钞法初定，钞值颇重，禄米折色不会造成俸禄的减损，未引起人们太多的注意。但总的来说，洪武时期，官俸仍以米为主，局部地区兼给钱、钞，且折支比例不一。

折钞全面施行则是从永乐时期开始。建文四年九月、十二月两次制定在京、在外官吏"俸粮支给钞格"。在外"各处都司官俸旧全支米者，宜米钞中半兼支。河南、浙江、江西、山东、山西布政司、按察司及王

---

① 万历《大明会典》卷39，《廪禄二·俸给》。

② 《明太祖实录》卷195，洪武二十二年正月丁亥条。

③ 《明太祖实录》卷104，洪武九年二月庚子条。

府官旧全支米者，亦如之。湖广、福建、广东、广西、陕西、北平、四川、云南8布政司、按察司官俸米钞兼支及各府、州、县诸司官俸全支钞者，仍令如故"①。在京文武百官，一品、二品俸，四分支米、六分支钞；三品、四品俸，米钞中半兼支；五品、六品俸，六分米、四分钞；七品、八品俸，八分米、二分钞。凡米折支钞，每石给钞十贯。惟九品杂职吏典、知印等，全部支米。②由此可知，明代包括武官在内的所有官员岁俸均由两部分构成：一为本色俸，内分支米、折银、折绢三项；二为折色俸，内分折布俸、折钞俸两项。不同的是，在京文武官员本色俸从两个地方支取，一部分在京支米5斗，称为月米（或月粮），其余大部分米则在南京支领。至此，俸米折色成为定制，后虽在本、折比例上有所浮动，但基本维持这种格局。

明仁宗朱高炽即位后，因在京官员月粮只有5斗，不能赡家，遂命在京文武官员自一品至九品，每月各添给米5斗，共1石，其米于折钞内扣除。杂职官有家小者添给4斗，共1石，无家小者添给1斗5升，共6斗。③自此，在京所有文武官员月米均1石，遂成为不易之制，相沿不改。

清人赵翼在《廿二史札记·明官俸最薄条》中提及："成祖迁都北京，以漕运不便，百官俸米，皆另赴南京关支，惟英国公张辅，以攻大许，北京支领。其百官俸米，领票后卖于商人赴领，每十石只直银一二两。周忱以江南正苦粮中，建议折银，每石银四钱，以充百官俸。折银之例始此。"④至正统元年（1436），为方便武官俸禄的支给。特别议准在京军官本色俸米于南京关支不便，令每石折银2钱5分解部转送内库交纳。武职俸银定例自此始，相沿不改。⑤

---

① 《明太宗实录》卷12（上），洪武三十五年九月戊子条。

② 《明太宗实录》卷15，洪武三十五年十二月甲寅条。

③ 万历《大明会典》卷39，《廪禄二·俸给》。

④ （清）赵翼：《廿二史札记》，江苏古籍出版社，1988年版。

⑤ 万历《大明会典》卷39，《廪禄二·俸给》。

随着白银的弛禁，官俸折银之例逐渐得以推广。成化二十年，五府六部等衙门官员三分四分本色俸，每石暂折银7钱，以后如旧例。至孝宗即位，重令上述衙门官员的本色俸折银关支。弘治四年（1491），折银官员的范围又扩大至南京，该支南京本色俸者，米1石折银7钱。[①]自此以后，历经弘治、正德、嘉靖、隆庆，至万历初年，随着商品经济的逐渐发展，白银流通范围的扩大，逐渐形成了以折银为主的官俸系统。这样，文武官俸就分成两部分，一是本色俸，二是折色俸。一、二、三品官，大致本色俸三分，折色俸七分；四、五品官，大致本色俸四分，折色俸六分；六品官，大致本色俸、折色俸对半；七、八品官，大致本色俸六分、折色俸四分；九品官，大致本色俸七分，折色俸三分。本色俸可分为三部分：一是月米，二是折绢米，三是折银米。月米，无论官职大小，皆1石。折绢米，每年两个月，每绢1匹当银6钱，抵米1石。折银米，每年十个月，每银6钱5分当米1石。折色俸可分两部分：一是本色钞，二是布折钞。本色钞，每米1石折钞20贯。布折钞，每米1石折钞20贯，每钞200贯折布1匹，每布1匹折银3钱。凡武职官员，惟本色俸折银米，每石2钱5分，与文官不同，其余皆与文官同。[②]

以正一品为例，详细地分析一下明代官俸的组成。"正一品，岁该俸一千四十四石，内本色俸三百三十一石二斗，折色俸七百一十二石八斗。本色俸内，除支米一十二石外，折银俸二百六十六石，折绢俸五十三石二斗，共该银二百四两八钱二分。折色俸内折布俸三百五十六石四斗，该银一十两六钱九分二厘，折钞俸三百五十六石四斗，该本色钞七千一百二十八贯。"[③]这里对正一品俸解释如下：正一品官每年俸米1044石，其中本色俸约占三分，应为331石2斗，折色俸约占七分，应为

---

① 万历《大明会典》卷39，《廪禄二·俸给》。

② 《明史》卷82，《食货六·俸饷》；万历《大明会典》卷39，《廪禄二·俸给》。

③ 万历《大明会典》卷39，《廪禄二·俸给》。

712石8斗。本色俸内，月米每月支米1石，一年共支米12石，此外折银俸266石，每银6钱5分当米1石，该银172两9钱，折绢俸53石2斗，每绢1匹当银6钱，抵米1石，该银31两9钱2分，共该银204两8钱2分。折色俸内，折布俸356石4斗，米每石折钞20贯，该钞7128贯，每钞200贯折布1匹，该布约36匹，布每匹折银3钱，该银10两6钱9分2厘。折钞俸356石4斗，米每石折钞20贯，该本色钞7120贯。合计一品官每岁得米12石，银215两5钱1分2厘，钞7128贯。每月应为米1石，银17两9钱5分9厘余，钞594贯。现将《大明会典》所载各级官员俸禄简化如下：

正一品，岁俸1044石，经过折色后，每岁得米12石，银215两5钱1分2厘，钞7128贯。每月应为米1石，银17两9钱5分9厘余，钞594贯。

从一品，岁俸888石，经过折色后，每岁得米12石，银183两8钱4分4厘，钞6036贯。每月应为米1石，银15两3钱2分3厘余，钞503贯。

正二品，岁俸732石，经过折色后，每岁得米12石，银152两1钱7分6厘，钞4944贯。每月应为米1石，银12两7钱3分，钞412贯。

从二品，岁俸576石，经过折色后，每岁得米12石，银150两5钱8厘，钞3852贯。每月应为米1石，银12两5钱4分2厘，钞321贯。

正三品，岁俸420石，经过折色后，每岁得米12石，银88两8钱4分，钞2760贯。每月应为米1石，银7两4钱3厘余，钞230贯。

从三品，岁俸312石，经过折色后，每岁得米12石，银66两9钱1分6厘，钞2004贯。每月应为米1石，银5两5钱7分6厘余，钞167贯。

正四品，岁俸288石，经过折色后，每岁得米12石，银62两4分4厘，钞1836贯。每月应为米1石，银5两1钱7分3厘余，钞153贯。

从四品，岁俸252石，经过折色后，每岁得米12石，银54两7钱3分6厘，钞1584贯。每月应为米1石，银4两5钱6分1厘余，钞132贯。

正五品，岁俸192石，经过折色后，每岁得米12石，银42两5钱5分

6厘，钞1164贯。每月应为米1石，银3两5钱4分6厘余，钞97贯。

从五品，岁俸168石，经过折色后，每岁得米12石，银37两6钱8分4厘，钞996贯。每月应为米1石，银3两1钱4分余，钞83贯。

正六品，岁俸120石，经过折色后，每岁得米12石，银35两4钱6分，钞540贯。每月应为米1石，银2两9钱5分5厘余，钞45贯。

从六品，岁俸96石，经过折色后，每岁12石，银29两8分4厘，钞396贯。每月应为米1石，银2两4钱2分3厘余，钞33贯。

正七品，岁俸90石，经过折色后，每岁得米12石，银27两4钱9分，钞360贯。每月应为米1石，银2两2钱9分8厘余，钞30贯。

从七品，岁俸84石，经过折色后，每岁得米12石，银25两8钱9分6厘，钞324贯。每月应为米1石，银2两1钱5分8厘，钞27贯。

正八品，岁俸78石，经过折色后，每岁得米12石，银24两3钱2厘，钞288贯。每月应米1石，银2两2分5厘，钞24贯。

从八品，岁俸72石，经过折色后，每岁得米12石，银22两7钱8厘余，钞252贯。每月应为米1石，银1两8钱9分2厘余，钞21贯。

正九品，岁俸66石，经过折色过，每岁得米12石，银21两1钱1分4厘，钞216厘。每月应为米1石，银1两7钱5分9厘余，钞18贯。

从九品，岁俸60石，经过折色后，每岁得米12石，银19两5钱2分，钞180贯。每月应为米1石，银1两6钱2分余，钞15贯。

由各级官员的俸禄构成可得出以下结论。

第一，此时本色官俸以折银为主，折算比较合理，如规定银6钱5分当米1石，绢1匹当银6钱，抵米1石，布每匹折银3钱。就当时米价而论，一般情形是每石银五六钱，即使荒年每石也不过一二两。至明末崇祯年间，由于社会动乱及经济破坏之故，米价普遍上涨至每石二三两，已非常态。因此，以银6钱5分当米1石，颇为平实。明代绢、布的价格，通常是绢1匹约值银五六钱至七八钱，棉布1匹通常值银在二三钱之间。

若以绢1匹当银6钱，抵米1石，布每匹折银3钱，也是比较公允的。本色官俸以折银为主，又折价从实，这就使得这部分官俸有所回升。

第二，这段时间折色尽管已折银为主，但依旧贯彻"米钞兼支"的祖制，折钞仍然占据一定的比例。折布俸仍循每石折钞20贯，每钞200贯折布1匹的旧例，每石才合银3分，仅为实际米价的5%左右。更为荒唐的是折色俸内仍有大量已成废物的钞。大明宝钞在弘治、正德间本已废除。隆庆初年"宝钞不用垂百余年，课程亦鲜有收钞者，惟俸粮独支钞如故"[①]。因此，由于"米钞兼支"的缘故，整体上看，明代的官俸仍然低于预期水平。

总之，诚如顾炎武所云："百官所受俸，亦米也，或折以钞，其后钞不行而代以银，于是粮之重者愈重，而俸之轻者愈轻，其弊在于钞折米，以布折钞，以银折布，而世莫究其源流也。"[②]"大明宝钞"的迅速贬值，形同废纸，通货膨胀直接冲击了明代俸禄体系，"自古官俸之薄，未有若此者"[③]。

二、武官俸饷的差异性

明代的俸禄制度是以品级为基础，实行年俸、月俸双轨制。官俸的核定与文武官员的品、阶、勋相结合，根据官制统一按月发放官俸，这是明代俸禄制度的共性。由于明代武官职衔（限流官）自指挥使以下，有指挥同知、指挥佥事、署指挥佥事、卫镇抚、正千户、副千户、卫经历、实授百户、所镇抚等多级官阶，所以，要论述武官待遇的地区差异性，我们只能限定在某一区域对某一官衔进行横向比较。现以万历初年九边

---

① 《明史》卷82，《食货志六·俸饷》，第2003页。

② （清）黄汝成：《日知录集释》卷12，《俸禄》。

③ 《明史》卷82，《食货志六·俸饷》，第2003页。

地区武官指挥使为例加以说明：

根据地理位置的不同，宣府所辖卫所可以分为"在城""在外"两部分。"在外"卫所分为东、南、北三路，月粮的折银率互不相同，现以"在城"卫军为例，比较一下宣府、大同、延绥、宁夏、甘肃、固原6镇武官的俸薪（不计闰月）。

宣府镇在城指挥使年支大俸384石，小俸24石。大俸上半年每石折钞20贯，共3840贯，其中的一半折为铜钱，每贯折2文，每7文折银1分，合计折银约5.49%；另一半直接折银，每贯折银3厘，共银5.76两，合计上半年大俸折银共计11.25两。下半年大俸折布，每匹折钞20贯，每200贯折银0.25两，合计折银4.8两。小俸全年24石，其中12石折银，每石4钱，计4.8两；另12石折布，每石折1匹，每匹折银0.25两，共3两。小俸合计折银7.8两。总之，宣府镇在城卫所指挥使全年俸银约19.05两。

大同镇指挥使岁支月粮12石，搒节俸24石，折色俸384石。月粮每石折银6钱，共7.2两；搒节俸每石折银0.32两，共7.68两。折色俸每百石折钞1500贯，其中本色150贯可折银0.09两，令1350贯折布再折银约1.985两。如此，指挥使的折色俸共可折银7.968两。合计，大同地区指挥使全年收入约22.848两。

延绥镇在城指挥使每月支俸7石。其中10月份全支折色，每石折银0.16两，计银1.12两。其余11个月每月支本色2斗，其余每石折银7钱，计银52.36两，合计全年收入本色粮米2.2石、银53.48两，远远高于宣府和大同。

宁夏镇指挥使每月支俸7石，其中6个月支本色，6个月支折色，每石折银0.6两，全年共收入本色粮米42石，折色银25.2两。

甘肃镇指挥使月俸7石，其中每年正月支本色，二月至六月本折中半兼支，七月至十二月俱支折色，每石折银7钱，总之，指挥使全年收入本色粮米28石，折色银29.4两余。

固原镇指挥使月俸7石。如在固原、岷州、洮州卫并随征靖难卫甘州群牧所、西固所、文县守御所全支折色。内固原卫双月每石5钱，单月4钱，其余不分单双月每石4钱。洮州卫每石5钱。靖虏河州卫阶州所、甘州中护卫、兰州卫、仪卫司俱本色6个月，折色6个月。靖虏河州卫阶州所每石4钱，其余双月5钱，单月4钱。临洮卫本色6个月，折色6个月，每俸2石折绢1匹，折银6钱。也就是说，固原卫指挥使年收入37.8两；洮州卫指挥使42两；靖虏河州卫指挥使本色粮米42石，折色银16.8两；甘州中护卫、兰州卫、仪卫司指挥使本色粮米42石，折色银18.9两；临洮卫指挥使指使司本色粮米42石，折色银25.2两。总之，固原镇指挥使俸禄多少不一，靖虏河州卫最少，本色粮米42石，两16.8两，临洮卫最高本色粮米42石，折色银25.2两。这种同工不同酬的现象不仅存在于不同区域之间，也存在于同一镇的不同卫所之间。

总之，从以上6镇的情况可以看出，尽管都是驻扎在边防一线，俸饷的发放方式并不划一。宣、大2镇，几乎全无本色，而且折银比例略低于其他各镇。延绥、宁夏情况稍好于宣、大，如从折银角度看，延绥、宁夏指挥使全年的收入是宣、大2镇的二倍多。而甘肃、固原2镇本、折兼顾，本色实惠，折色银两也较高，总体收入又高于延绥、宁夏。从军事防御角度看，宣、大2镇乃京都左腋，是蒙古鞑靼部南下的必经之地，理应待遇优厚。而实际上，相比于其他边镇而言，宣、大2镇官军俸粮最低，其原因与万历初年宣、大2镇粮食市场的供给紧张有关，同时与民运粮改折后军储匮乏有关。

同样的情况在腹里卫所也存在。下边以万历后期袁州卫、赣州卫、新安卫各级武官俸禄为例，加以说明。

表3-1　万历后期袁州、赣州、新安3卫武官俸禄比较表

职级	袁州卫（俸/钞）	赣州卫（俸/钞）	新安卫（俸/钞）
指挥使	37.8；7.2	42；10.08	44.52；20.16
指挥同知	28.08；5.35	31.2；7.487	33.072；14.976
指挥佥事	25.92；4.937	28.8；6.912	30.528；13.824
署指挥佥事	17.28；3.491	无	岁支本色米36石（合银19.08）
卫镇抚	17.28；2.77	钞银合计19.2	19.292；7.776
正千户	17.28；3.28	钞银合计19.2	20.352；9.216
副千户	17.28；2.77	钞银合计19.2	20.352；7.776
卫经历	12.6；1.76	12.6；1.764	钞俸合计20.40
实授百户	16.2；1.8	18；2.52	19.08；5.04
所镇抚	12.96；1.337	14.4；2.016	15.052；4.032
操备军人	3.84	3.84	5.088；0.144
运军	3.84	3.2	5.088；0.144

资料来源　《徽州府赋役全书》(泰昌元年徽州府本)，《江西赋役全书》(万历三十九年江西布政司刊本)，本表不含闰月。

由此可知，徽州新安卫官兵俸饷普遍高于江西卫所。就江西都司所辖二卫来说，袁州卫指挥使以降至指挥佥事的俸饷均低于赣州卫，而卫镇抚、正副千户则高于赣州卫。就普通军士（包括操备军人、运军）而言，除赣州卫运军稍低于操备军人外，其他两卫的粮饷基本一致。出现这种现象的原因与当地经济发展不均衡有直接关系，受到了当地财政状况的影响。同时，不同地区粮食的市场价格不同，税粮的折银率就会有所区别，官军俸粮的发放也因此多寡不一。同官同酬只是衡量官军俸粮的一个理论状态，但实际上是不可能实现的，尤其是在明末动荡的政局环境下。

第三节　明代官军赏赐

朱元璋马上得天下，非常重视对士兵的奖赏，以鼓励奋勇杀敌者。永乐帝依恃武力"靖难成功"，攫取天下，其对军队的重视更是不言而喻。本节从赏功方面探讨明代赏赐制度的制定及其执行情况。

明开国之初，一切制度尚处于草创阶段，对官军的赏功、赏赐基本上是由君主视时视事而定，随意性较强，且较为频繁，军士的个人收入绝大部分靠皇帝赏功赐予。其赏赐物品包括银两、钞、棉、麻、夏衣、夏布、绢、铜钱、皮革、米盐、胡椒等。在这些物品当中，白银的赏赐最具有代表性。而大规模的赏赐开始于洪武二年，时峄州、滕州平定，朱元璋大悦，嘉奖平章韩政麾下将士6250人银11020两，文绮、帛778匹。[①]同年十二月，大赏平定中原及征南将士之功。徐达、常遇春以下15位将官共赐银3650两，文币333表里，指挥使文币7表里，千户、卫镇抚6表里，百户、所镇抚5表里，总旗银3两3钱、米3石，小旗银3两2钱、米3石，军士银3两、米3石。[②]当时北征官军总额不明，明史记载，徐达带兵25万人北征，如此，则赐予银两75万两以上。同样，征南官军也没有确切的记载，这次前后共赏银约100万两。据日本学者奥山惠夫统计，洪武年间，在白银的赐予对象中，官军占68.6%。[③]

除赏赐白银外，由于钞的发行，自洪武八年起，钞的支出比例愈加提高，据统计，洪武年间共支出524万93327锭。可见，钞的支出数额及其赐予次数都远远高于白银，其他物品如棉布、帛、文绮、棉花、绢

[①]《明太祖实录》卷46，洪武二年十月庚辰条。

[②]《明太祖实录》卷47，洪武二年十二月己丑条。

[③]［日］奥山惠夫：《明代军政史研究》，汲古书院，2003年版，第117页。

等物品的赏赐也不定期地进行。其赏赐物品数量之大，赏赐次数之频繁是后代所不及的。究其原因无外乎两点：一是为了激励将士，二是因为洪武时期尚未建立有效的赏赐及军粮发放机制，官军的经济来源主要来自赏赐。就官军赏赐而言，洪武时期几乎没有成文的规定，其赏赐标准，基本上都是由明太祖定。如洪武三年大封功臣时，戍守在陕西、兰州等处的官军，总旗银10两、小旗9.5两、军士9两；而备御在凤翔等处的守备军，自总旗至军士则比陕西、兰州等地低1两；临洮等处的备御官军又比凤翔等地官军低1两；守备在延安、绥德等处官军更低，总旗银5两、小旗4两、军士3两。[①]以上赏赐总旗最高10两，最低5两；小旗最高9.5两，最低4两；军士最高9两，最低3两。相差5两、5.5两、6两不等。同为戍守在西北边境的官军，赏赐差距如此之大，令人费解。

就官军月粮而言，洪武时期规定军人月粮的发放时间是每月初给，一般不会超过每月的初五。军士月粮的发放标准：一般是马军月支米2石，步军总旗1.5石，小旗1.2石，军1石。但由于洪武时期的战争还没有结束，官军居无定所，月粮的发放效果不佳。所以，赏赐是解决军士粮饷问题的重要途径。甚至有些地方把赏赐与月粮等同，有赏赐就不支月粮。如凉州卫带管土兵500余人关赏赐不支月粮。[②]甘肃一带，极边苦寒，"军士仰给赏赐，别无生计"[③]。可见，洪武时期的赏赐部分地扮演着月粮的角色，同时，也经历了一个由"无序"到"着为令"的过程。

朱棣靖难成功后，因将士劳苦，参酌太祖升赏条例，制定军功赏例，把军功分为奇功、首功、次功三等。奇功者，领队将校升二级；头功者，领队将校升一级；次功者领队指挥赏与头功千户同，千户、卫镇抚、仪卫正副与百户同，百户、所镇抚、典仗金钞俱与总旗同。自指挥、千户、

---

① 《明太祖实录》卷58，洪武三年十一月甲午条。

② 《明太宗实录》卷75，永乐六年正月己巳条。

③ 《明英宗实录》卷46，正统三年九月己酉条。

百户、总旗、小旗，至随伍旗军各赏赐白银、彩币、钞、棉花、棉布不等。①同年冬十月，又制定了守城功赏例，以北平、保定、永平为一例，通州、遵化为一例，蓟州为一例，隆庆、密云、密云后卫为一例，以守城时间远近，自都指挥至民丁各赏赐不等。②永乐元年赏赐从征哨马营将士时，就依据此赏例，把从征哨马营将士分为奇功、头功两部分。奇功领队指挥银45两、彩币7表里、钞90锭，千户、卫镇抚、仪卫正副银31两、彩币5表里、钞90锭，百户、所镇抚、典使银22两、彩币3表里、绢1匹、钞72锭，总旗银16两、绢2匹、绵布4匹、绵花4.8斤、钞54锭，小旗银13两、绢2匹、绵布4匹、绵花4.8斤、钞54锭，随伍指挥、千、百户、旗军银11两、绢2匹、绵布4匹、绵花4.8斤、钞45锭；头功领队自指挥至随伍指挥千百户旗军均比奇功减少约一半。③

至永乐六年，论功赏远赴安南征讨将士，并特别指出"若所司有略尔之功，增尔之过，致赏赉不当者，或自增其功，自隐其过，致赏赉过赏者，皆许自陈，即与改正"④。显然已经意识到升赏存在不当、过赏、冒赏等情况。所以，永乐八年在论功行赏敕谕中，明确规定："赏赐赏赉务协大公，如有略尔之功益尔之过，或有妄自增功匿过，致赏赉失当者，悉许上陈。"⑤同时，规定升赏条例，以先入杀贼众者，军升小旗，总小甲实授总小旗，总旗升试百户，试百户、典仗升实授百户，典仗、百户典仗、所镇抚升副千户，副千户、仪卫副、卫镇抚升正千户，正千户、仪卫正升指挥佥事，指挥佥事升指挥同知，指挥同知升指挥使，指挥使升都指挥佥事，都指挥佥事升都指挥同知，都指挥同知升都指挥使，都指挥使升都督佥事，都督佥事升都督同知，都督同知升左右都督，左右都

---

① 《明太宗实录》卷11，洪武三十五年八月丙寅条。
② 《明太宗实录》卷13，洪武三十五年冬十月丁卯条。
③ 《明太宗实录》卷25，永乐元年闰十一月丙寅条。
④ 《明太宗实录》卷81，永乐六年七月癸丑条。
⑤ 《明太宗实录》卷106，永乐八年七月甲午条。

督奏加封爵领队。除升秩外，自都督至小旗各赏银不等，都督赏银150两，都指挥100两，指挥60两，千户40两，百户、试百户25两，总、小旗赏给布、钞，不赏银。①

永乐十二年，又在前例的基础上颁发了军中赏罚号令，对奇功、头功、次功重新界定。所谓奇功，是指"交锋之际，突出敌背杀败贼众者，勇敢入阵斩将搴旗者，本队已胜、别队胜负未决、而能救援克敌者，受命能任事、出奇破贼成功者"。所谓首功，是指"齐力前进、首先败贼者，前队交锋未决、后队向前败贼者。军行及营中擒获奸细者，亦准首功"②。同时，又立下功赏勘合，定为40字："神威精勇猛，强壮毅英雄。克胜兼超捷，奇功奋锐锋。智谋宣妙略，刚烈效忠诚。果敢能安定，扬名显大勋。"③并规定，凡此编号均须用实印，贮内府印绶监，以防止势豪抢夺，冒功升赏。至此，明帝国有关赏功制度的规定已基本完备。

明中期，赏功制度进一步完善。主要体现在赏功牌的更定及赏功区域标准的划定。正统十四年，为激励边军的斗志，扭转土木之变的被动局面，兵部更定赏功牌，规定凡挺身突阵斩将夺旗者，颁给奇功牌。又因当时瓦剌、鞑靼为北部之大患，所以规定：生擒瓦剌或斩首一级，给予头功牌，虽无功而被伤者，与齐力牌。后因不同时期的防御重点的不同，所以立功区域成为卫所军士的赏功标准的依据之一。有明一代，除一段时间的"南倭"外，"北虏"一直是明廷防御的重点。所以，赏功等级由高至低分别是："北边、东北边""西番苗蛮""内地反贼"。嘉靖时期，倭患严重，所以，海上军功较北边为大。

1.北边、东北边军功

有明一代，边患压力主要来自北边，也称北患。故北边、东北边军

---

① 《明太宗实录》卷106，永乐八年七月甲午条。
② 《明史》卷92，《兵志四·赏功》，第2261页。
③ 《明史》卷92，《兵志四·赏功》，第2261页。

功赏赐最重。所谓北边是指沿九边一线，自甘肃至山海关等地；而东北边则指辽东地区。根据赏赐对象的不同，可分为一般军士杀敌之功、杀敌军官之功两类：

一般军士赏功依据杀敌人数，杀敌人逾多，则赏功愈厚。原则上，赏功以升级、升秩为主，如不愿升者，例以赏银代替。如若杀敌属于小队共同合作的结果，则赏功由为首军士获得。一般军士从战场所缴获的马牛等财物，归个人所有。成化十四年申明："一人擒斩一名颗者，升一级，至三名颗，升三级。二人共擒斩一名颗，为首升一级，至三名颗，升三级。及四名颗以上，俱给赏。"①正德十年，对二人及多人共同擒斩敌首者的赏功，又作了进一步的修改，"一人独斩一颗，升实授一级，不赏。三人共斩一颗，为首者升署一级，为从给赏。四人五人六人共斩一颗，为首者给赏，从量赏。二人共斩幼小贼一颗，为首者升署一级，为从量赏。不愿升者，每实授一级，赏银五十两；署职，二十两"②。嘉靖年间，对升赏条例又进行了进一步修改，凡能出边擒斩贼首一颗者，除依例升级外，仍赏银30两。而且所得马匹等财物，尽给本人。

凡领军军官，若在战役中，其所属部下杀敌有功，则依其所统领军士人数之不同，授以升级等不同的赏功，以嘉奖领军颇有成效者。对此，《大明会典》有详细的记载：成化十四年申明，把总领官军500人，部下擒斩达贼5名颗，升一级，以后每5名颗，加升一级。领军1000人者，10名颗，升一级，以后每10名颗，加升一级。至嘉靖年十五年，带军将领的升授标准又进一步提高，凡千总领官军500人，部下擒斩达贼10名（颗），才准升级，以后每10名，加升一级。领军1000者，擒斩敌首20名（颗）才准升一级，以后每20名（颗）升一级。同时规定，凡把总、千总加级，俱三级而止，二级实授，一级署职。若系都指挥使以上，止升署

---

① 万历《大明会典》卷123，《兵部·功次》，第617页。

② 万历《大明会典》卷123，《兵部·功次》，第617页。

职二级，其余加赏（后来又更改只嘉赏不升级）。

2."番寇苗蛮"军功

"番寇苗蛮"大都分布在四川、云南、贵州、广西、湖广、广东等地。与北边杀敌赏功相同，番苗军功的判断标准也是以擒斩敌首的数量为依据，但相对"北虏"而言，"番苗"的升授标准略有提高，赏银额略有降低。据《大明会典》记载：成化十四年申明，一人擒斩3名（颗），升一级，至9名（颗），升三级，10名（颗）以上者并不及数者，俱给赏。而陕西地区"番贼"功次，万历三年题准，如成化中例，升至三级而止，余功扣赏。至于团队作战，一人为首，二三人为从，擒斩3名（颗），为首者升署一级，为从者加赏，不愿升者，每颗赏银10两。①

南方"蛮夷"，多是指长期居住在西南贵州地区的苗人。相关军功，大抵与陕西等地的"番贼"功相当。军士擒斩3首以上及斩获首贼者，俱升一级，其余则加赏。唯一不同的是关于擒斩敌首赏银的规定。万历四年规定："斩从贼首一颗，赏银一两；生擒者二两；不愿赏者，每三功当一级。若斩内有名大贼首者，赏银二十两，生擒者三十两，不愿赏者，升实授一级。"②

至于统领军官，其率领军杀敌有功，亦可获得升赏。如万历三年题准：千总领500人，部下斩获30名（颗），升一级；领1000人，60名（颗），升一级。把总领500人，部下斩获15名（颗），升一级；1000人者，30名（颗），升一级。俱至三级而止。③较之北边、东北边军功，升授标准进一步提高。

3."反贼"军功

所谓"反贼"，大多是指内地农民暴动或起义。成化年间曾规定：军

---

① 万历《大明会典》卷123，《兵部·功次》，第617页。

② 万历《大明会典》卷123，《兵部·功次》，第618页。

③ 万历《大明会典》卷123，《兵部六·功次》，第214页。

士擒斩6名，升一级，至三级而止。凡"反贼"为幼男、妇女及19名以上或不及数者，均给赏不升。与前两个地区相比，"反贼"赏功远不如"达虏""番苗"功高。至明中后期，"流贼"四起，为鼓励军士剿"贼"，正式制定了"流贼军功例"，规定："名贼一级，授一秩，世袭；为从者，给赏；次贼一级，署一秩。从贼三级及阵亡者，俱授一秩，世袭。重伤回营死者，署一秩。"此外，还设有割耳功，即以军士所割"流贼"耳朵之多寡来论功，割耳多者升至二级，世袭。将首级功与耳朵功并用。崇祯中期，曾因"流贼"声势浩大，特别提出了奖赏万金擒拿张献忠、李自成。若擒获其随从，照样有奖赏。如正德七年题准，凡"流贼一人为首，一人为从，就阵擒斩有名剧贼一名（颗），为首者升授一级，世袭；不愿升者，赏银三十两；为从者给赏。就阵擒斩次贼一名（颗），为首者升署一级，世袭；不愿升者，赏银十两；为从者量赏。又规定：斩割耳记一副者，量赏；二副者，给赏；三副者，升署一级，世袭；若耳记二副，又有首级一颗或二颗者，俱升署一级，世袭不赏；斩割耳记四副者及二副，又有首级二颗，或三副又有一颗者，俱升实授一级，世袭不赏"①。

4. 倭寇军功

早在洪武时期，就曾因倭寇之侵扰而定有赏功范例。嘉靖年间，倭寇入侵加剧，为激励剿倭军士，特别定下丰厚的赏功制度，其升赏都较前三种军功丰厚。防倭军功共分为四等：（1）论首级，凡军民临阵擒斩名贼1人者，升授三级，不愿升，赏银150两；获真倭从贼1人及阵亡者，升授一级，不愿升赏银50两；获汉人胁从贼1人，升授署一级，不愿升，赏银20两。（2）论奇功，如在海遇贼，能遏其近港，即近港能遏其登岸，又如登岸有冲锋破阵追之出境者，有以少胜多者，均谓奇功，听总督纪功御

① 万历《大明会典》卷123，《兵部六·功次》，第211页。

史核实申报，破格升赏。（3）分信地，凡守备、把总及海防府州县佐各有信地，贼至不能拒守者，依法惩治，若能奋勇擒斩者许将功赎罪，如罪少功多仍以功论；如贼从其他地方出境，有邀请截擒获者，仍照例升赏。（4）计职任，武将自守备以下，文官自海防同知以下，所领士卒500擒斩真贼5人者升一级，10人者加升一级；所领士卒1000人者，每擒获5人升署一级，10人实授一级，递升至3级而止。如先获功后因事革职者，准赎其余功罪。把军民、奇功、武将、领地等方面的擒斩倭寇的赏功办法都作了详细的条陈，论功行赏赐，有些官员还可以将功补过。①

万历十二年后，又对相关的剿倭军功进行更定，以贼船及敌船的多寡，作为赏赐依据。万历十二年规定："贼七八百人至千人，船十余只至二三十只，擒斩有名大贼首一名（颗），升实授三级；不愿升者，赏银一百五十两。擒斩真倭从贼一名（颗），升实授一级；不愿升，赏银五十两。擒斩汉人协从贼一名（颗），升署贼一级；不愿升者，赏银二十五两。"②

明代升赏官秩如下："军人有功，升一级至小旗；舍人，升一级至冠带小旗；小旗，升一级至总旗；冠带小旗，升一级至冠带总旗；总旗，升一级至试百户；冠带总旗，升一级至实授百户；试所镇抚，升一级至实授所镇抚；实授所镇抚，升一级至实授百户；实授百户升副千户；副千户升正千户；正千户升指挥佥事；佥事升指挥同知；同知升指挥使；该升都指挥、都督者，类推而行。嘉靖四十三年题准：军职立功，升至都督等官，后又有功，奉旨加升无阶可加者，行取应继儿男，荫冠带总小旗，就补原卫食粮差操。万历十三年议准：都指挥使升级阶俸者，例不加授都督职级，应升职一级者，照旧给赏银五十两，应升俸一级者，

---

① 《明世宗实录》卷433，嘉靖三十五年三月丙子条。
② 万历《大明会典》卷123，《兵部六·功次》，第9页。

给赏银二十五两。"①

以上升赏大都是针对世官而言，而流官的升赏则不受此制度的限制，世官与流官之间的升赏表现出明显的等级差异。②指挥使及指挥使以下世官升赏，只准叠升至指挥使，而副总兵及副总兵的流官升赏却颇为隆重。对此，万历四十年，兵部尚书谭纶发表议论说："同一阵亡而升赏事例或与或不与，却有不同，指挥使以下子孙得沿袭无论矣，副总兵以上近得比例荫一次男，恩典颇隆，遵照有据，独指挥使阵亡升级谓其为流官世袭，其间奉有钦依世袭字样者，亦止许袭一辈，以后通行查革，是在指挥同知下逮卒伍阵亡者皆以世官得袭，在副总兵、总兵则以流官得破格忧恤，独此指挥使应袭升都指挥者拘于流官不世袭之说。岂其官阶之崇而死顾不足恤耶？情既未通，法亦欠备。"③可谓至论，指挥使以下（包括指挥使）和指挥使以上即流官与世官在升赏方面的差别略见一斑。

同时，为防止冒滥军功，成化二年规定，"官军妄报、冒受升赏者，事发革去，仍降原职役一级，调卫差操"。弘治十三年规定："若用钱买及卖者，俱问罪。……凡擅杀平人报功，其本管将官，量所杀多寡，轻则降级调卫，重则罢职充军。"正德十六年规定："在京在外官旗军舍，但系例外奏带及称报效，或各边各处，或一人数处，或一时两三处报功，及并功升授官旗者，除原祖职役照旧，其余尽行除革。妄奏者俱问发边卫充军。"④

尽管如此，为求赏功、冒滥军功之事仍时有发生。如天顺四年"曹

---

① 万历《大明会典》卷123，《兵部六·功次》，第14—17页。

② 所谓"世官"，是指可以世袭的武职，大致分为九等，包括指挥使、指挥同知、指挥佥事、卫镇抚、正千户、副千户、所镇抚、百户、试百户，即卫所中全部武职。相对于世官而言，"流官"是不会世袭的，包括都督、都督同知、都督佥事、都指挥使、都指挥同知、都指挥佥事、正留守、副留守，即五军都督府和都司、行都司、留守司中的高级武职官员。明代的"世官""流官"的一些规定是相对的，流官也可以在卫所中任职，世官也可以就职于五军都督府。

③ 《海防纂要》卷12，《阵亡功》。

④ 万历《大明会典》卷123，《兵部六·功次》，第25页。

钦反。将士妄杀，至割乞儿首报功。市人不敢出户。林聪署院事，亟令获贼者必生致，滥杀为止"①。可见，以首级论升赏已失去其激励杀敌之本意。致使各边报功者大多为权要子弟，有功者反致隐没。另外，各边查勘功次屡有延误，有经年不报者，以致获功人员往往奏扰，升赏不能兑现。②巡抚四川都御史胡世宁建议更改赏罚例，舍首级而另立赏功名目。兵部认为："校首级论功乃国家定制，若舍首级不论，则巧立名色，冒滥功赏，其弊愈滋。"③

正德、嘉靖以后，军功冒领现象不但没有得到有效的遏制反而更加猖狂，且巧立名色，诸如买功、卖功、寄名、审名、并功，以及运送神枪、赍执旗牌、卫峰破敌、三次当先、军前效劳等名色，军功冒领现象继续蔓延。

除冒滥军功外，明中后期，军功升赏之例，在很多情况下只是一纸空文，根本没有付诸实施。针对明中后期有功不赏、有过不惩的局面，忧国忧民之士屡次上疏请求明赏罚。他们大多认为赏罚可以昭激劝、可以激励人心、可以肃清吏政、可以收拢人心、可以严肃军政、可以使群众信服。④赏罚不明则士气松懈，赏罚冒滥无利于振积懦。但直到明朝灭亡，冒滥问题一直没有得到解决。

---

① 《明史》卷165，《丁瑄传》，第4467页。

② 《明世宗实录》卷91，嘉靖五年十二月辛未条。

③ 《明世宗实录》卷9，正德十六年十二月壬辰条。

④ 参见《明武宗实录》卷117，正德九年冬十月戊午条；卷151，正德十二年秋七月庚寅条；卷167，正德十三年冬十月庚寅条；《明世宗实录》卷九，正德十六年十二月辛卯条；卷71，嘉靖五年十二月辛未条；卷95，嘉靖七年十一月庚申条；卷128，嘉靖十年七月戊午条；卷175，嘉靖十四年五月丁卯条；卷200，嘉靖十六年五月丁亥条；卷433，嘉靖三十五年三月丙子条；《明神宗实录》卷275，万历二十二年七月丙戌条；卷441，万历三十五年十二月癸未条；《明熹宗实录》卷83，天启七年四月丁酉条。

第四章　明代军饷管理

军与饷是明代军政体制中不可分割的一个整体："军"涉及兵部、五军都督府、卫所、官兵群体及个体；"饷"涉及财政，涉及户部、工部，是整个军队得以运转的经济保障。有军当有饷，无饷不成军，双方关系密不可分。军饷的管理、发放是一个复杂的运作体制，明代从中央到地方建立了一套相对完善的军饷管理制度。

第一节　军饷的管理机构

明代从中央到地方建立了一套比较完备的军饷管理机构（也称军事后勤管理机构）。各个机构之间分工明确，为明代官军提供了有力的经济保障。但机构的运作是以政治的清廉为前提的，及至明中后期，吏治腐败、政务废弛、冗不裁、官缺不补，导致包括军饷管理机构在内的整个行政体制的紊乱，致使军饷入不敷出，呈现出捉襟见肘的局面。

明王朝建立之初，仿效元朝，建立其统治机构。中央设中书省，置左、右丞相总理朝政；设大都督府，置大都督掌管军政；设御史台负责监察。洪武十三年（1380），"胡惟庸案"后，朱元璋开始对中央统治机构进行改革。废除丞相制，将丞相的权力分属于吏、户、礼、兵、刑、工六部；撤销大都督府，分设中、左、右、前、后五军都督府。这样，兵部与五军都督府共掌军事，构成了中央最高军事统御体系。

兵部为全国的最高军事机构，下设武选、职方、车驾、武库四个清吏司，每司设郎中一人、员外郎一人、主事二人，负责政务工作。与军饷管理有关的主要是武选、武库两司，通过掌控官军军籍等形式，间接地控制军饷支出。

户部掌管全国户口钱粮，是最高财务机构，下设十三清吏司，各清吏司除分管本省财务外，还兼管部分后勤机构的仓场、盐课、钞关事宜，以及部分卫所的禄俸、粮、饷事宜。凡与俸禄、粮饷有关的重要军事事务，十三清吏司都有涉及。

此外，十三清吏司还兼管与军饷有关的盐课、漕运等，"凡宗室、勋戚、文武官吏之廪禄，陕西司兼领之。北直隶府州卫所，福建司兼领之。南直隶府州卫所，四川司领之。天下盐课，山东司兼领之。关税，贵州司兼领之。漕运及临、德诸仓，云南司领之"①。凡在京文武官员俸禄的支取必须事前向户部提出申请，经磨算确认后，方准支领。"凡在京府部等衙门官吏俸给，对定人户，编给勘合，自行送纳其首领官吏俸给，该卫造册到部，定仓放支，年终通为稽考。"②正德十二年（1517），又规定，"在京各营卫关支月粮，先将查粮文册，分别旧管、新收、开除、实在造送本卫。该卫查算无差，方许造报，俱限前月二至五日以前送部（户部）以凭查考坐拨。若违限至二日以后，及册内姓名数目仍前不同者，经该官吏听户部参送法司究问"③。军饷的发放及查粮文册的上报必须在户部限定的时间内完成，如有差错听户部"参送法司究问"。

明代工部下辖营缮、虞衡、都水、屯田四清吏司。营缮司管理工匠，负责修造仓库、委积物料等事宜。虞衡司总掌军装、兵械等物品的制造。都水司总掌战船、战车的制造。屯田司总掌军马守镇处屯田事宜。此外，

① 万历《大明会典》卷14，《户部一·户部·十三司职掌》。
② 万历《大明会典》卷39，《户部二十六》。
③ 万历《大明会典》卷41，《户部二十八》。

隶属于工部的还有营缮所、皮作局、鞍辔局、军器局等后勤管理机构。

除以上三部外，由于马匹担负着重要的作战任务，马价银、马料、草等的发放常与官军俸粮掺杂在一起，与军事后勤关系密切。因此，太仆寺、行太仆寺也是本节讨论的内容之一。太仆寺总掌全国马政。同时，在山西、陕西、甘肃、辽东设行太仆寺，分掌各边卫所营堡马政。又在北直隶、辽东、平凉、甘肃设置苑马寺，各掌六监二十四苑马政。太仆寺设卿1人，从三品，少卿2人，正四品，寺卿掌牧马之政令，听命于兵部。少卿一人督畿马，一人督营马，一人佐寺事。一般说来，太仆寺最主要的功能，在于供给京营、边军战马。太仆寺等马政机关虽非直属兵部，但听从兵部调遣。

明代施行两京体制，在军饷管理体制方面南京同于北京，但其行使的权力却受到很大的限制，常根据北京兵、户等部的委托，实施对南京地区有关军饷事务的管理。

明承袭元制，在地方上设行中书省，置平章政事等总管一省之军、政、司法等政务。为强化中央集权，朱元璋大力调整地方行政体制。洪武九年下令改行中书省为承宣布政使司，另设提刑按察使司掌刑罚，都指挥使司掌军政事宜，并称"三司"。三司分掌行政、刑罚、军务，互不统属，直接对中央负责。

各省布政使司设置库大使、仓大使等后勤职务，杂造局、军器局、宝泉局、织染局等后勤管理机构。布政司之下的参政与参议，分守设置于省、府之间的道。各省城俱驻设督粮道，参政、参议除分守各道外，也负责分管粮储、屯田、清军、驿传、水利、抚民等事。①

都指挥使司设都指挥使1人（正二品）、都指挥同知2人（从二品）、都指挥佥事4人（正三品），其中都指挥使是都司的主官，统领全都司的

---

① 《明史》卷75，《职官志四·布政司》，第1838页。

事务。都指挥同知、都指挥佥事协助都指挥使工作，都司常以一人掌印，分理都司事务；一人分理练兵；一人为佥书，分理屯田之事；还有人处理巡捕、军器、漕运、军操、备御等军务。遇有战争，他们听从调遣，奉命出征。[①]另外，都司还下辖经历司、断事司、私狱司、仓库、草场等机构。经历司设经历1人（正六品），都事1人（正七品），负责公文案牍的收发与报送事务。断事司设断事1人（正六品），副断事1人（正七品），吏目1人，负责办理刑狱之事务。司狱司设司狱1人（从九品），负责关押和看守犯罪军人。仓库和草场各设大使和副大使1人，分掌仓库和草场等后勤事宜。

提刑按察使司，设按察使1人，正三品，副使无定员，正四品，佥事无定员，正五品。副使、佥事分道巡察兵备、驿传、水利、屯田等后勤事务。正统二年（1437），又增设理仓副使、佥事。后又增设专理屯田的佥事。各省均置驿传道或清军兼驿传道，由副使、佥事分司。

府一级单位有分理籍帐、军匠、驿递、马牧、仓库、沟防等事宜的专官。同知、通判分掌税粮、屯田、牧马等后勤事务。府设税课司、县设税课局。又有仓大使、库大使等管理仓储。各地递运所掌运转粮物，由地方政府管理，废置权归兵部。

总之，明代建立了较为完备的军饷管理机构。中央系统方面，兵、户、工三部及太仆寺等机构，构成了明代的中央军事后勤体系，凡有关军事后勤的政令及相文书，经这些机构处理后，上通下达，从而构成对全国后勤要务的管理。地方上，各省司下辖部门，各有专掌，职责明确，但又相互依存，相互制约，共同服务于皇权。

---

① 《明史》卷76，《职官五·都司》，第1872页。

第二节　军饷管理机构之间的协调

明代统军的基本编制单位是卫所，所以，各军饷管理机构之间的协调基本都是围绕卫所而展开的。明代卫所军士粮饷虽主要是由户部太仓银库提供，但兵、工等部门也都直接或间接地参与军饷筹集、发放、管理，并对明代军饷制度产生重大影响。

一、户部与军饷管理

户部掌管全国户口钱粮，是最高财务机构。明代国家财政大致分为中央、地方、宫廷三部分。中央的归各部、院、寺、库等部门管理，直接隶属户部管辖的是京、通二仓，也称太仓库。地方则由各布政司府州县自行管理，归地方支配使用。之所以把宫廷作为一类，主要是因为它在收支方面有自己独立的系统。如在折色银方面，它最大宗的收入是金花银及后来增加的买办银，额定岁收入在120万两以上，主要的支出是宫廷用度及数量不多的武官俸禄。本节主要是以户部及其所管辖的太仓库为限，论述户部对军饷的管理。

（一）直接发放官军粮饷

明前期，建立了军屯、民运、开中三位一体的军饷供给体制，但随着屯田、开中的废弛，民运的逋负，朝廷不得不从国库向各边拨发一定补助，谓之年例银。年例银在明初只有20多万两，到明末时已达1000多万两，成为明代国家财政的一大开支。不仅如此，募兵费用，包括招募费、安家费、月粮，出征行粮等也全部由户部太仓直接支付。

　　嘉靖年间，国家屡次从太仓拨款给募兵，保障了募兵饷银的供应。但随着明中后期募军数额的增多，招募费用的提高，户部太仓所承受的压力可想而知，军饷问题已经成为导致国库空虚的重要因素。隆庆三年（1569），靳学颜在讨论财政问题时谈及："其尤耗天下财者四兵，有边兵、有京兵、有留都兵、有腹内卫所兵，此四者坐食同，而缓急则异。其目曰见伍、曰招募、曰征调、曰清勾、曰充发。"[1] 后又添募标兵、家丁等兵种，名目繁多。无论归属哪一名目，计兵给饷乃是不变之准则。诚如万历年间，户部尚书杨俊民所言："然有额卫则有额兵，有额兵则有额饷，纵承平日久，额兵不无消耗，而额饷固自在也。当事者诚加意清勾，补足额兵，给以额饷，自足御患。纵地方武备单弱，然就近调集亦足以捍外卫内，又安可轻易增兵而难太仓以额外供哉？臣考嘉靖以前九边年例银止一百万有奇，而隆庆初年遂至二百八十余万矣，今查去年所发数至三百四十三万，比隆庆间又增六十余万矣。如蓟镇旧止六万七千有零，今至三十八万九千余两；密云旧止一万五千有零，今至三十九万四千余两；永平旧止二万九千有零，今至二十四万六千余两；宣府旧止五万一千，近至三十三万三千余两；大同旧止五万，近至四十二万四十余两；山西旧止一十一万，近至二十一万三千余两；延绥旧止十万，近至三十六万七千余两。"[2] 漫无底止的招募、调兵，增兵增饷，对户部太仓而言，实在是一个沉重的负担。而在这一过程中，朝廷与兵丁成为最大的受害者，朝廷疲于应付军饷，导致国库空虚，而兵丁饷银并不能得到切实保障，生活困苦。

（二）管理军饷的来源渠道

　　税粮是明代军饷的重要来源，户部在税粮转化为军饷的过程中发挥

---

① 《明通鉴》第5册，卷64，隆庆三年夏条。

② 《明经世文编》卷389，杨俊民：《边饷渐增供亿难继酌长策以图治安疏》。

了重要作用。赋税的征收直接关系到军饷的来源，明代十分重视对赋税收支的核查。在税粮的征收和运输过程中，主要是由户部户科通过盘查、磨算注销等形式对其进行管理。在钱粮的征收方面，"凡有司征收秋粮，南京户部照例刊印勘合，给付粮长将本区合征税粮，依期送纳。各该仓库填写实收数目奏缴其勘合，仍送本科（户科）注销"①。税粮征收后，其起运、存留情况户部也作了详细规定，并由户部十三清吏司负责审查。隆庆二年议准："各处起解粮，户部更定格眼文簿式样，发司府州县各一样二本，逐项完欠、解纳、批收各照格开填。此外，本部（户部）又用连四大纸，照依勘合挂号，印发各省并南北直隶府州，行令各州县，每年划为一十二格，有闰月者，又添一格。每格将一月内征完起解某项钱粮若干填注，用印钤盖。岁终，各省执赴布政司及管粮道，南北直隶赴各府，查比完欠分数，仍发收执。其各府以所属州县，各布政司以所属府州县，各多寡之数，计分格眼于一纸，每府州县各一格眼。每岁终，将查比过钱粮，各完欠分数，填注各格眼内，用印钤盖。仍照具由，呈部（户部）查考。"②

审核盐课收入也是户部的一项重要审计职责。"凡各盐运司、提举司合办盐课，年终具办完实数，造册奏缴，就差该吏赴科注销。"③洪武二十六年制定了对各盐运司和盐课提举司审核的办法。"凡天下办盐去处，每岁盐课各有定额，年终各该运司并盐课提举司，将周岁办过盐课出给印信通关，具本入递奏缴。户部委官于内府户科领出，立案附卷作数，及查照缴到通关内该办盐课，比对原额有亏，照数追理。"④弘治二年（1489），对不同地区盐务机构盐课账册送达的时间作出规定，"长芦、山

---

① 万历《大明会典》卷213，《六科》。
② 万历《大明会典》卷29，《户部十六》。
③ 万历《大明会典》卷213，《六科》。
④ 万历《大明会典》卷34，《户部二十一》。

东、河东运司于次年三月终；两淮、两浙运司于次年四月终；福建、广东、云南、四川运司、提举司于次年六月终，差吏亲赍奏缴"①。各地盐务机构"仍造青册二本，一本送户科注销，一本送本部（户部）查考。若有过期，并数目不清及虚出捏造者，查究问罪"②。

为解决边远地区驻军的粮饷供应问题，洪武三年实行"开中法"，即由官方利用掌握的食盐专卖权，动员商人输运米、麦、粟等到边塞，以解决边防军队的粮饷问题，守土固边。为使"开中法"真正起到充边实疆的作用，户部对此实行严格的稽查、审核。正统二年规定："各该中盐卫分造册一本，具客商名数径缴户部。其盐运司仍将该司额办盐数申报。每年终，支过引盐及客商姓名，另具总数，径申本部（户部）注销。"③即户部通过注销每年支过引盐和客商的数量，来进行稽查。景泰元年（1450）又规定："各商中到存积官盐，人到即支。其常股盐，每年依期将见在商人挨次，量高低场分，派搭封验引目，赴场关支。备将商名贯址、勘合字号，米盐数目，搭派场分，造册缴部。年终，仍将放过商名、盐数、类总造册，送部查照。"④除以上各项要造册上报外，每年年终还要"将放过商名、盐数，类总造册"上报，户部据以进行查照、审核。

漕运是赋役制度的一个重要组成部分，向来被认为是"国家大计"。旨在保证京畿地区官吏俸禄、军队供给及宫廷所需，"漕转东南粟，以给中都（指北京）官，又转粟于边以给（军）食"⑤。所以，明朝统治者无不视漕运为"朝廷血脉""治世之要务"。为此，户部设置了许多粮仓，统计漕粮收支。由户部侍郎或户部尚书本人亲自督理，负责管理北京及其

---

① 万历《大明会典》卷34，《户部二十一》。
② 万历《大明会典》卷34，《户部二十一》。
③ 万历《大明会典》卷34，《户部二十一》。
④ 万历《大明会典》卷34，《户部二十一》。
⑤ 《明经世文编》卷391，余有丁：《新建巡仓察院记》。

附近粮仓，"凡漕运钱粮，每年终，户部各司具手本，赴科注销"①。明代对内外仓储收放管理亦有明确的制度规定，据《诸司职掌》记载："凡天下设置仓廒，其在各该卫所常存二年粮斛，分为二十四廒，收贮以备支用。其在各司府州县各有仓廒收贮粮米，以给岁用，且如在京卫所仓粮，必须查勘见数，分豁某字廒原收某年，分秋粮米若干，本部攒造印信文册一本进赴内府，该科收贮。凡各卫支过月粮，本为具手本奏进与同。本部委官于原进册内注销，仍呈报本部知数。其在外仓廒，凡有勘合下仓放支，亦必禀请提调正官眼同支给，比候年终将支过数目同实在粮斛通行开报，以凭稽考。"②由此可知，中央仓廒、地方仓廒及各都司卫所仓廒等凡是收贮粮斛，必须"查勘见数，分豁某字廒，原收某年，分秋粮米若干"，且各项登记明白，然后上缴户部，再由户部攒造印信文册一本交呈内府。各卫所支过月粮，需以手本奏进。户部将委官在原来卫所上缴的收贮文册中进行"注销"，被委派的官员在办理完支放事宜后，仍需"呈报本部知数"。对于地方仓廒的放支运作，其勘合情况亦需"禀请提调正官眼同支给"，等到年终时，将该年所支数目同实在粮斛进行开报，"以凭稽考"。

户部对漕运的管理还体现在对漕运总兵官、督运参将及漕运都御史等所奏漕运事宜有，对漕运脚价、漕折事宜等有覆议权，对失职漕运官员具有参奏权。如成化五年（1469），户部会同各部都察院漕运总兵等官议行各处巡抚及漕运官所奏事宜；③成化二十三年，户部会各部都察院并漕运等官议上漕运等事宜；④正德十六年，户部覆议漕运总督陶琰等

---

① 万历《大明会典》卷213，《六科》。
② 《诸司职掌》卷1，《户部·仓库》。
③ 《明宪宗实录》卷71，成化五年九月乙酉条。
④ 《明孝宗实录》卷5，成化二十三年十月己丑条。

条奏漕政事宜。①嘉靖二年（1523），户部议处漕运脚价事宜。②万历元年（1573），户部奏密云、昌平二镇漕运未尽事宜；③总之，漕运的有关事宜，包括漕运使、总督的设置，漕粮的折征、加耗、脚价银的征收等有关漕运事务，户部都有权管理。④

在有关军饷收支的其他问题上，户部也有建言权。如万历元年五月，户部尚书王国光会同兵部议覆蓟昌经制，将所陈事宜详议款列于后：一议减遵化民壮，将裁减民壮银1.8万两解顺天府衙门转发蓟州道收贮以供军储；一议减山东民兵，将裁减马步民兵银5.6万两供蓟镇军储；一议诸将廪给，蓟镇总兵官及掾史仍旧关支于昌平，总兵官及掾史支于关税，其余副总兵以下一体改支军饷；一议革家丁名额，家丁大半虚数，实为积弊，以见在名数为额不许复加；一议月粮行粮额，各路月粮上半年本色，下半年折色；一议主兵调遣，客兵经过及总督抚镇巡边调操合用钱粮，发蓟、密二镇各1万两，永平8000两，昌平3000两有余；一议征发该镇民运银两，河南、山东共银42万两，山东改征民兵工食银5.6万两，俱改行征解太仓转发；一议通融，主客兵粮如有不足，即于各项内销算，不得额外支用；一议节省各镇钱粮，各镇钱粮原有正支，如有节余，管粮郎中应乘时平价备饷，"依期足数给军，以作士气，毋徒减克以为节省"。⑤

由此可知，从减汰民壮、民兵到议定额兵，从诸将廪给到家丁月粮，从议发粮草到主、客兵的调遣，从议发民运银两到节省各镇钱粮，凡涉及军事、军务方面事宜，户部官员都可提出相关建议。而且，如有其他

---

① 《明世宗实录》卷9，正德十六年十二月庚辰条。

② 《明世宗实录》卷31，嘉靖二年九月己巳条。

③ 《明神宗实录》卷18，万历元年十月己巳条。

④ 《明穆宗实录》卷24，隆庆二年九月乙丑条记："都察院言漕运钱粮原属户部主事催督专敕特遣事权未尝不重，且祖宗朝用之皆效，事在择人，在变法，今后请毋更差御史，以侵职掌，从之。"

⑤ 《明神宗实录》卷13，万历元年五月戊戌条。

部院机关对军储、军饷等事宜提出相关意见或建议，通常先交于户部覆议，再由户部上奏朝廷决定是否可行。如嘉靖三十一年，户部议覆给事中李幼滋上蓟镇军储事："改镇地方机冲，如昌平、密云，次顺义、良乡、房山应备钱粮当依次增补，其他内地不得援例多给。"[1]

二、兵部与军饷管理

兵部是明代最高军事机构。举凡军政事宜，皆由兵部直接下达至都司，再由都司转达至卫，然后再传达至所、千户、百户、总旗、小旗，至各统率军士。所以，兵部直接领导内、外卫所。兵部对军饷问题的管理主要通过以下几种途径：

（一）通过掌控卫所官军军籍而控制粮饷的发放

明代军籍，由兵部武库司负责掌管。洪武二十一年，令卫所造军户图籍，与军籍勘合，以覆实军队编制。原则上，这种军籍黄册，每十年大造黄册时修改一次。通常黄册也包括军籍黄册在内，里面详细记载卫所军士的相貌、财产、籍贯等。[2]兵部通过掌控军籍来核实各都司卫所官军数额。如宣德八年，因都司卫所旗军逃亡数多，且兵部勘合底簿稽查困难，行在兵部请定稽考勾军之令："盖故事，都司卫所军旗伍缺者，兵部预给勘合，从其自填，遣人取补，及所遣之人事已还卫，亦从自销，兵部更无稽考，以故官吏贪缘为弊，或移易本军籍贯，或妄取平民为军，勘合或给而不销，限期或过而不罪。致所遣官旗迁延在外娶妻生子，或取便还乡三二十年不回，原卫所者虽令所在官司执而罪之，然积弊已久，猝不能革。至是，行在兵部以为此皆失于考较所致。请令各卫所悉具原

---

① 《明世宗实录》卷385，嘉靖三十一年五月庚子条。

② 万历《大明会典》卷155，《兵部二十八·军政二·册单》，第8页。

填勘合，遣去之人籍贯、程期，及所取军士籍贯，类册报部。其续填勘合，遣去者于每岁之终类册报部。如之，其所遣官旗还卫，仍具所解之军，及无解之由，有无过期之罪，类册申报，庶几勘合出入有所稽考，而为弊过期者，得究治其罪。"[1] 可见，军籍管理制度的严密。

兵部则根据各都司卫所军籍逐一核查覆实，如有虚冒、缺额等不实行为，则通过处分军官或扣留军饷等形式予以制裁。如天启三年秋，因河南赴京班军丁不及十之三四，兵部要求四司官同日分头清点，逐一辨验。"查出中都留守司诸卫所不到军四千五百五十三名，应扣留银一万一千一百九十四两八钱。河南诸卫所不到军六百八十二名，应扣银八百八十八两口钱六分。山东诸卫所不到军口，扣留银二千九百一十五两二钱九分，以上共留银一万四千九百九十八两六钱五分，系勾军粮银，俟有勾到补班如期者，方准给补。"[2]

班军不到，理应扣解银两。但如果到班之人老弱病残，不堪任用，兵部则有权"退军"，并没收其应发月、行钱粮。据档案记载，"中都留守司退军二千八百三十三名，应扣银五千六百四十八两八钱。河南点退军六百七十九名，应扣银六百七十四两一钱二分。山东点退军七百九十七名，应扣银一千九百八十六两八钱五分。以上共扣银口千三百零九两七钱七分，系免勾粮银，径贮库以待作正支销者也"[3]。

（二）通过掌控卫所武官的选授、升调、袭替等事宜而控制军官俸饷

明代卫所武官自指挥使以下，大都世袭。武官的选授、升调、袭替、功赏之事都由兵部武选司负责。武选需三大要素：一是应选者的从军履

---

① 《明宣宗实录》卷99，宣德八年二月庚戌条。

② 《档案》第4册，《为河南诸卫所勾补班军事宜》(首尾缺)。

③ 《档案》第4册，第351条，《南京江西道试御史冯来聘为陈边将宜储等事题本》。

历，二是收掌于内府的内、外贴黄，三是兵部依据武选结果撰成的武职选簿。对于武官捐纳授职之事仍需移咨兵部，由兵部审核、定夺，决定其职位的升迁与否，从而增减其俸禄。

凡官军升赏，由兵部根据其战时表现，拟制升赏格，然后交由户部委官处磨算、给发，兵部拟定升赏标准是进行升赏的前提。如嘉靖三十五年，兵部奉旨覆议九卿科道条陈御倭事宜时曾谈到升赏话题。明赏罚，以军中功次分为五等，一论首级，二论奇功，三分信地，四计职任，五行抚谕。在首级论中，兵部规定：凡军民临阵擒斩有名贼1人者升授三级，不愿升，赏银150两；获真倭从贼1人及阵亡者，升授一级，不愿升，赏银50两，获汉人协从贼1人，升授署一级，不愿升，赏银20两；在计职任中规定，武将自守备以下，文官自海防同知以下，所将卒500擒斩5人升一级，10人加一级；所将卒1000，每5人升署一级，10人实授一级，各以例递升，至三级而止。[①]

除了规定官军升赏标准外，兵部还有权对升赏事例中冒滥行为清点审核。如《明穆宗实录》记载，因各边将士立有战功，往往勘覆稽迟，升赏不足，于是令都察院行文各该巡按御史，将嘉靖四十五年十二月二十六日以前未勘报功次者，限制在三个月以内勘覆，并规定"今后凡有查勘俱不许出三个月，都察院置簿一扇，将发行勘合日期登记查考，如有迟缓，即行参论"。[②]对于奸民冒认锦衣卫舍丁及阵亡军人子侄等亲属滥升官职者，或一人数处立功，一时两三处立功者，兵部均有权查办参奏。

（三）直接发放卫所军士粮饷

兵部直接发放军士粮饷主要是通过召买、安家、犒赏等途径实现的。

[①] 《明世宗实录》卷433，嘉靖三十五年三月丙子条。

[②] 《明穆宗实录》卷1，嘉靖四十五年十二月壬子条。

正所谓，"行粮、月粮、盐菜、草料、赡家、属之户部，安家、买马、赏功属之兵部"①，"安家衣装，兵部事也"②，随着卫所世兵制的逐渐衰败，正统二年"始募所在军余、民壮愿自效者"③，开始实行募兵制。陕西募得4200人，每人给布2匹、月粮4斗。但总的来说，土木之变之前，募兵不多，费用有限，且以实物为主。土木之变后，北方战事频繁，九边一线多次全线召募。为鼓励军余、民壮积极应募，一方面增加募兵费用，另一方面由兵部直接给发安家银。隆庆年间，募南兵戍蓟镇，"人五两以给其家，不给行粮"④。万历末，浙中募兵"每人安家三两，行粮二两"⑤。至天启年间，已是"募皆十两"⑥。有的甚至以"二十金为率"⑦。这些费用大多来自兵部财政。

除募兵安家银外，在明后期，兵部还负责部分月粮开支。月粮支付本属户部之职，即所谓"主客、主军、本折、刍粮则隶户部"⑧。但不知缘何，后来却有了"月粮户七兵三之例"⑨。"户七兵三"之例，本是为了修筑军事防御工事，户、兵二部协议出资之比例，⑩但后来，不知何时其适用范围逐渐扩大，涉及军夫口粮、募军、优抚银、浙江水陆兵等方面。如万历二十三年，总督孙矿等核查，南兵阵亡、病故数多，困苦可怜，户部题，照例"户七兵三移札仓场管理银库主司，如数补给，以示优恤"⑪。按"户七兵三"之例补给阵亡、病故南兵，以示优抚。

① 《筹辽硕画》卷38，《钦差募兵科道曾汝等题为奉旨募兵事》。

② 《度支奏议》堂稿卷17，《议抵浙省经费疏》。

③ 《明史》卷91，《兵部三·民壮》，第2249页。

④ 《明穆宗实录》卷60，隆庆五年八月戊午条。

⑤ 《明光宗实录》卷6，泰昌元年八月辛酉条。

⑥ 《明熹宗实录》卷8，天启元年八月辛巳条。

⑦ 《明经世文编》卷489，徐光启：《兵事百不相应疏》。

⑧ 《明穆宗实录》卷10，隆庆元年七月乙未条。

⑨ 《筹辽硕画》卷20，《户部尚书李汝华题为招兵愈众措饷愈艰》。

⑩ 《明穆宗实录》卷10，隆庆元年七月乙未条。

⑪ 《明神宗实录》卷281，万历二十三年正月丙申条。

但这种户、兵二部按比例支付军士粮饷之例，并没有坚持多久，至万历二十七年就已经停止。当时后金南下辽东，督臣李化龙议调延绥、甘肃、固原、浙江、山东、云南等各处兵马，而为此需发粮饷150余万两，"半欲取之帑库，半欲取之中都、南直、闽广等处。顾帑藏所贮几何，且东请西发，日不暇给，乌可执以为常，况户七兵三之例已经停止，臣等前疏已明言之。乞敕户部从长酌处，臣部毋与冯，上命调兵，如议协助饷银，二部屡次互执，恐误军需，其会同都察院虚心定议以闻"①。由此可见，万历二十七年"户七兵三"发放军士粮饷之例已经废止。万历后期，户部尚书李汝华，在上疏中再次提及"户七兵三"之例，并要求以此例处理兵、户二部分饷问题。②崇祯年间，户部尚书毕自严多次谈到以"户七兵三"之例解决军士粮饷问题。③

总之，兵部不仅通过掌控军士军籍，官军的武选、升调、袭替等形式来控制官军俸粮的发放，还直接负责调遣士兵的安家、犒赏等费用。隆庆元年以后，还通过"户七兵三"等形式直接发放军士粮饷。不仅如此，在征讨中途，有关奏报军情、调动军粮补给等，也常有兵部职方司负责，即所谓"征讨请命将出帅，悬赏罚，调兵食，纪功过，以黜陟之"④。

三、工部与军饷管理

明代工部职权范围有所增大，主要表现在财政上取得了部分参与决

---

① 《明神宗实录》卷341，万历二十七年十一月戊申条。

② 《筹辽硕画》卷20，《招兵愈众措饷愈艰乞圣明俯留捐助及粜谷等项银两以供军马急需事》。

③ 参见《度支奏议》新饷司卷1，《请令兵部措发辽东犒赏疏》；新饷司卷10，《覆边工犒赏盐粮规则疏》；新饷司卷12，《覆蓟镇督抚会议班军盐菜工犒疏》。

④ 《明史》卷72，《职官志一》，第1753页。

策、管理的权力，这是明代工部不同于前代的重要特征。①明代工部掌天下百工、山泽之政令。凡天下宫殿营建、陵寝、城郭、祠庙、仓库、府第、山泽、陶瓷瓦罐、军需器械、桥梁、河道、漕运、屯田、抽分、调役等差役皆属工部职掌。而卫所与工部之间的关系主要体现在以下几个方面：

（一）工部直接发放粮饷

明代中央各部、院、寺等都拥有一定的征收赋税权，并且都有自己相对独立的金库。工部所需的物资大都与军事工程有关，如军事器材、设备、防御工程、城池修建等，每年工部都会根据预算将该年所需工程、军需器械等所需物资按一定比例分派到地方各府州县，由地方统一办理，对各府州县每年应缴纳工部物资数目都以定额形式固定下来，然后汇总解往工部。②此外，从全国各地起运来的税粮，除缴纳户部太仓、内库及各运河中转仓等仓库贮存外，还有部分税粮交付工部节慎库。工部仓库以节慎库为主，主要贮藏用于营建的矿料，偶尔也用于发放军士粮饷。

由于工部负责营缮、典经营兴作之事，一项土木营建，都需要大量的军士进行人力支持。一般是根据当时情况，先由工部自备材料，根据工程的大小、交付期限，招募军民人匠等役，如有不足，再请求拨给卫所军士，以使工程顺利进行。如洪熙元年（1425），行在工部上奏说："北京城垣东、西、北三间，面有倾颓，城楼更铺，亦多摧敝，请本部具材，行后府发军修治。"③参加修治军士口粮由工部支付。如宣德七年（1432），"命行在工部，凡所役神机营五府各卫缮工旗军，人月加给米一斗，钞四锭"④，行在工部给各卫缮工旗军增加口粮。

---

① 参见黄仁宇《十六世纪明代中国之财政与税收》，第28页。
② 参见《大明会典》卷181，《工部一·营造一》。
③ 《明宣宗实录》卷9，洪熙元年九月丙辰条。
④ 《明宣宗实录》卷93，宣德七年七月戊午条。

对工部发放修治军士口粮一说，也存在异议。如嘉靖十九年五月，工部尚书蒋瑶等奏："节年营建，兵部拨军，户部支粮，工部止于办料。迩年以军数不足，议令工部雇夫津助，亦一时权宜，本非令甲，奈何相沿不变。今内外工程共享银六百三十四万七千八百九十余两，中间匠料大约四百二十余万，其余尽系雇夫运价之数，今帑银告匮，而来者不继，事例久悬，而纳者渐稀，各处兴工无可支给。"①由此可知，以前营建事宜是兵、户、工三者协作，兵部负责拨军助役，户部负责支给粮饷，工部止负责办理工料，没有提及工部需要负担调拨军士口粮。而现在，因军数不足，令工部雇佣民夫助工，仅雇金就占工程花费的1/3强，这部分费用，显然是由工部负责的。致使工部帑银告匮，请求借户部通惠河脚价银及兵部太仆寺马价银。换而言之，以前工部负担较轻，仅限于工程物资，而不涉及应役军士口粮。

工部负责助工军士口粮的具体时间不详，但至少宣德年间曾有过这样的记载。后因战争频繁，粮饷吃紧，屡次奏请发工部节慎库银助饷。如嘉靖三十七年，"发工部节慎库银十八万两借充各边军饷"②。万历四十七年，"命工部发银十万两接济辽饷"③。天启六年，"以关门修筑城垣，命工部发银一万一百六十七两为犒赏主客兵之用"④。

除直接发饷外，工部还屡次借银给户部以充边军粮饷。如嘉靖四十年，"借发工部银十三万"以充昌（平）、蓟（州）二镇主客军储。⑤万历四十四年，户部以边饷告急"借工部银二十万"。⑥可见，到了后来，随着战事吃紧，国库愈加空虚，动员一切力量应付饷事已是必然，工部发饷

---

① 《明世宗实录》卷238，嘉靖十九年六月丙戌条。

② 《明世宗实录》卷464，嘉靖三十七年九月辛巳条。

③ 《明神宗实录》卷579，万历四十七年二月乙亥条。

④ 《明熹宗实录》卷76，天启六年九月戊子条。

⑤ 《明世宗实录》卷501，嘉靖四十年九月乙巳条。

⑥ 《明神宗实录》卷550，万历四十四年十月丙辰条。

也在所难免。

（二）工部与军需

除直接发放军士粮饷外，工部还掌管军士战袍、胖袄、靴等军装，掌理卫所屯种、农具、耕牛等相关事宜。明承元制，在发放军士月粮的同时，要求军户为军士提供"军装盘缠"，作为生活补贴及月粮的补充。但由于缺少有效的统筹规划，加之卫所军士调动频繁，给军户供装带来了诸多不便。为此，明政府在加强对军户供装管理与监督的同时，大力推行工部供装。

早在洪武时期，明太祖就多次下诏令工部供给军士战衣。如洪武三年五月，命工部制皮靴给北征军士；[①] 洪武四年三月，命工部置战袄给征蜀军士；[②] 洪武五年七月，命工部运文绮及绵战袄赐给徐达征北军士；[③] 洪武七年八月，工部遣官运皮袄六千，战袄、棉裤各二万给北平军士。[④] 洪武十七年正月，命工部以战衣九万给云南将士。[⑤] 可见，工部供装早有先例。

永乐时期，明太宗屡次命令工部造狐帽毛袄给备边军士。[⑥] 宣德时期，因北边气候恶劣，行在工部多次奉圣谕运送狐帽、皮裘、胖袄、裤、鞋等衣物给御边军士。[⑦] 如不能按时足额完成，则依法处置。宣德六年九月，因顺天府广备库所收预备赏赐军士胖袄裤鞋亏欠11788件，行在工部奏请

---

① 《明太祖实录》卷52，洪武三年五月壬辰条。

② 《明太祖实录》卷62，洪武四年三月丁酉条。

③ 《明太祖实录》卷75，洪武五年七月壬戌条。

④ 《明太祖实录》卷92，洪武七年八月戊戌条。

⑤ 《明太祖实录》卷159，洪武十七年正月癸丑条。

⑥ 《明太宗实录》卷241，永乐十九年九月壬申条。

⑦ 参见《明宣宗实录》卷11，洪熙元年十一月丙申条；卷22，宣德元年冬十月丙戌条；卷46，宣德三年八月丁酉条；卷69，宣德五年八月辛未条；卷82，宣德六年八月辛亥条；卷84，宣德六年十一月丙子条；卷107，宣德八年十一月丙申条。

究治，明宣宗曰："此其奸毙非小，命付刑部治之。"①

随着田赋折银的施行，军士胖袄、裤、鞋等衣物也开始折征，但折征地区与折征比例由工部视情况而定。如天顺三年（1459），因内库所贮胖袄鞋裤数少，赏赐恐有不足。所以，工部奏请"命浙江等布政司，并应天、直隶、苏州、广德等府州明年夏秋税粮折收布花，成造五十余万输送京师"②。弘治年间，军士衣装等折征比例变化频繁。如弘治四年，巡按直隶监察御史张琏等言，朝廷念大同、宣府边军之苦，每三年一赐衣鞋。但民间所制长短阔狭，不能各称其身，况贮库日久易于敝坏，"请令江南州县量征价银以待给赐，听其自制。庶边军得蒙实惠，而民间亦免转输之费"。事下，工部以为可行。于是规定，浙江等处布政司、南北直隶所属府州，以及辽东、永平、山海等地方，自弘治五年至九年，每衣袄一副征银一两五钱。"惟甘凉、宁夏、榆林三边例应陕西岁办，并抽分皮张成造，则仍其旧。"③也有一些地区，因折银比例太重，致使军士衣装难继，要求调高实物比例。如弘治九年，因各处岁办皮张折收银两给散边军比例偏重，致使库藏衣鞋仅有30余万件，不足以给赏。工部奏请协调折征比例，移文浙江、江西、山西、河南、山东、湖广等布政司，以及顺天等府州县，"自明年为始，每五年，惟麂皮狐皮如旧征解，余照原定则例折造衣鞋"④。除供军士衣装外，工部还负责屯种、农具等有关屯田事宜。由于与本节内容关联不大，故不赘述。

四、户、兵、工三部与军饷管理

就明代军饷而言，主要是由户部、兵部、工部三部门负责。明代卫

① 《明宣宗实录》卷83，宣德六年九月乙酉条。

② 《明英宗实录》卷302，天顺三年夏四月乙丑条。

③ 《明孝宗实录》卷49，弘治四年三月己卯条。

④ 《明孝宗实录》卷109，弘治九年二月丁卯条。

所军士隶属于兵部，军籍的管理，军官的升调、武选、袭替等都由兵部掌管。而军士月粮、行粮，军官的俸禄、赏赐等费用大都由户部太仓承担。而工部则负责提供包括胖袄、战袍、军鞋等在内的军用物资。三部门之间相互协调，共同服务于皇权，但又出于各自的利益而互相推诿，产生分歧，以致阻碍军饷体制的正常运转。

（一）计议

军饷之事，户部主饷、兵部主兵，计饷必先核兵。兵与饷原非二事，主兵主饷理当同心。所以，对户、兵二部而言，有关军士钱粮边报事宜，"会同计议"，核查军额，督理粮饷，覆实支出实属必要。户部与兵部在军饷运作上，一般包括以下几个环节：

1.查覆军额

核实军额是户部的主要职责之一。核实军额主要包括清查逃故军士，核实军马等项。万历十七年（1589），户部覆陕西三边总督郜光先疏内清查冒破一款中提到，"有逃故军丁，截日申报开除，不得朦胧冒支月粮"[①]，清查军额还包括审核历年支销卷册，查原额兵马若干，今实在若干，原额所费主客兵钱粮若干，今增若干。如万历十五年，户部覆陕西道御史孙旬疏内谈道："国家财用费于边镇，而生民命脉困于诛求。议行各该御史，取各镇历年支销卷册，查原额兵马若干，今实在若干，原额主客兵钱粮若干，今增若干。昔丑虏匪茹以原额之数，未闻加少。今边境宁谧以岁增之数，犹称不足。至于市卖之布帛、修筑之工费、家丁之双粮，有无冒虚，查明奏报。其各被灾地方，合行申饬，招集流移，开垦地利，一切横敛冗费，滥词淫刑悉行禁革，使赈者无事虚文，蠲者务沾实惠。"[②]由此可知，户部查覆军额的目的在于考察军饷支出或预支出之

---

① 《明神宗实录》卷208，万历十七年二月甲辰条。

② 《明神宗实录》卷191，万历十五年冬十月戊寅条。

数，根据财政收入的实际情况作出适当的调整。

2.查复兵饷文册

全国各都司卫所军饷收支都有多本清单账册，登载诸项收支，以备诸司核查稽考。正统十年，户部右侍郎焦宏上奏说："通州等五卫每岁冬衣布花，皆各卫与本部委官收放，文卷无印信，不便。请设官专理，庶出纳分明。上从之，命设通济库，置官将印记，隶通州管辖。"①由于通州卫所军饷在收支过程中存在严重的漏洞，故户部尚书焦宏提出要完善卫所军饷的收放程序，以确保军饷收支畅通。

各边镇军饷收放文册，都需定期缴纳各部，以便复核稽考。万历四年，"户部以各都司卫所应关布花钞锭，令各造册赴各库关回给散。如有事故，及操备不到并逃回等项，俱扣除还官。仍将给赏、扣除过数目，就所在、或郎中、或巡抚、或都司、或本卫类册奏缴。"②由此可知，各都司卫所所关布花钞锭等物，都需要一一造册赴指定仓库关给，并将事故、操备不到、逃亡等项俱详加记载扣除，然后逐级上缴，以便复核稽查。对于主、客兵之粮饷，一般都是分别造册。嘉靖四十五年"定经制"之后，各镇边军数有定额，饷有常支。而客兵原本是为备不时之需，军无常数，饷无定额，所以，客兵军饷储备经常是此处不足，而彼处盈余。为解决此问题，以有余补不足，"自万历二十六年为始，即查镇属各路，年例粮料每年应买主兵若干，客兵若干，各登簿籍另贮仓廒，遇有支放，不论主客止查入廒先后为序。盖以客兵无用之积，为主兵有用之支，而即以主兵支余之粮为客兵预备之数，及查盘之日止查实在，亦不必更分主客，则既无数年不支之粮，又免二项重支之费"③。由此可知，凡涉及粮草军饷等事务上，无论采取何种收支方式，务必都要明白开写，以便户、

① 《明英宗实录》卷133，正统十年九月己亥条。

② 《明神宗实录》卷50，万历四年五月辛丑条。

③ 《明神宗实录》卷324，万历二十六年甲辰条。

兵、工三部稽查。

复核边镇粮饷的目的一是防止虚报军马、冒支钱粮，另一个重要目的是预算下一年各镇所需。所以，边镇军饷一应收支皆需登记在册，年终申报户部，户部复核该镇该年开销平衡与否。万历二年，户部题万历元年年终各边督抚官类造钱粮揭帖进览，"蓟、永、密、昌、辽东等镇支放与上年相当"①，对前一年各镇所需有一个会计，而后再以各镇的现存军饷情况斟酌该年的所需饷额。如万历六年正月，户部题："各边镇年例银两必待各督抚奏到题发，必致延缓误事。今将万历六年合用主客兵钱粮，宣、大、山西、辽东、延宁、甘肃、易州等镇照经制旧数。蓟、永、密、昌等镇照近定新数，各先行量发一半。内将应发宣府客兵银内拨一万五千两，径解大同，以备前项标兵支用，仍移各总督仓场、太仓衙门，将库贮折粮银内动支给发，以备本年主客兵本折之用，待后各该督抚奏到之日，酌粮扣抵。"②由此可知，户部复核各边镇军饷文册的主旨，在于预算下年所需军饷，只有明确各镇上一年军饷收支状况，才能做好本年的军饷工作。因此，万历五年各镇军费收支汇报文册尚未呈缴时，为了不影响军需，户部只得采取权宜之计，部分边镇"照经制旧数"发放，部分边镇"照近定新数"，"各先行量发一半"，待各边督抚奏呈进时，"酌量扣抵"。而万历五年的各镇军饷文册至六月就已宣告完成，因此，该年六月，户部将各边所需军饷奏报明神宗："万历五年各边钱粮，今当类造揭帖进览。据各巡抚等官奏报，实在各数目查算明白，随本进呈，以便御览。……蓟镇实在粮二千一万一百三十二石一斗，料九万九千七百四十六石二斗七升，烧口炒九十八石四升，草一百六十八万四千九百八十一束，银三万一千八百八十两九钱二分。查得本年实在比上年多草一十八万四千五百五十余束，银七千四百一十余两。少粮五万八千二百余石，料一万三千八百六十余

① 《明神宗实录》卷24，万历二年四月壬戌条。

② 《明神宗实录》卷71，万历六年正月丁丑条。

石。……"①至此，户部根据各边督抚官所呈的各边万历五年所费军需的开支文册揭帖统计各边开支实际支出数额后，类编造册奏报明神宗。从万历六年户部对各边镇的军费所需开支文册内，就可以很快明晰万历五年各边镇的军饷开支状况。

如发现军饷文册可疑，户部有权给以驳斥，并根据实际情况作出相应的调整。如万历三年正月，先是户部驳查陕西三边兵饷文册，总督三边右都御史石茂华称，因会计时间紧迫，致使少报军士1万余人，马骡500余匹，将领文职官吏杂役450余名。同时，又称因民屯拖欠，盐引亏损，挪借款未还，军马增加，乞求补发万历二年所欠银121400余两。户部参驳，"以为各镇虚开军马，冀添钱粮为弊已久，岂肯报少？民屯拖欠宜善设法征催，盐引亏损宜照时估中纳，若一岁骡增至十二万余，各镇口实，虽尽内帑其何以支无？以该镇燃眉则量拨四万，另行酌议，以图画一"。接到户部奏报后，明神宗命巡按御史着实查勘，"仍许发银四万，接济该镇"②。但是户部以"各镇虚开军马，冀添钱粮为弊已久"为由，认为陕西三边兵饷文册不可能少报军马。同时，又担心一镇钱粮骤然增至12万余两，恐他镇效仿。最后采取折中的办法，一边命巡按御史实力查勘，一边发银4万两以解燃眉之急。

3.检查粮米质量

检查军需粮米质量本属户部之职，为确保军士用粮安全，兵部也不时派郎中等人分督此事。如成化元年（1465），明宪宗以征南军士两京及江西、湖广共调万余人，费饷浩繁，非督饷郎中所能分理。于是，命户部右侍郎薛远整饬两广军饷，当士兵部拟委郎中二人分督两广，协助分理粮饷事宜。③兵部郎中主要负责督饷，军士粮饷质量也是其督理的重要

---

① 《明神宗实录》卷76，万历六年六月甲午条。
② 《明神宗实录》卷34，万历三年正月庚申条。
③ 《明宪宗实录》卷13，成化元年正月庚午条。

内容。如发现军粮掺有沙粒、霉烂变质等现象，兵部官员也有权奏报。如万历十七年，南京兵部吴文华、户科给事中吴之鹏、御史黄仁荣各疏言，官攒军斗为奸，粮多掺和浥烂，军士几近哗变。户、兵、工三部对此事分别做出回应：户部覆议"将粮米逐一验看，果有浥烂掺和者，即行筛扬；地势低洼者，厚加铺垫，其朋比为奸者究遣。各卫所支粮如不堪食，许亲管官赴部告理"；兵部覆请"照营规什伍之法，每遇放粮之期，递相钤制，军士喧哗，管官什伍并罪"；工部覆"天策诸仓地势洼下者，宜改建；有沟渠湮塞者，宜疏浚"①。针对军粮质量问题，三部分别提出了具体的处理意见。

4.协商制定军士月粮

《大明会典》卷41《经费二·月粮》详细地记载了明代不同兵种，不同等级军士月粮数额、月粮支取程序，但没有提及军士月粮制订的依据及制定程序。按常理推测，军士月粮的制订应根据当时的经济状况与当地居民的消费状况，由户部与兵部协商制定。因为户部"掌钱谷者也，按尺伍之籍而与之粮"，兵部"掌军旅者也，据逃亡之数而为之清"②。根据兵部所统兵之多少，结合当时居民的生活标准，制定军士月粮，户部按籍给粮。如宣德十年，大同边军月粮，有妻小者6斗，无者5斗，别卫调至操备者给行粮4斗，总兵官都督方政以粮饷不足养赡为由，请求增给。于是，"有妻小者八斗，无者六斗，调至操备者五斗"③。由此条记载至少可以看出军士月粮的更改程序，兵部上奏请求增减，明宣宗命户、兵二部协商执行，兵部与户部之间的合作不言而喻。

还有一个正面的例子，可以更好地证明兵部与户部之间在制订军士月粮方面的协作。崇祯二年（1629），军情紧急，招募频繁，十二月三日、

① 《明神宗实录》卷209，万历十七年三月乙卯条。
② 《明穆宗实录》卷45，隆庆四年五月乙酉条。
③ 《明宣宗实录》卷7，宣德十年七月丁亥条。

七日、十日，接连三次招募新兵，军饷支给混乱。各兵月饷数额，兵部及募兵官员俱没有应支确数，无所适从。于是，户部尚书毕自严上奏《募兵已有次第月饷宜衷画一疏》，建议募兵按等级发饷："臣念不着为定规，未免有异同之口，不按之旧例无以为画一之规。"经查天启二年，为镇压叛乱，阳武侯奉旨招兵："臣（户部）部与兵部兵科议定，上等一两八钱，中等一两五钱，下等一两二钱，每马一匹给草料银九钱，备载在案，可覆视也。"而此番招募，遴选必精，且"御寇如救焚拯溺，与往日之声讨亦觉不同"，下等可以不设，只照上等、中等例，"凡新兵一营，或上等居三分之一中等居三分之二，或上中等各平，兵宁精而毋滥，饷宁厚而毋薄。上等月饷比照关宁之例每名一两八钱，内给折色银一两三钱五分，本色米四斗五升作银四钱五分；中等月饷每名一两五钱，内给折色银一两五分，本色米四斗五升作银四钱五分；马一匹照例支银九钱。辽东兵马给饷既厚，附近征调并无行粮，今各处援兵四集每日俱给三分，则新兵出城征剿亦难异同似，当比例亦给三分，但口粮米不必重支耳。料草如支本色则每日扣除三分……"[1]事下，崇祯帝命"户部与兵部面商具奏"，"臣部（户部）转咨兵部申饬各该营伍遵奉施行"。由此疏可以看出，天启、崇祯年间所招募的新兵，其月饷的制订与支发均是户部与兵部根据当时实际情况，结合战争性质，共同协商制订。

5.共担经费

户部与兵部在经费方面的合作主要体现在防御工程的开支上。为抵抗鞑靼势力南下，明政府多次修筑城墙，筑城固守。成化年间，余子俊大规模地修筑长城。明中叶后，杨一清等议修筑延绥城墙，结果花去数万两白银，仅修成40里而止。[2]王琼在宁夏自横城筑城至定边营，长300

---

① 《度支奏议》堂稿卷9，《募兵已有次第月饷宜衷画一疏》。

② 《明史》卷198，《杨一清传》。

余里。^①翁万达修筑宣府和大同二镇的城墙共长八百里，加上斩崖削坡和建造城堡等，共费银60余万两。^②总督陕西三边的曾铣，与延绥、宁夏的巡抚，计划在定边营和黄浦川之间，分三段营建总长1500余里的城墙，估计费银数十万两，但明世宗仅批准20万两。^③这一系列的防御工事，所费银两不菲。

修筑城堡本为兵部职掌，非户部之责，其费用由太仆寺马价银来支付。嘉靖时期，据户部臣称："本部（户部）钱粮原无修边事例，修边系兵部职掌，当以太仆寺马价给之。"^④但实际上，至少嘉靖年间所修筑城堡的费用，往往奏请户部发太仓银接济。^⑤如嘉靖二十五年，宣、大间增筑城墙，预算费用29万两，其中户部发太仓银20万两，而兵部仅发太仆寺银9万两，其比例大约是户二兵一。^⑥嘉靖二十六年，大同修筑边墙，预算工费银21万两有奇，户、兵二部会议，由户部发太仓银7万余两，兵部发太仆寺马价银14万两，其比例约为户一兵二。^⑦嘉靖二十七年，密云修筑边城及墩台，太仓银库银和太仆寺马价银各出2万两，比例是户兵对半。^⑧嘉靖三十二年，营建京师外城，估计费银60万两，其中户部负担24

① 《明世宗实录》卷138，嘉靖二十五年十二月庚子条。

② 《明世宗实录》卷323，嘉靖二十六年五月戊寅条。

③ 《明世宗实录》卷318，嘉靖二十五年十二月庚子条。

④ 《明世宗实录》卷321，嘉靖二十六年三月甲寅条。

⑤ 大同修筑城堡与边墙费用，参见《明世宗实录》卷283，嘉靖二十三年二月甲申条；卷322，嘉靖二十六年四月甲午条；卷426，嘉靖三十四年九月丁未条；延绥增设营堡费用，参见《明世宗实录》卷290，嘉靖二十三年九月己巳条；大同至宣府修边，参见《明世宗实录》卷308，嘉靖二十五年二月己丑条；辽东修边，参见《明世宗实录》卷310，嘉靖二十五年四月庚子条；密云修边，参见《明世宗实录》卷334，嘉靖二十七年三月甲申条；宣府造城墙，参见《明世宗实录》卷347，嘉靖二十八年四月己未条；卷372，嘉靖三十年四月庚午条；山海关修筑城墙，参见《明世宗实录》卷369，嘉靖三十年正月戊戌条；营建京师外城，参见《明世宗实录》卷396，嘉靖三十二年闰三月丙辰条。

⑥ 《明世宗实录》卷308，嘉靖二十五年二月己丑条。

⑦ 《明世宗实录》卷322，嘉靖二十六年四月甲午条。

⑧ 《明世宗实录》卷334，嘉靖二十七年三月甲申条。

万两，兵、工两部各负担18万两，比例是户四兵三工三。[①]嘉靖三十三年，重新制定防御工事的费用分担比例，规定户部负责75%，兵部负责25%，即户三兵一。嘉靖三十七年十二月，杨博在大同建筑边墙，即按照户三兵一的比例，太仓出银15.5万两，太仆寺出银3.5万两。[②]但此后，户、兵二部因为防御工事费用问题屡次上疏，互相推诿，延误工期。至此，隆庆元年七月制定"户七兵三"之例，永为定制。"先是宣大总督王之诰、宣府巡抚冀炼以修理南山工费为请，而户兵二部互相推诿，莫任其事，疏白之，乃命户兵二部，会同科道定议费所宜出。于是，户部左侍郎徐养正、兵部尚书郭干、户科都给事中李科、都给事中欧阳一敬等议言，主、客、主军、本折、刍饷则隶户部。募兵及本折、马匹隶兵部，赏功则隶礼部，业有专任矣。惟修边一节，往岁皆各镇自办，后以功大，始开请乞之端。而户兵二部当事之臣，因为酌量调停之术，马价有余则兵部多发，马价不足则户部多发，盖以二部事本相关，义当共济云耳。行之既久，在兵部则惟恐马价之无余，在户部则惟恐帑藏之不充，持议纷纭。迄无定说，自今以后凡各镇以此请者，以十分为率，户部给十分之七，兵部给十三，永为定例。"[③]自此以后，在防御工程经费比例上，户七兵三成为定制，直至明末。

除防御工事，户、兵二部还协议共担抚夷银[④]、犒赏银[⑤]等。由此可知，凡涉及军费支出，户、兵、工三部既有明确分工，又须在部分事务上相互协商。

[①] 《明世宗实录》卷396，嘉靖三十二年闰三月丙辰条。

[②] 《明世宗实录》卷467，嘉靖三十七年十二月甲子条。

[③] 《明穆宗实录》卷10，隆庆元年七月乙未条。

[④] 《明神宗实录》卷71，万历六年正月己卯条。"户部覆议处抚夷买马钱粮，每年旧额户兵二部发银一万二千六百两，户部该七千两外，量加银八千两，兵部该五千六百外，量加七千两，共一万二千六百两，合前通共二万七千六百两，以充抚夷支用。"

[⑤] 《度支奏议》新饷司卷1，《请令兵部措发辽东犒赏疏》；《明神宗实录》卷159，万历十三年三月戊寅条。"蓟辽总督张佳胤等奏，蓟昌两镇修边工价四万二千一百两有奇，犒恤银三万一千五百两有奇，户七兵三例也，又以桥工巨赏格宜厚，有功各役请升实级，从之。"

（二）推诿掣肘

户、兵、工三部在军饷问题上有相互合作的需要，但由于各部门都有自己相对独立的预算，为了各自部门的利益，分饷、推诿之事时有发生。

户、兵、工三部本来都各有收入来源。户部太仓银库，最初只是收贮直隶苏州、常州等府解送户部的草价银，以及各处都转运盐使司和盐课提举司因变卖缉获私盐、车、船所得银两。后来各省直的派剩麦、米折银，内府十库的绵、丝、绢、布及各处起运的马草、盐课、关税等项折银，以及籍没家财，变卖田产、追收店钱、援例上纳各项银两，都须解送太仓库。明中叶后，太仓银库成为国家重要的财赋收放机构。

兵部仓储变化主要体现在太仆寺马价银上。明初太仆寺有马无银，弘治初始有江南不能养马州县折银解寺，建库时仅三万余两。隆庆年间，始有变卖种马价、草料、牧地、租子粒等银。据大臣杨时乔称"前臣谓自有银始，则以资团营买马，各边奏讨买马。自有银积，则以修缮给赏等项他用。凡银即马也，用银即用马也，即各边奏讨公支且不可继，况他用乎？"[①] 太仆寺之常盈库始建于成化四年，成化八年太仆寺卿上奏："本寺官库收贮江南备用马价银，见在三万七百四十余两，比照太仓官库折收粮价事例。"[②] 太仆寺仓储主要来源于以下几个途径：一岁解折征买俵本折马银[③]；一折征种马草料银[④]；一京营子粒银，各卫子粒银，各州县地

---

① （明）杨时乔：《马政纪》卷8，《库藏八》。

② 《马政纪》卷8，《库藏八》。

③ 是指自种马尽卖，每岁各州县照旧派买俵，本折马二万五千数征银，或丁，或粮，各地方不同。旧系本色者征三十两，系折色者二十四两，自每年派买本色另解外，其银俱以二十四两解寺。南直隶并同，惟抵发蓟州马一千匹，或要折色，则两直隶共凑足千匹，以三十两解寺转发。

④ 是指自种马尽卖，每岁各州县将原额种马十二万，每匹或丁或粮各地方不同征草料一两解寺，两直隶并同以上或系中间有续，后乞免出种马者，至今不派府类解，或各州县径解不同，各从旧解。南直隶八府亦系，各府州县类解其未解，或违限拖欠者本寺每岁终具呈兵部奏请，行南太仆寺催解。

租及余地银，南直隶各府子粒地租银①；一桩朋银②；一附寄班军银③；一附寄缺官银④；一变卖种马银⑤。工部仓库以节慎库为主，系嘉靖八年改造工部旧库而成，主要贮藏用于营建矿银及筹集料价等物。

由此可知，户、兵、工三部各有自己相对独立财政收入渠道，但当一方库藏空虚时，便设法从其他部门挪借，部门之间的矛盾由此而起。其最突出表现在对"加派"粮饷的争夺。自万历四十六年至四十八年三月间，户部经过三次定额的加派，合计亩增税9厘，而其中最后加派的2厘被兵部与工部分走。工部从中获得20万两作为制造器械费用，兵部也获得100万两，作为安家银和马价银之用。⑥

当然，长期以来，户部仓储出现紧张时，户部也经常向兵部太仆寺借取马价银。自万历十八年至天启七年，户部共向太仆寺借银32次，总

---

① 京营子粒银指京营放牧草场场子粒银；各卫子粒银指各卫所孳牧马草场子粒银。

② 桩朋银，也称椿朋银。椿谓之椿头，以倒失马主言，其马主系都指挥者出银三两，递减至指挥千百户镇抚旗军各减五钱有差，走失被盗者各加五钱，谓之椿头。朋者谓之朋合，照各营马队官军贴助者言。又令各营马队官军每岁朋合出银岁以六个月为率，每月都指挥指挥出银一钱，千百户镇抚七分，旗军五分，遇马倒失贴助买补在外。各边悉照此例贴银，谓之朋合者，合助椿头买马以官给言。弘治六年奏准，各营朋银买马不敷，每岁马一匹听支草场租银三两，贴助即行买补，此例见今不行。

③ 是指山东、河南、中都等都司每年春秋二班赴京上班做工，其行粮银该卫解都司支散。如到迟、即将粮银解兵部，发本寺寄库，候本军到日领散。内有病故不到及到迟罚工银照数扣除。听职方司动支给散挖河军伴等费。

④ 各省缺官扣除柴薪俸粮解部发寺各堂并主簿厅及各衙门添注官员隶役工食俱于此内支领。

⑤ 隆庆二年半卖种马价，有司议五六两多则10两解寺入库后，有征解，有未征解者，有官入肥己者，重累民赔纳者，既尽行蠲贷。万历九年尽卖种马，当初议上等无过8两，下等无减5两，孳驹已报在官，其种马堪卖者收驹给赏，马户不堪卖者将驹一同变卖辏价。马户有逃故种折者，审实免征。逃移复业种马犹存者，照下等价减估，以上二次将旧制种马驹12万匹尽变卖为银，是故银即马，用银即用马也。乃二次种马银今已陆续为各边镇买马、修城、东西征讨用且殆尽。

⑥ 《明神宗实录》卷574，万历四十六年九月辛亥条；卷592，万历四十八年三月庚寅条；《明光宗实录》卷4，泰昌元年八月庚戌条。

共借去1299万9861两，①其中，仅万历十八年至三十五年（1607）17年里，借去983万两。②平时战局稳定，骑兵很少出动，市马数量不多，太仆寺马价银定额收入的40余万两贮存起来，以应不时之需。至嘉隆年间，太仆寺老库已积有1000余万两。③随着辽事爆发，为应付局势所需，拨发户部之饷给调募军士买马乃情理之中。但因户部长期陷入入不敷出的局面，兵、工二部的分饷无疑雪上添霜。后直省税契、吏承纳班银及运司积余盐课银、捐助银等项，兵部仍意欲分饷。随着矛盾加剧，户部不得不奏请求专款专用，兵、工二部不得相干。

万历四十七年，户部尚书李汝华奏报，自万历四十六年四月至四十七年三月，出剿官军共用过饷银300余万两。又因收集官兵、兵部召募兵丁以及调动川兵等项，预算用饷400余万两。因太仓如洗，不得已动用捐俸银，而兵部欲意分用。旧例"安家马价银系兵部出者，而坐粮、行粮、盐菜、草料等银系户部出者，屡经题奉明旨钦遵在卷，安家马价不能支，当为那借别处，奈何又欲取户部之所有也"。况兵部自有应得之银，如缺官柴马、绝军变产、省直拖欠马价、历年拖欠班银等，"尽足供用，皆兵部职掌。臣前后措饷之疏，虽多未尝越俎而取之，是臣部所以体兵部，而兵部独不体臣部乎？""虽向来历借太仆寺银七十万，而兵部借臣部巡青银二十万。后据月粮户七兵三之例，又用过臣部银六十万两，臣部（户部）本期同舟相济不宜自分畛域，今迫于无所措手，不得不一剖析之，非过为哓哓也。伏乞皇上俯查，援辽兵马愈益繁多，养辽兵饷愈为难据。将内外捐俸，及藩王义助，并河工余盐等项系臣部者，照旧充臣部之饷，即兵部不得相干。"④此段引文至少可以这样理解：辽事战争

① 《明熹宗实录》卷81，天启七年二月丁卯条。
② 《明神宗实录》卷437，万历三十五年八月癸酉条。
③ 《明神宗实录》卷437，万历三十五年八月癸酉条。
④ 《筹辽硕画》卷20，李汝华：《招兵愈众措饷愈艰恳乞圣明俯留捐助及桑谷等项银两以供军马急需疏》。

节节败退，召募兵马愈多，兵饷愈难措置。当时援辽兵马达十三四万匹，预算需用饷400余万两，但户部太仓贫困如洗，请求动用捐俸银。而兵部以招兵安家为由，意欲分饷。户部认为兵部自有应得之银而不允，并上奏明神宗明判。二部之间的矛盾可见一斑。

一方面户部不愿兵部分饷，另一方面户部又期望兵部分担费用与责任。随后，户部再次上疏"乞敕兵部各照旧例"，"竭力分任以图共济"。兵部调募等费，"一则曰动支地亩银，再则曰动支地亩银。夫就近动支与起解孰多，则地方从兵部之令，顺于流水。且户部咨曰无动地亩银，兵部咨曰动地亩银，靡所适从，徒眩观望"。万历四十七年，明神宗谕，酌发帑银，由两部协同招募兵丁，毋分彼此。然而兵部谘移户部时却称，"行粮、月粮、盐菜、草料、赡家属之户部，安家、买马、赏功属之兵部，往例昭然，不敢推诿，此其自任甚确甚真而又何辞之与有为？兵部谋者不过曰，户部以辽饷加派，兵部无有也。切计兵部缺官、柴、马折、班军、搜闾寺等项外解时有岂尽无余。即闾寺之银，原备缓急者，急而不用留之何为？一概置之不讲，而但指现派了事，户部竭蹶而不足，兵部坐画而有余，恐非同舟之义也。"户部以兵部老库仓储有余而无助饷之心为由上奏请求兵部接济，兵部以户部有"加派"之饷，而兵部仅从缺官、柴、马价、班军等几个有限的收入渠道为由拒绝支付。在奏议最后，户部发表感慨曰："若兵部谓臣部越饷谈兵，则今日之事正若兵部不肯越兵谈饷耳。若惠然越而谈焉，则今后加派能有几何，辽饷当用几何，前此四路抛掷几何，逃兵枉费几何，将件件求实用，着着相帮。必不肯轻动地亩，致辽饷中断，以贻不戢，自焚之祸，毋宁臣部受赐辽东其实承乏。伏乞敕谕该部将募兵、安家、买马、驮马等项原属之兵部者，照例担认，仍多方凑处，以图共济，不得再议专动臣部新派地亩。如此则责任既专，各无推诿。在兵部将尽心以供招募，在臣部必竭力以供粮饷，宗社边圉幸甚。"①由此可知，万历后期，随着辽东战争吃紧，筹措粮饷乃第一要务。户、兵、工等部之间的矛盾也愈加激化。岂不知任何越饷谈兵、越兵谈饷的行为都是不可取的。于是皇帝谕兵部不得再次动用户部新派地亩，而户部也不得再次奏请兵部马价银，户、兵二部各专其责，兵部尽心供招募，户部竭力供粮饷，各无推诿。

工部与户、兵二部之间在军饷问题上的矛盾也较为突出。节年营建军事防御工程，一般都是户、兵、工三部合作，但各有专责，兵部拨军，户部支粮，工部止于办料。后户部仓储空乏，兵部马价银，工部节慎库银屡被动支发饷。而工部因接连筹办织造、水利工程及府第建筑、武器装备等开支不敷，屡次请求户部资助。在万历三十七年至四十六年间，共借去户部150余万两。②自万历四十八年开始，户部每年在加派辽饷银中抽取20万两给工部作为织造军需器械之用。天启二年（1622）因川、黔暴乱，加之畿辅钱粮蠲免，致使辽饷不能如期如额收纳，缺饷数多，明廷将分工部之银暂时收归户部以作兵饷急用。后战事稍缓，仍陆续分给工部，如天启四年分饷10万两，六、七两年连续分饷14万两，崇祯元年分饷9万两，二年分饷20万两，三年分饷14万两。又自天启六年开始，每年增派盐课145965两给予工部。此外，像搜刮盐银、动支税契、借用事例，以及其他各种形式的助工银，大部分都是工部直接或间接取自户部。③所以，户部官员屡次上疏请求部门各专其职，各负其责。如天启六年十月，因关门戍卒寒苦，命工部加给皮袄银10万两以示优恤，因

① 《筹辽硕画》卷38，《募兵议动新饷养兵更无余赀辽饷不继内溃可虞疏》。

② 《明神宗实录》卷571，万历四十六年六月戊寅条。

③ 参见《明光宗实录》卷4，泰昌元年八月甲寅条，户部尚书李汝华题。《度支奏议》新饷司卷2，《崇祯元年十二月十九日具题请宽用崔犯变产银项免还工部疏》；《新饷司》卷3，《崇祯二年三月十三日题议工部分饷二十万疏》；《新饷司》卷4，《崇祯二年闰四月六日具题参书办周之文详加鞫讯疏》；《新饷司》卷6，《崇祯二年七月二十二日复户科题覆新饷入数疏》；《新饷司》卷8，《崇祯三年二月三十日题派分工部饷银疏》；《山东司》卷4，《崇祯四年四月二十七日题覆工部分饷助工疏》。

库藏空虚，工部移咨户部，请动支饷银给散。而户部尚书郭允厚言，军装皮袄之事是工部之职，"不关饷银，往例具在，乞敕该部钦遵，毋致推诿"①。这种事例在明后期还有很多，如万历四十四年，户部尚书请求辽饷之设专隶户部，不让工部分饷。②

总之，户、兵、工三部因军饷而矛盾重重，关系错综复杂。就军饷而言，户部掌天下钱谷，兵部掌天下军旅，工部掌天下百工、屯田、山泽之政。而三部之间又各有相对独立的财政预算，户部有太仓，兵部有太仆寺，工部有节慎库，围绕军饷问题，三大部门既协调又推诿，共同组成军饷供给的链条，任何一方出现问题，都会影响明代整个军饷供给的成效。为此，明代设立了严密的监督体制，以确保军饷供给体制的有效运行。

第三节　军饷的监督管理

核兵给饷，计兵给食，这是军饷发放最基本的原则。为此，明代设立了以都察院与六科给事中为主的监察机制，辅以地方巡按御史、督抚及按察司，为军队粮饷的有序运转提供强有力的监督保障机制。但由于军饷的收支涉及多个部门，非某一部门之专职。因此，至明中后期冒领、虚报、克扣、瞒上欺下之事层出不穷，出现兵可核而不核、饷可查而不查的混乱局面。

一、明代军饷的监督机构及其运作

明代粮饷的整个收、运、储、支的过程不仅有明确的法律、法规

---

① 《明熹宗实录》卷77，天启六年十月戊午条。
② 《明神宗实录》卷549，万历四十四年九月乙亥条。

保障，而且也有相应的机构进行审查监督。在继承前代御史审计监督制度的基础上，建立了以都察院和六科给事中为主的两大审计监督体制。十三道监察御史有一项重要职责，即"查算钱粮"。[①]六科执掌"稽察六部百司之事"。[②]凡涉及户部财政行为之事，十三道监察御史与六科给事中皆有监督纠察之职能，且贯穿军粮收支的整个过程。

（一）军饷的征收监督

军饷的征收直接体现在屯粮、盐粮、民运粮等几个重要的供给渠道上。在屯粮的征收方面、民运粮的征收方面，主要是由户科对其进行盘查、磨算、注销。"凡有司征收秋粮，南京户部照例刊印勘合，给付粮长将本区合征税粮，依期送纳。各该仓库填写实收数目奏缴其勘合，仍送本科（户科）注销。"[③]税粮征收后，其起运、存留情况户部也都作出详细规定，并由户部十三清吏司负责审查。隆庆二年议准："各处起解粮，户部更定格眼文簿式样，发司府州县各一样二本，逐项完欠、解纳、批收各照格开填。此外，本部（户部）又用连四大纸，照依勘合挂号，印发各省并南北直隶府州，行令各州县，每年划为一十二格，有闰月者，又添一格。每格将一月内征完起解某项钱粮若干填注，用印钤盖。岁终，各省执赴布政司及管粮道，南北直隶赴各府，查比完欠分数，仍发收执。其各府以所属州县，各布政司以所属府州县，各多寡之数，计分格眼于一纸，每府州县各一格眼。每岁终，将查比过钱粮，各完欠分数，填注各格眼内，用印钤盖。仍照具由，呈部（户部）查考。"[④]

开中盐粮方面，明朝也有严格的稽查、审核程序。洪武初年制定的

---

① 《明史》卷73，《职官志二·都察院》，第1769页。

② 《明史》卷74，《职官志三·六科》，第1805页。

③ 万历《大明会典》卷213，《六科》。

④ 万历《大明会典》卷29，《户部十六》。

盐引式和《大明律》对此均有记载，①二者的内容详略有别，但有许多类似的地方，大约可归纳为以下四点。（1）开中手续，凡遇盐商贩卖盐货，给付半印引目，待其纳米入仓后，方给引支盐；（2）掣击称盘，盐商每引二百斤为一袋，经过批验所，依数掣击称盘，如有夹带，随发有司处理。如无批验印记者，杖九十，押回盘验。（3）盐引处置，凡盐商贩卖盐货，不许盐引相离，违者同私盐追断。卖盐完毕，五日之内不行缴纳退引者，杖六十。（4）行盐地方，"凡将有引官盐不于该行盐地面发卖，转于别境犯界货卖者，杖一百；知而买食者杖六十；不知者不坐，其盐入官"。②除以上规定外，明朝在洪武二十六年和二十八年又公布了更为详细的纳粮支盐程序和法则。而且，在以后数朝内仍不断更改和增加，使领引支盐、称盘批验、截角退引等手续更加严密和完善。③

（二）军饷的储存监督

明代边军粮饷虽来源不一，但在收缴或运达边疆以后，均收贮于沿边军储仓。明代制定了一系列监督、稽查军饷储存的办法。明初，军饷一般储存在军储仓内，由各都司卫所自行负责，从仓廒军斗、攒典到管粮官，均为卫所官。"每卫以指挥一员，每所以千户一员提督。都司不时委官督查。"④这种卫所军官兼管粮储的管理方式，容易滋生弊端，经常出现侵吞克扣现象。随着军屯衰败，民运、盐粮在军饷中所占比重越来越大，仓储管理与各饷源之间的协调就显得尤为重要。所以，宣德以后，军储仓管理体制逐步得以完善。

---

① 《明太祖实录》卷115，洪武十年十月庚午条。

② 《大明律》卷8，《户律五·盐法》。

③ 参见《大明会典》卷34，《盐法三·盐法通例·开中条》；《皇明世法录》卷28，《盐法通例·开中条》。

④ （清）纪昀：《钦定续文献通考》卷5，文渊阁四库全书本。

宣德三年，"罢军职管官"。①正统初年，"命廷臣集议，天下司府州县，有仓者以卫所属之，无仓者以卫所改隶"，"惟辽东、甘肃、宁夏、万全及沿海卫所，无州县者仍其旧"。②而对这些改属的军储仓，则由布政司及其下属的佐贰官兼管。如景泰三年，"添设山东布、按二司佐贰官各一员，于辽东管理定辽左等二十五卫粮储"③。而对保留军储仓的地区如宁夏、宣府等处，则由户部委官兼管，"令边储银两，只从户部委官并布按二司官粮等官管理，不许总兵等官干预"④。

至成化、天顺年间，户部与地方共管的军储仓管理体制基本形成。自下而上大体上分为四个层级：一是仓储的直接管理者。大使、副使为专职仓员，负责管理仓廒的日常政务。二是府州县佐贰官，包括通判、州判官、县丞等，负责监管一仓或数仓的收支。以陕西为例，成化八年，一次性添设14个佐贰官，包括庆阳府通判1员，"分管定边、便利、宁塞、利益、臣积、宏皋、常积七仓"；延庆府通判2员，"一员分管广盈、永充、广有、永益、广足、永盈、富有七仓"，"一员分管府州县仓，并清水、广济、丰盈、神木、柏林、皋益、常盈七仓"；静宁州判官3员，分管"甘州、肃州、山丹三仓"；泰州判官3员，分管"凉州、镇番、永昌三卫"；河州判官2员，分管"西宁、庄浪二仓"；兰县县丞2员，分管"镇夷、高台二仓"；金县县丞2员，分管"古浪仓"。⑤可见佐贰官是仓储的上一级监管者，对各仓场之收支有督察之责。三是布政司、按察司佐贰官，负责监管、监察一镇之仓储。在府州县佐贰官之上，又有布政司、按察使佐贰官督理、监管。一般是布政司佐贰官全面督理边储事务，按察使佐贰官全面监察边储事务。如正统三年，"添设陕西布政司参议、按

①　弘治《明会典》卷40，《户部二十五·内外仓廒二》。
②　《明史》卷79，《食货志三·仓库》，第1924页。
③　弘治《明会典》卷40，《户部二十五·内外仓廒二》。
④　弘治《明会典》卷40，《户部二十五·内外仓廒二》。
⑤　弘治《明会典》卷40，《户部二十五·内外仓廒二》。

察使佥事各一员，于甘肃监收仓粮"①。四是户部官员，总督一镇边储。其主要职责是"管理一应粮草，兼管屯种，严督各该管粮官员，凡收支之际，务要关防严密"②。统筹协调一镇钱粮仓储事务。

（三）军饷的发放监督

各边主客兵饷一般都是委户部郎中管理，三年一代，郎中下设通判若干，分区管辖。"通判者，召商给价，监守征收，所系最重者也。但未给印信，止用私钤"，致使"卷宗无据，莫克稽查。虽有关防，难辨真伪"③，给监督审核工作带来很大不便。至嘉靖年间，因边患加重，防御征调纷纭，为了简化工作程序，明廷把客兵的饷粮管辖权移交给守巡各道，由巡抚总领其支放，从而使军饷的管理呈现出两头管理状态：主兵粮饷事归户部郎中，客兵粮饷权在巡抚。但在边境攻防作战行动中，主、客兵往往交错使用，饷粮分头管理反而不便。加之巡抚的品级远高于户部郎中，"致有解银未至该镇而巡抚中途留用者；有弃户部勘合而听出入于巡抚小票者，各道以势在相轧，莫敢谁何？故近日司饷部臣不得其职，而两镇抚臣亦往往脏败"④。巡抚本人既是边镇的最高监察官员，又被赋予了管理客兵粮饷的权力，加上其与户部郎中的微妙关系，从而使巡抚处于一个监察真空状态下。粮饷的管理又是一项手续复杂、技术性较强的工作，皇帝的亲信——厂卫特务和镇守宦官很难洞悉其中奥秘，自然无法有效地实施监督，出现贪污粮饷的事件也就在所难免。

需要指出的是，这种粮饷管理权与监察权集于一人的情况在明前期即很普遍。如正统年间，沈固以户部侍郎兼左都御史督理大同军饷；正德年间，王俨以户部左侍郎兼佥都御史整理宣大粮草；正德九年，户部

① 弘治《明会典》卷40，《户部二十五·内外仓廒二》。
② （明）孙世芳：《宣府镇志》卷2，成文出版社，1969年版。
③ 《明经世文编》卷252，赵炳然：《题为条陈边务以俾安攘事》。
④ 《明经世文编》卷252，赵炳然：《题为条陈边务以俾安攘事》。

右侍郎侯观兼都察院左都御史总督宣大军饷；正德十二年，户部右侍郎郑宗仁兼左都御史总督宣大军饷等。管理粮饷的官员本为户部属官，如有闪失过错，长官要负一定的连带责任。这些督抚官员纷纷以户部长官职衔出理军饷，不免会利用职务之便掩盖下属失职渎职行为，而他们又手握监察大权，负有监察、弹劾、处置所属官员的责任，其结果反而更利于他们徇私。

总之，明代对仓储的会计、收贮、发放等虽然都作出了明确的规定，然而在实际的运行管理中仍难免出现问题。尤其是明代中叶以后宦官插手仓储事务，使得明代仓政更加混乱，弊端丛生，侵吞银两、中饱私囊的事件屡有发生。

二、专差御史与军饷监管

除都察院与六科外，明代对地方军政事务的监察主要是通过十三道监察御史来完成。监察御史对地方的监察，采取分道巡按的办法，即将全国划分为十三个监察区，每区自为道，各道的任务是监察、巡按地方州县的各级官吏，此即"巡按御史"，是十三道监察御史的重要差遣。[①]据《菽园杂记》记载："（国初）其时御史建员未广，有事则奉命而出，事竣即还，巡按亦未有专官。故按察之官，职专而权重，今分巡官各有印章，此可见矣。其后分遣御史巡按外藩，按察之体势，由是始轻。"[②]可见，专差御史设置之目的主要是分按察司之职权。此后，明朝的监察部门，除六科给事中和十三道监察御史之外，另有刷卷、巡京营、印马、屯田、清军、巡盐、巡仓、巡关、巡江、巡城等诸项专差。本节仅从与军饷有关的屯田、督饷两个方面论述。

① 《明太祖实录》卷196，洪武二十二年六月戊午条。
② 《菽园杂记》卷10，第126页。

（一）屯田御史

屯田御史，主要是对军屯的监督和管理。而在明初，并无督屯官的设置，屯田事务基本都是各都司卫所军官提调督察。其管理体制大致是由卫传达至所，千户督百户，百户下辖总旗、小旗，至各自统领军士。[①]至建文四年（1402），军屯始定科则，"每军田一分正粮十二石，收贮屯仓，听本军支用，余粮十二石，给本卫官军俸粮。每卫以指挥一员，每所以千户一员提督，都司不时委官督查。年终上仓并给过子粒数目造册，赴京比较"[②]。这样，就形成了以"都指挥使"总察的监督体系，然后再以岁终所报屯粮数，"以课勤怠"。[③]如此，在屯粮的征收程序上，"伍官无经手之粮，不过佥定军吏、旗甲预报本司登簿查比。在伍官则催军吏，在军吏则催旗甲，再在旗甲则收花户，本色则运赴仓廒，听屯官监收；折色则交纳屯官寄库，类解具批本司挂号转部，法最严谨"[④]。

永乐以后，军屯开始走下坡路。屯田失额，屯军私役，屯粮被军官侵占的情况层出不穷。为此，中央或令佥事盘点屯粮、或令地方按察司副使提督屯田、或令中央都察院差御史巡视，以防止屯政积弊扩大。如宣德六年，因官军依势占据屯地，遣行在兵部右侍郎柴车等往山西督理屯田，巡视郡县卫所。[⑤]正统元年，敕都察院右佥都御史曹翼，于甘州等处提调兵备，督理屯政。[⑥]地方行政官员和风宪官参与督视屯田虽属权宜之计，但至少可以反映出随着屯政的日趋败坏，明廷为整顿屯政作出的种种努力。

正统十一年，为加强在京各卫及南北直隶地区卫所屯田的管理，始

---

① 万历《大明会典》卷118，《兵部一·铨选一·官制》。
② 《南京都察院志》卷14，第35页。
③ 《明太宗实录》卷12，永乐三十五年九月戊子条。
④ 《无梦园漫集》卷1，《屯政·杂记》。
⑤ 《明宣宗实录》卷78，宣德六年四月己酉条。
⑥ 《明英宗实录》卷17，正统元年五月辛未条。

设置屯田佥事，列衔山东，①开屯田专差御史先河。至成化九年，又令都察院差御史一员，巡视南京卫所屯田。正德三年，规定每岁差御史一员，督理北京屯种。②专差督理屯田御史正式载入史册。

同屯田御史一样，屯田佥事的设置也是专为查核屯田子粒、革除奸弊而设，与屯田御史在职能上有重复的地方。但由于屯田佥事权力不重，无法压制皇亲勋戚（特别是直隶地区）吞并屯田的行为。因此，在职权上高于佥事、专理屯务的御史便应运而生。嘉靖八年题准："在京并直隶各卫所屯种，照南直隶事例，差御史一员领敕清查，三年一替，其原设屯田佥事裁革。"③至此，屯田佥事与屯田御史之间的重复执掌问题得以解决，屯田御史可以名正言顺地督理屯务，并成为定制。此后，在屯粮的征收手续上就形成了"各卫屯粮专属管屯指挥征收，印官、经历从旁觉察，管粮府官又不时督责，而职（屯田御史）衙门提比查参之法又随于其后"④的督理系统，比洪武、永乐年间的屯田运作管理更加严格。

屯田御史的设置主要是为了"查核各卫所屯田子粒"，但随着明中后期形势的发展，屯田御史在查盘钱粮的基础上，其职权又有了扩展，马政与屯田事务的合并是其中的一个重要方面。史载："南北太仆，京边皆有草场，乃养马骡驹，民不扰者借此。后因豪右占为庄地，牧养无所，马乃不足。先，臣屡奏欲责牧养必先复此，请令豪右庄地还官，民间地退出，免其租税。缘豪右占据日久，民腴地投献，欲查未能，……第与屯地易混。今屯田御史兼马政，承蒙敕下严责，倘有豪右阻扰，容其尽法以治。"⑤由此可知，印马御史与屯田御史的归并，与清理庄田、草场

---

① 《古今图书集成》卷49，《食货典上·田制部汇考九》，第516页。
② 《续文献通考》卷5，《田赋考》，第2820页。
③ 万历《大明会典》卷210，《都察院二·奏请点差》。
④ 《度支奏议》福建司卷3，《覆屯田御史查参真定府佐侵冒屯粮疏》。
⑤ 《皇朝马政记》卷11，第10页，玄览堂丛书初辑第15册。

有关。[①]

及至万历、崇祯年间，随着辽东战事的吃紧，明政府两边作战。无论是攘外还是安内，都需要大量的军费。屯田无疑是粮饷供给的最佳渠道，因此加强对屯政的督理，恢复屯政就显得更为必要。如崇祯初年，屯田御史李玄建议以恢复旧屯，开垦新屯的方法匡救其弊。[②]但实际上，无论是兴屯、复屯，抑或清屯，"乃乱屯者也"。对此，崇祯十五年屯田御史徐殿臣有精辟的论述："见向所谓兴屯者，大抵虚加屯税，非实生屯谷，而官以增税为功，民以加赋为苦，逃亡益众，荒芜益多，是兴屯者，乃坏屯者也。……所谓清屯者，每一官至，辄一番稽覆，究竟田何尝归军，军亦安得有其田，徒费骚扰，影占如故，是清屯者，乃乱屯者也。"[③]

顾炎武也认为清屯还民，有害于民，"屯军徒记空名，而田非其有矣，异时以典卖军田为讳，今民间显然相授受按亩估值，其价几与民田埒，虽屡下清覆之令不能禁。嘉靖中，兵部尚书胡世宁有云：各卫三分之田，军所抛荒，而民垦纳粮，若一一清夺还军，非惟失利，而且失民，不为有益，盖难之也"[④]。屯田御史的各种屯田理论并非不能救急存亡，只不过不能立竿见影，盖因屯田积弊已久，非屯田御史所能挽救。

屯田御史的设置主要是为了查核各卫所屯田子粒，但在行使职权的过程中常受到府州县等各种地方势力的牵制。正如屯田御史陈玉辉言："盖外卫有抚按弹压之，而又有道府州县钤束之，故武弁无敢横行，即或

①　有关明代庄田问题请参见王毓铨《明代的王府庄田》，收入《莱芜集》(中华书局，1983年版)；李龙潜《明代庄田的发展和特点》，收入《明清经济探微初编》；郑克晟《明代皇庄的设立与管理》，《南开学报》(哲学社会科学版) 1979年第2期；郑克晟《关于明代皇庄的几个问题》，《文史》1980年第10辑；李三谋《明代庄田的经济性质及其租额问题》，《中国农史》1989年第4期。

②　《度支奏议》堂稿卷15，《遵旨圣谕议修屯政疏》。

③　(明) 陈龙正：《几亭全书》卷37，《政书奏议类》，第25页，四库禁毁丛刊集部第12册。

④　《天下郡国利病疏》原编第26册，《福建·屯田考》，第107页。

横行，军余得以自达于有司之庭。……若三卫虎据一方，籍在京卫，与道府州县不相关涉，虽属兵部，然兵部不过五年一黄选尔。而军余田土则又与兵部不相关涉，虽属于屯田按臣，然按臣所统辖不过印官、屯官尔，其余不掌印、不掌屯者，何限？则又与按臣不相关涉。"①明代卫所屯粮的缴纳，立法甚严。在中央，兵部严选管屯官员，并依其任内政务之优劣来评定黜陟；户部则总核各卫所钱粮完逋情况，依例升赏。在地方，由屯田御史负责监督，总验各卫所实收多寡，以衡完欠，定为殿最优劣，倘有不职，则移文革任，或提问究治，每年年终报册。②自中央至地方，屯田事务层层节制，不可谓不严。但卫所官军一人包领数人之粮，一吏冒支数十石之事时常发生。而考覆参罚制度只及至指挥千户，欲不及百户，故百户侵渔为甚。③

事实上，不仅百户，上至指挥、千户，下至各级管屯官员对军屯危害都很大。对此，屯田御史陈玉辉曰："余每见指挥临屯常例种种弊端，则旗甲领单有索矣，担头有索矣，船钱有索矣，支应有索矣，节礼有索矣，跟随各役又有索矣，此皆明加三，暗加一，之外另设名色。"④可见，指挥及其跟随临屯官员索饷名目繁多，除部分缴纳粮仓外，剩下的多为自己留用。致使各卫所屯粮积年逋欠。如有贫军愤而赴诉举告，必将遭到武官的挟持报复，"或以逋粮为由，通详部院，或唆各舍余冒籍捏害，今日告批东城，明日告批西城，今日告批中城，明日告批南城、北城，哀此穷军跋涉二百里外，有废业之苦，有枵腹之苦，有羁候之苦，有赎锾之苦"⑤。故贫军往往忍气吞声，甚至逃亡流徙。为此，屯田御史除在勾

---

① 《南京都察院志》卷33，《武弁土居江北军余世被鱼肉疏》，第33—34页。
② 《总督四镇奏议》卷2，《蓟镇查催民运银两疏》；卷8，《蓟镇查催民运银两疏》。
③ 《皇明留台奏议》卷13，《财储类》，彭而衍：《乞修屯政疏》。
④ 《南京都察院志》卷16，《浦口五卫投柜》。
⑤ 《西园闻见录》卷91，《工部五·屯田》。

提屯军审问外，亦对奸豪猾民、不法官吏从实举劾参究。①但由于卫指挥、千户、百户等武弁的联合抵抗，使屯田御史治理屯粮的成效大打折扣。

总之，屯田御史为朝廷专差，是专为解决盘查各卫所子粒引发出的种种弊端而设置的。始于成化九年，至嘉靖八年才形成定制。隆庆三年，因种马半价政策的推行，印马御史最终并归于屯田御史的职权范围内，使屯田御史职权变得庞杂。至天启、崇祯年间，因战事吃紧，对屯田的需索就更加迫切，屯田御史试图通过清理屯地、恢复旧屯、开辟新屯等办法恢复祖制，充实仓储，但其收效甚微。而且屯田御史在行使其职权时，常受到府州县等地方势力的牵制。但无论如何，屯田御史查缉不法、肃清屯政的努力也曾取得一定的成效。

（二）督饷御史

明初，督饷之职是由总兵、副总兵、兵部尚书、户部主事、户部郎中、户部员外郎等兵、户二部官员兼理②，有事则设，事毕则罢。后设置督饷郎中，专理军士粮饷事宜，包括奏讨料豆、草料，负责籴买军士米粮等。③但由于督饷郎中"事权尚轻，率多牵制"，所以督饷之职多由户部右侍郎兼任，虽比督饷郎中权高，但非专职，事罢召回。如正德十一年，"召督饷兵部右侍郎冯清还京，以虏患宁息故也"④。需要说明的是，在设置督饷侍郎的同时，并没有取消督饷郎中对军士粮饷的督理权。如嘉靖三十九年，从故总督侍郎魏谦吉奏请，复设兰州督饷郎中，河州管粮，

---

① 万历《保定府志》卷23，《屯政志》，第16页。

② 参见《明太祖实录》卷121，洪武二十四年九月壬寅条；《明太宗实录》卷225，永乐十八年五月庚寅条；《明宣宗实录》卷107，宣德八年十一月乙酉条；《明英宗实录》卷134，正统十年冬十月甲辰条；《明宪宗实录》卷26，成化二年二月癸巳条；《明宪宗实录》卷31，成化二年六月甲寅条；《明宪宗实录》卷56，成化四年七月乙亥条。

③ 《明宪宗实录》卷79，成化六年五月辛巳条；卷79，成化六年五月乙巳条；卷80，成化六年六月乙卯条；《明武宗实录》卷17，正德元年九月庚寅条。

④ 《明武宗实录》卷133，正德十一年正月乙巳条。

临洮府通判各一员。①嘉靖四十年，总督蓟辽保定都御史杨选在条陈地方极弊事时谈到，"山海关一片石等地，距蓟镇数百里，而军士就给其粮不便，宜令督饷郎中随宜酌处，本折兼支，各从其便"②。随着辽东战事吃紧，无论是职专权轻的督饷郎中，还是权重的兼职督饷侍郎，都不能很好地发挥督理军士粮饷作用，督饷御史应运而生。

明代督饷御史之设始于嘉靖三十七年，时户科给事中赵锵奏，令各省纳银太仓者，如工部赋罚事例一体具题，以便稽考，"仍岁遣督饷御史一人按行各边，清查年例出入之数，以闻。其有司任内钱粮未完者，虽遇升迁，不许离任"③。由此可知，督饷御史至迟在嘉靖三十七年前就已经设置，但史料对此并没有更加详细的记载。自此以后，直到万历四十七年，辽东战争爆发后，督饷御史之职才频频见于史籍。盖由于"督饷御史一员向来专职新饷"④的缘故。

督饷御史的主要职责是核实粮饷。如天启三年，都察院左都御史赵南星所奏："督饷御史一差，或以为裁之便，或以为裁之非便。夫会同察参相须共济，此部臣与御史之所同也。至于催造船只，经营起运，此为督臣之职掌。起解稽迟、转运停缓、支销混淆俱听御史查覆弹治，此为御史之职掌，此部臣与御史之所异也。是御史专以纠绳为职，督催弹压必不可少，其保荐劾贤不肖官员，与各差一体优劣处分，则事权既重，威令必行。辽饷无缺乏之虞，有司无朘削之害，天下益晓，然知此差之，万不可罢矣。"⑤

督饷御史行使核实粮饷之职主要是通过审核"立号单"的形式完成的。"立号单"是军士粮饷发放的依据。一般是置号簿二扇：一曰内号，

① 《明世宗实录》卷485，嘉靖三十九年六月壬寅条。
② 《明世宗实录》卷501，嘉靖四十年九月乙巳条。
③ 《明世宗实录》卷464，嘉靖三十七年九月丙申条。
④ 《度支奏议》堂稿卷7，《转饷画一全行兑支疏》。
⑤ 《明熹宗实录》卷32，天启三年三月丁未条。

一曰外号，一样预编一千字号，每号仍置号单，一纸上写合同外号，而上下俱以户部正堂粉印，督饷御史油印合缝钤之。外号则给辽东饷司，内号则存督饷衙门。饷司之发放粮饷，每收领状一纸，该给银若干两，照数实填，一号之下，仍照数实填，这就是一号之单。后移付户部清查销算，如给银不给单，或领银不缴单者，俱不准销算。每单领银不得超过千两，如有故违，在外听巡按御史拿问，在内听督饷御史参题。^① 由此可知，督饷御史督理粮饷职权之重，号簿二扇，内号、外号，除有户部正堂粉印外，还需有督饷御史油印合缝钤之。除支放程序需督饷御史核实查覆外，督饷御史还有权对粮饷筹集过程中存在的问题建言，如根据完欠税两的多少定奖惩，将州县酌定款项造册报部并入考成，定期考进行考成，禁借留以清饷额等。^②

核实粮饷必然涉及拖欠问题，自万历四十六年始，各省皆开始征解加派银。但各地新饷压旧饷，拖欠成例。于是户部决定于天启二年夏清查加派，将前三年所欠钱粮彻底查催。督饷御史江日彩、李时荣、刘徽、钱士贵、朱大启、沈犹龙等查参江西省加派压征之实据。

督饷御史主要是负责审核新旧粮饷，不参与库事，后因"新库"未设巡视官员，而令督饷御史"巡视太仓，一体行事，监同兑支，稽查出入"。^③

督饷御史在查参各地方有司的同时，自身也有考成制度，如不能按期完成任务，也会被参罚。如崇祯元年督饷御史周堪赓、余应桂、吴彦芳、钱士贵以崇祯元年加派未完参罚。后因元、二两年新饷全完，乃于崇祯二年内复职。高倬、向鼎、耿胤楼、万未康俱崇祯三年督饷御史，沈犹龙以二年加派未完参罚，后因二、三两年新饷通完，乃于崇祯三

---

^① 《杨文弱先生文集》卷2，《再陈兵饷疏》。

^② 《崇祯长编》卷12，崇祯元年八月辛卯条；卷20，崇祯二年四月庚子条。

^③ 《度支奏议》堂稿卷7，《转饷画一全行兑支疏》。

年十二月内复职。崇祯元年，饷臣尹洗京边未完一分，为巡视太仓科院参罚。[①]

　　总之，专差御史的设置是监察御史事权繁重而"专职化"的结果，就其本职而言仍属于监督体系中的言官，监督纠举、弹劾不法、赏善罚恶、疏谏言论是其职责所在。但事实上，从以上两项专差御史职权可以看出，其职权已超出督查屯粮、督饷的范围，职权逐渐增大，保障了军饷的有效供给。但同时，我们还应该看到，专差御史职权的行使受很多外在因素的制约，加之专差御史本身良莠不齐，所以明后期屯粮锐减、粮饷拖欠等现象的出现，既是专差御史未尽其职使然，同时也是制度规划未能尽善所致。

---

　　① 《度支奏议》堂稿卷19，《三查考选各官开复缘繇疏》。

第五章 明代军饷收支状况及其引发的社会问题

军饷问题比较复杂，涉及兵、户、工、礼等多个部门，以及预算、监督、审核等多个程序。如果处理不善不仅会影响到军士的生活质量、军人士气，更有甚者会影响军队的团结、国家的稳定，从而引发一系列社会问题。

第一节 明代军饷收支状况

一、明初军饷收支状况

明初除四川、湖广外，国家财政在军饷方面的拨款数额较少，直到明中叶天顺年间，国家、地方财政仍然相当充裕，九边地方仍出现"积谷益多，以其余易战马千八百匹，修筑屯堡七百余所"的局面。①洪武、永乐年间，明朝曾多次大规模调集兵力北伐，动辄投入兵力十多万，开支浩大，但此时国家财政尚有相当的支付能力。直至宣德、正统年间，明朝粮饷供给才逐渐出现紧张的局面，全国各都司卫所官军俸粮，虽有不同程度的"搏节"，但基本收支均衡。

---

① 《明经世文编》卷460，李廷机：《九边屯政考》。

二、明中后期收支之失衡

至明中期，明代财政体制逐渐趋于健全，其财政预算机制也逐渐完善，即每年由户部汇总中央与地方的收支状况，编制成预算上报户部，再由皇帝诏令，然后按此组织征收与开支。相对于明前期财政状况而言，这种体制的建立是一种进步。财政预算机制的成效集中体现在太仓的收支上。就支出方面而言，太仓银库担负着支付巨额军事和行政等费用的角色。因此，太仓银库的岁入盈亏情况不仅与国家财政密切相关，还直接影响着明中后期军饷的支付。所以，对太仓银库的考察，是研究明中后期军饷收支盈亏的前提。

太仓银库最初只用来贮藏银两，每年并没有固定的收入数额。只是将京师府库每年支销剩下的部分送太仓银库贮存。其累计数额，成化以前，"多至三四百万，少亦不下二百余万"，[①]最高纪录曾经多达800余万两。太仓的"中库"贮满。继续收进来的银两只好贮存在太仓的"两庑"。后来就有了"老库"与"外库"之分。"老库"，即指贮存在"中库"的银两，暂不动用。"外库"即指贮存在"两庑"的银两。

就支出方面而言，太仓银库最初没有定期性的支出数额。最早的记载始于弘治年间，"以岁出正数言之，宣、大等六镇年例三十四万两，进库给官军俸粮共三十三万五千余两，至于内府成造宝册之类，其数不得与知，大约并前折俸不下五十万余两，通计用百余万两"[②]。嘉靖二十八年（1549）八月，户部在检讨当时财政问题时，提及先年太仓银库的收支情况："太仓银库岁入二百万两，先年各边额用主兵年例银四十一万余两，

---

① 《明经世文编》卷85，韩文：《为缺乏银两库藏空虚事疏》。

② 《明武宗实录》卷18，正德元年十月甲寅条；《国朝典汇》卷102，《户部十六·查理各项钱粮》。

各卫所折粮银二十三万余两，职官布绢银一十一万余两，军士布花银十万余两，京营马料银一十二万余两，仓场粮草银三十五万余两，一年大约多出一百三十三万，常余六十七万。嘉靖八年以前，内库积有四百余万，外库积有一百余万。"①遗憾的是，文中没有指明年份，只是提及嘉靖八年以前，太仓内、外库共积贮银500余万两。但据当年户部尚书梁材报告，在嘉靖七年，由于收支不均衡，财政上出现赤字，"嘉靖七年太仓所入，至一百三十万金，而费出之数，乃至二百四十一万有余"②，因此，嘉靖七年当年的收支赤字111万余两。自此以后，太仓入不敷出的记载，累见于篇。

依据全汉昇、李龙华《明代中叶后太仓岁入银两的研究》《明代中叶后太仓岁出银两的研究》，从太仓银库盈亏数字上看，自正德十三年（1518）至崇祯十五年的120年余年中，除正德十三年，万历五年（1577）、二十一年、三十年，天启五年（1625），崇祯四年（1631）及七年等7个年度岁入稍大于支出外，其余年份岁入尚不能支付当年的财政用度。而且，天启五年、崇祯四年、崇祯七年的盈余是"三饷"加派结果，属于非常态性的财政剧增。也就是说，正常情况下的收支盈余只有4个年份。从赤字数额上看，少则万余两，高时达到300余万两，通常在数十万两或百余万两之间。

其中年例银在太仓岁支总额中呈递增态势。嘉靖中叶约为100万两，中叶以后至万历五年以前，约为200万两，万历六年至四十五年，则处于300余万至400余万两之间。从支出比例上看，明中后期，军饷（特指边饷）在太仓支出中所占比重少则53.37%，多则高达92.49%，军饷在太仓银库的支出比例愈来愈高。

需要说明的是，明代军饷的支出，不单指年例银，在战争时期，还

---

① 《明世宗实录》卷351，嘉靖二十八年八月己亥条。

② 《明世宗实录》卷97，嘉靖八年正月壬戌条。

有许多额外支出。例如，嘉靖二十九年至三十一年间，俺答大举南犯时，户部银的支出，除各边主客兵年例银280万两外，还有新增军饷银245万余两，修边和赈济的费用300余万两，总数共达800余万两。而工部支付的工食银和料价银也有34.5万两。①其中直接用于军事的费用已达525万余两，约占户部军备开支总数的65%。而本书侧重于对粮饷的研究，一般只涉及年例银，不包括修边、武器、装备、马料、马匹等其他费用。

以上是明中后军饷收支之概况，为更具体地呈现明中后期军饷在太仓支出额数中所占比例，现以万历六年太仓岁入、岁出为例加以说明。万历六年太仓银库各项岁入银数367万6181.6258两。岁出见表5-1。

表5-1 万历六年太仓银库各项岁出银额

编号	岁出项目名称	岁出银额（单位：两）
1	公、侯、驸马、伯每年约支禄米折银	16561
2	吏部等衙门官员每年约支折俸并折绢布银	44660.25
3	光禄、太常寺、神乐观、文寺院、司苑局、皮作局、实钞局、京卫、武学等衙门厨役、官匠、武生、乐舞生、甲军、并教坊司俳色长每年约支折色银	10807
4	锦衣等78卫所官吏旗校军士匠役每年约支折色银	216884.39
	官员每年约支折俸并折绢布银	268397.08
	军士冬衣布折银	82121
	各仓库草场官甲斗每年约支折色银	2134.02
5	内府各盐局库民匠每年约支折色银	152.95
6	宛、大贰丝孤老	（全支本色米、布）
7	五军、神枢、神机三大营将官并选锋军每年约支冬衣布折银	2230
	营操马匹每年约支折料草银	79639.42
8	巡捕营官军家丁每年约支马匹料草折银	29810.4
9	锦衣、旗手等卫上直官捕盗马匹每年约支料草折银	16818 97
10	腾骧四卫营马匹每年约支料草折银	14859.18
11	中都留守司并山东、河南二都司班军每年约支行粮并做工盐粮折银	50410.9

① 《明世宗实录》卷381，嘉靖三十一年正月己酉条。

续表

编号	岁出项目名称	岁出银额（单位：两）
12	京五草场每年约支商价银	16271
13	御马三仓并象马等房仓每年约支商价银	148403
14	太常寺猪价银	570
15	内官盐、实钞司召买稻草商价银	949.3
16	宣府镇年例银	296000
17	大同镇年例银	450638
18	陕西镇年例银	206300
19	延安镇年例银	377515.21
20	宁夏镇年例银	39294.875
21	固原镇年例银	63721.82
22	甘肃镇年例银	51497.8
23	辽东镇年例银	409984.36
24	蓟州镇（军门抚夷银28800两）年例银	424892.38
25	密云镇年例银	394037.19
26	永平镇年例银	241858.6
27	昌平镇年例银	175540.81
28	易州镇（附井陉镇）年例银	59000
	合计	419万1960.905

由表5-1可知，太仓银库28项常规性支出中，前15项是京师各部门的行政费用，除顺天府宛平、大兴二县的孤老福利全支本色米、布外，其余均是折色银，合计为100万1679两。16～28项，是十三边镇的军事费用的岁支，合计为319万281两。可见，边事费用约为京师经常性开支的三倍多，占总支出数的76.10%。

总之，明代自万历以来，太仓银库每年正常的岁入额为1461万两，其中归入内府作为皇帝和宫廷消费的600余万两，真正属于户部作为政府开支的除本色外，折色银不过400余万两[①]。万历四十八年加派辽饷520多万两，本身已超过政府全年的正常开支数额，到崇祯四年辽饷达到1000

① 《明神宗实录》卷584，万历四十七年七月甲午条。

多万两，十年加剿饷280万两，十二年再加练饷730余万两，加派总数高达2000余万两，远远超过国家常年的赋税收入，明朝财政已经完全趋于崩溃。而当时九边地区仅有约50万名兵力（原额70万名），全国的军额数万历后期不过146万名，崇祯朝也仅仅120万名左右——其中20万朝议多疑（原额260万）。[①]按当时的人口计，军士数不到全国人数的1%，民众本不会因负担军费而无法生活，政府财政按理也不会因此而崩溃。但现实却并非如此：一方面，军队人数减少了，而军费却愈来愈多，出现入不敷出的局面；另一方面，军费增加了，而军士生活却愈加艰难，逃亡、索饷、哗变之事接连不断。

第二节　明代中后期军饷不足的原因

从明代军饷的管理与监督体制可以看出，军饷的筹集、转运、储存、发放、监督是一个相互关联的复杂程序，其中任何一个环节出现问题都有可能造成军饷运转体制的不畅。要想探讨军饷收支不均的原因，最根本的就是要从源、流两个方面入手。从源头上看，军屯的废弛、民运的逋负、漕粮的漂流、盐课的壅阻、赋税的蠲免，以及工部、兵部与其他部门的分饷都会导致户部库储不足，从而影响军饷的发放。从军饷的支出上看，募兵、客兵的增加，军官的贪污及大规模防御工程的修建等均不同程度上加剧了国家的财政困难，致使难以筹集足够的经费移作军饷。另外，明末白银大量流入、物价的上涨、军储仓的废除、供饷与用饷之间的矛盾等也是军饷不足的重要原因。

---

① 《崇祯实录》卷2，崇祯二年正月壬辰条。

一、军饷来源方面

明代军饷占太仓银库支出的比重相当高。所以，要考察明中后期军饷的收入状况，必须从太仓银库说起。明代太仓银库的收入呈现螺旋式上升的局面。但太仓银库收入的增长速度赶不上支出的增长速度。一方面，收入方面数额多属于额定数额，实际未必足额缴纳；另一方面，太仓的收入未必专款专用，"宫廷"及其他部门的大额"分饷"也是太仓银库入不敷出的一个重要原因。

（一）"宫廷"分饷

明代户部太仓，通常被称为"国库"，但它从没有像今天的中央财政部门那样统一规划全国的所有资源，它所控制的资源并不是国库的全部，与其相并列的其他五个部门也都有财政自主权。并且，宫廷及其他部门以借取、挪用等形式巧取豪夺太仓库银之事经常发生。

兵、工二部是明代太仓最大的分饷部门。自万历四十六年九月至四十八年三月间，户部三次定额加派，合计9厘，其中最后加派的2厘全部分给兵部与工部。其中工部获得20万两作为制造器械之费用，兵部获得100万两，作为安家银和马价银之用。[①]由于加派，户部太仓总收入虽有所增加，但由于兵、工二部的分饷，很大程度上影响总收入的数额。

明代"宫廷"有相对独立的财政预算系统，自正统元年（1436）开始，每年定额将400万石税粮折征"金花银"100多万两，收入宫廷内承运库贮存。算是比较大宗的固定财政收入，后来"买办银"也并入其中。

---

① 《明神宗实录》卷574，万历四十六年九月辛亥条；卷592，万历四十八年三月甲寅条；《明光宗实录》卷4，泰昌元年八月庚戌条。

内承运库的资金，一部分作为在京武官的俸禄，大概每年有10万两白银，剩下的全部变成皇帝私人财产，由皇帝个人支配，户部没有管辖权，只承担记账的责任。这样，皇帝有内库，国家有国库，本该泾渭分明，可贪心不足的皇帝仍想方设法转移太仓库的资金。如弘治十五年（1502），据户部统计当年内承运库先后五次从太仓取银，共计195万两。[①]这一现象，嘉靖、隆庆、万历均如此，可见宫廷分享也是明中后期太仓收支不均的重要原因。

（二）地方奏留与逋欠

除兵、工部门和宫廷分饷外，地方政府奏留应解银两也是影响户部太仓收入的一个重要原因。银应解而不解，致使预定收入数额成一纸空文，有名无实。其中最大规模的奏留发生在天启元年至崇祯二年间，当时四川、贵州地区爆发土司叛乱，地方为应付战事而奏留四川、湖广、云南、广西四省的加派银两。湖广地区把应解纳太仓的"加派银"分两次解纳贵州充黔饷，第一次是70万两，第二次是75万两。[②]其后根据情况略有增减。共计各省每年留作黔饷银共约91万两。后因奢安之乱，留银高达100余万两。[③]除西南诸省外，山东省也曾因白莲教之乱而题留加派银28687两。[④]天启三年，山东省题留加派银40.8万两作登、莱兵饷。[⑤]崇祯五年，山东省的正、杂个项和新饷银共80余万两，俱留作登、莱、皮

---

① 《明孝宗实录》卷192，弘治十五年十月辛酉条。

② 《明熹宗实录》卷75，天启六年八月甲子条。

③ 《皇明世法录》卷36，《理财》，第1035页。"今以旁漏言之，京、通、蓟、门、登、莱已用一百九十余万；而奢、安二酋之乱，又用湖广、四川、广西、云南、贵州银一百余万，是皆非辽而用辽饷者也。"

④ 《皇明世法录》卷34，《理财·山东太仓银库·加派新饷》，第965页。

⑤ 《明熹宗实录》卷36，天启三年七月辛卯条。

岛兵饷。①除此之外，北直隶保定地区②、山西省③、陕西省④等地都奏留数额不等的银两，以补充地方财政之不足。这些都是影响军饷收入的重要因素。

除奏留银两外，地方赋税的拖欠也是影响军饷收入的一个重要因素。地方府、州、县拖欠上级赋税是明代的一个普遍现象，史不绝书。由《崇祯元年各省直新、旧饷拖欠表》可知，能够完成"旧饷"的地区只有山东，南直隶徽州府，北直隶顺天、河间、保定、大名四府及两淮等运司而已，其余地区全无解银。

（三）中央对地方的蠲免

蠲免是国家荒政的一项重要内容，主要通过勾销或免除的形式清除多年积压的拖欠款项，或免除当年的税粮，帮助灾民渡过难关。我国自古以来就是自然灾害频发的国家，为减少灾害造成的经济损失，保持社会稳定，历代统治者都不同程度地实行荒政政策，蠲免便是其中的重要一项。如嘉靖三十年，因南直隶、北直隶、河南、江西、辽东、贵州、山东、山西等地灾荒严重，明世宗下诏蠲免这些地区的税粮。⑤

不仅如此，对于历年来积压的拖欠税粮，明政府也多实施蠲免。如万历初年，户部调查显示，自隆庆元年（1567）至万历七年，江南苏州、松江等赴拖欠本折银711350余万两；淮安、扬州等赴拖欠239630余两；山东拖欠332710余两，合计共128万3690余两。关于拖欠税粮是否追补的问题，大学士张居正认为，民众很难有能力补缴积压这么多年的逋欠，

---

① 《崇祯长编》卷56，崇祯五年二月己巳条。

② 《度支奏议》新饷司卷25，《崇祯四年十一月十四日覆保抚量留四年分生员优免抵饷疏》。合计，崇祯三年分留4万两，四年分留3.5万两。

③ 《国榷》第6册，卷91，第5558页。按，在崇祯四年三月癸未获准奏留驿站裁银10余万两。

④ 《度支奏议》新饷司卷36，《崇祯六年正月二十八日覆陕西留饷疏》。

⑤ 《明史》卷18，《世宗二》。

而地方官员为了规避罪责，往往将当年所征挪用带征，名义上补缴旧欠，实际上减少新收，于是年年有拖欠，年年都要带征，周而复始，积弊甚多，不如将历年逋欠税两一笔勾销，重新更立新规，如再不能完足上纳，依法惩治。于是，神宗下令全部蠲免。①

据不完全统计，万历前期，蠲免米麦4666153石，蠲免银两（包括折色银）2107766两，是一笔相当可观的收入。而万历中后期，灾荒发生频率更高，范围更广，受灾害程度更重，蠲免力度会更大。

综上所述，由于"一条鞭法""三饷加派"等多项政策的施行，明中叶后太仓库银收入数额虽呈上升趋势，但由于"宫廷"分饷，地方的奏留、拖欠及中央对地方的蠲免，致使太仓增长仍赶不上支出的增长速度。收入削减与支出激增形成了此消彼长的关系，明代中后期财政收支不均由此而生。

二、军饷支出方面

明中叶后，太仓岁出银两呈不规则的增高趋势，而其增加的原因就在于战事爆发对粮料等军用物资的需求。而在明前期，供给边镇或应付战事所需的粮草等军用物资，主要来源于军屯、民运、开中三项。土木之变之后，边患迭起，加之卫所世兵的逃亡，募兵的增加，军队耗粮剧增。仅靠军屯、开中盐粮及民运粮已远远不能满足庞大的军费开支，于是便有了年例银的发放。所以，明代军饷的供给体制由明初多渠道的分散供给逐渐转向国库，主要依靠太仓银来解决，军饷支出增加在所难免。

---

① 《明神宗实录》卷121，万历十年二月丁酉条。除了户部钱粮外，同时蠲免的还有，属于兵部的题准带征未完银295997两，未题拖欠银164260两有奇，以及属于南京户部的湖广等处拖欠"南储钱粮"本折银275010余两。

（一）募兵增加及"募兵土著化"

卫所世兵制的衰败和募兵制的兴起是明代政治、经济、社会发展的必然结果，募兵和卫所军最明显的区别就是募兵的薪饷不像卫所军初期那样主要来自屯田和民运，而是完全由国家财政供应，所以募兵越多，国家财政负担越大（募兵人数前面已有论述）。另外，募兵费用的增加和募兵月饷银数的增大，也是军费激增的重要原因。

自正统以降，募兵之法相沿成例，而募兵之费则逐渐增加。正统二年，"始募所在军余，民壮愿自效者，陕西得四千二百人。人给布二匹，月粮四斗"[①]。土木之变后，京兵损殁殆尽。紧接着也先兵临京师，为应对危机，朝廷任命编修杨鼎"行监察御史事，募兵兖州"[②]。招募之初，募兵待遇并不高，被召募民丁还带有为朝廷服差役的性质。如天顺元年（1547）八月，诏兵部："近边人民不分军民舍余等，有愿效力者，许其自报，收附近卫所寄管，令作士兵名色，给予鞍马器械，秋冬操练，支与口粮，春夏务农住支。本户免征粮五石，仍除一丁供给，免其杂泛差役。如有事故，不许勾补。军还为军，民还为民，有功者一体升赏。"[③]被招募民丁，仅免其征粮五石，免一余丁杂泛差役，待遇不高。

至成化年间，召募军士待遇略有提高："士兵优恤之法：每名量免户租六石，常存二丁帮贴，五石以下者存三丁，三石以下者存四丁。"[④]成化八年，募西北义勇，"人给银三两，布二匹，月米一石"[⑤]。募军报酬用实物与银两支付。

弘治以后，募兵数量不断扩大，应募军人的待遇也不断提高。弘治

---

① 《明史》卷91，《兵志三·民壮》，第2249页。

② 《明史》卷157，《杨鼎传》，第4299页。

③ 《明英宗实录》卷281，天顺元年八月丁未条。

④ 《续文献通考》卷163，《兵考》，第9960页。

⑤ 《明宪宗实录》卷101，成化八年二月乙酉条。

间募军费用一般都是用白银支付"人给银五两"①。弘治间，米1石"时价或五钱或七钱"②，银5两折米7~10石。弘治十三年，"命通行各镇巡官设法招募，每处限五千名以上"③。但这次招募因待遇偏低而应募者少。弘治十五年三月，"命光禄寺丞刘宪奉命募土兵于陕西诸镇，得兵凡一万三百七十六名，请各赐银五两"④。至弘治十八年，募兵费用略有降低，"人给银三两，及马匹器械，编成队伍，与官军协力杀贼，有功照例升赏，事定归农者，听；其愿留者，寄名近卫，月给粮一石，老则除之"⑤。正德年间，募兵费用基本没有大的变动。正德元年，时"套虏"侵扰宁夏，且逼近宣、大二镇，危害颇深，兵科给事中艾洪等奏，"宜遣都给事中四人分往辽东、宣、大、延、宁、甘肃召募土兵"，兵部覆言："若募兵，则人用银三两，七镇每兵三万，总为兵二十一万，用银六十三万矣。"⑥

　　嘉靖年间，九边诸镇，多次全线召募，募兵开支剧增。根据潘潢《查核边镇主兵钱粮实数疏》记载，嘉靖十七年至二十八年，辽东、大同、延绥、甘肃、山西、固原的募军和募军银数，各镇平均，每募一军所费不同，最低每名3两2钱，最高如甘肃人均用银达25两7钱。隆庆间募南兵戍蓟镇"人给五两以给其家，不给行粮"⑦。万历末，浙中募兵"每人给安家费三两，行粮二两"⑧，"募步兵一名需银十五两，募水兵一名加上供给船只需银二十两，募骑兵一名，加上供给马匹，需银三十两"⑨。到天启

---

① 《明世宗实录》卷159，嘉靖十三年二月癸酉条。

② 《明孝宗实录》卷117，弘治九年九月壬申条。

③ 《明孝宗实录》卷163，弘治十三年六月癸未条。

④ 《明孝宗实录》卷185，弘治十五年三月己亥条。

⑤ 《明武宗实录》卷2，弘治十八年六月甲寅条。

⑥ 《明武宗实录》卷9，正德元年正月丙午条。

⑦ 《明穆宗实录》卷60，隆庆五年八月戊午条。

⑧ 《明光宗实录》卷6，泰昌元年八月辛酉条。

⑨ 《抚津疏草》卷1，《亟发帑金以资调募疏》。

元年，已是"募皆十两"①；也有二十两之说，如徐光启在《兵事百不相应疏》记为："今之募兵，人以二十金为率。"②

万历四十七年，辽东"每兵一名计饷银一十八两"③，合月饷一两五钱③。天启初已是"每兵每月大约本折可用二两"④。有的还记"辽东旧兵七万，额饷七十万，新兵十三万，岁饷至五百余万"⑤。合计则旧兵（即世兵）月饷8钱，新兵（即募兵）月饷3两2钱。明中后期，随着卫所军士逃亡的增加，募兵的比例越来越大，特别是嘉靖中期以后，九边多次全线召募。嘉靖二十八年，各边募军费高达59万两⑥，仅大同一镇就募兵44810名。天启元年四月，于通州、天津、宣、大、山西、三关、畿内八府、山东、河南、陕西、山西八省招募，每省不拘定数，大约"以五千人为率"⑦。总之，募军银、募军月饷的逐年增加。嘉靖中期以后，"北孽边则募，南孽倭则募，中孽寇贼则募"，至于募兵人数，一般认为，在国家常备军中并不占绝对多数，充其量"居半"而已。⑧但由募兵引起的军费增加，是个不争的事实。

募兵制度不仅增加了明政府的财政负担，还滋生了诸多弊端。为骗取招募费用，一批以应募为生的流氓应运而生。这些人"方应募于江北，忽应募于浙东。方以得募价而留，忽以满募限而去。譬如借债之人，主

---

① 《明熹宗实录》卷9，天启元年八月辛巳条。据兵部尚书张鹤鸣言："自万历四十六年奴陷抚顺，征募四出，于是比救朝鲜征播州事例，有安家马价之设。初调兵安家预支口粮二三月，募兵安家，或二两五钱，或三两四两，今调皆五两，募皆十两矣。"由此，调兵、募兵费用之增长略见一斑。

② 《明经世文编》卷489，徐光启：《兵事百不相应疏》。

③ 《明神宗实录》卷588，万历四十七年十一月癸卯条。

④ 《明熹宗实录》卷5，天启元年正月乙未条。

⑤ 《明熹宗实录》卷1，天启元年五月丁未条。

⑥ 《明世宗实录》卷351，嘉靖年八月己亥条。

⑦ 《明熹宗实录》卷11，天启元年四月戊寅条。

⑧ 参见梁淼泰《明代"九边"的募兵》，《中国社会经济史研究》1997年第1期。

人不得而羁之，安得而练之？"①有鉴于此，明士大夫在借鉴卫所世兵携带家小同赴边防卫的基础上，提出"募兵土著化""募兵终身制"的改革建议。军士携妻赴卫虽不能根除军士逃亡的积弊，但在一定程度上可确保军士安心服役；其在卫所繁衍后代，也为军士的补伍替役提供了一定保障。如万历四十六年，顺天巡抚刘日梧总结招募之利弊时称其利之一为"即永在营，以边为家，亦如守台南兵，渐至生长子孙，自为保守"②，显然是想让募兵携带家小，以卫为家，终身戍守。募兵土著化最直接目的有二：一是防止募兵逃亡，转而在其他地方应募，徒费招募费用。二是募兵土著化后，其子孙后代可以按土著"简练"，这样既保障了军士来源，又减少了粮饷的支出，形成自我补给机制。与此同时，为减少募兵的次数，缓解财政压力，又有人提议实行募兵"终身制"——凡召募军人，终其本身，如有潜逃，则取其儿男补役，以此来禁锢募军，减轻政府的财政负担。如《实政录》记载："召募受赏军人止是终其本身。果逃，则取当房儿男补役，恶骗赏也。果老且死，子孙亦不清勾。"③文中"取当房儿男补役"，显然，仍没有摆脱"军户世袭制"的束缚，以确保召募人员，减少二次召募之频率与费用。但这一建议仅在局部地区得到实施，并在清代为绿营兵制所接受，绿营兵征兵的基本原则之一就是必出于土著。

（二）客兵频调与"改客为主"

边军有三等，在本镇者为主兵，调自他镇为客兵，边民应募及原地民壮为土兵。④按明制，主兵不支行粮，客兵不支月粮。行粮是专为从征军马而设，视军马调动情况按日按程支给。行粮支给数额因时因地而有所不同。大致来说，明前期士兵行粮一般每人每月4斗、4斗5升，或日

---

① 《筹海图编》卷9，《慎募调》。

② 《明神宗实录》卷567，万历四十六年三月戊子条。

③ 《实政录》卷6，《风宪约》。

④ （明）黄瑜：《双槐岁钞》卷5，《京军边军》。

支行粮1升、1升5合。至明后期，辽东战事爆发，军马调动频繁，为鼓舞士气，"坐行兼支"。如崇祯五年，调津门军士赴陕西征剿地方民乱，天津抚臣条陈预备援兵事宜时谈到，所调津门援兵，除各有月饷料草外，加给"行粮盐菜"，军日该4分2厘，马日支草1束、料3升，或本或折，"则宁从其厚，共给银四分"。月饷解自津镇，行粮自津起行支给，至应援地方即于该地方关支。并规定"真保兵，及邓玘南兵皆照例"。[①]换而言之，津门援兵打破"行坐不得兼支"之规定，除月饷外，行粮盐菜草料等，每日又额外增给银4分2厘，有马者又多支草料银4分。

再如崇祯五年十月昌平援辽东军马，各兵除月粮外，其一切行粮盐菜俱照援东之例，"每名盐菜三分，行粮米一升五合，折银一分二厘，共四分二厘。有马者支料三升，草一束，共折四分"。并规定，如粮料草束有愿领本色者，许押兵将官将价银算明封送，令沿途州县有司称兑，代为买办。行军途中规定六十里之程为一日，有兼程者计程酌加，至河南时在河南存留饷内支给，启程在途之日，由户部解发，昌镇支给。所以，所调客兵越多，戍守异地时间越长，则行粮花费就越多。据范中义研究，一个军士出征外地，其饷额要比驻在本营增加40%以上。[②]客兵的频繁调动，客饷剧增，无疑是明末军费增加的一个重要原因。

明中后期军中耗饷最大的莫过于客兵。崇祯二年，户部尚书毕自严疏陈边饷主客兵之额，并开列主客兵之饷额。认为"最耗靡之大端，最节省之要着，则军饷中客饷是已"，"各镇年例三百二十七万八千三百余两，主居其二，客居其一"[③]。

各镇主兵之外，又有客兵；主饷之外，又有客饷；主饷属于正常开支，而客饷则御不时之需。崇祯初各镇年例共327.83万余两，客饷费用

---

① 《度支奏议》新饷司卷29，《覆津抚条陈预备援兵行盐事宜疏》。

② 参见范中义《论明朝军制的演变》，《中国史研究》1998年第2期。

③ 《度支奏议》堂稿卷4，《题议九边主客兵兵饷疏》。

是109.03万余两，约占30%。就客饷而言，原备征调、召买、修筑、抚赏等用，花费最大者为征调之费，所以，明朝规定，战停客兵则各自归卫，客兵行粮之费停。而实际上，客兵即循例分防入卫者少，客饷开销仍无宁日，"九虚一实"。甚至有以主为客者，调遣不离本镇，仍按客兵发放客饷，行坐兼支，靡费粮饷。其次是抚赏之费，除蓟密等镇抚赏银29227余两，东抚赏银116062两，共145289两于年例银外发放外，其余各镇抚赏银多出于太仆寺，或在年例中支给。再次则是召买之费、修筑之费等。召买贵贱，权宜本折，原属善政。但中间多有高抬时估，从中侵渔者，导致资金大量流失。崇祯八年，农民起义军进入中原，兵部议调，"西兵二万五千人，北兵一万八千人，南兵二万二千人，更铁骑二千，以张外嘉及总兵尤世威统之，天津兵三千人以徐来朝统之，又征……南北济帅共兵七万二人，饷七十八万六千，外留湖广新饷十三万，四川新饷二万"。[①]客饷数额之大引起统治者的不安，所以有人提议化客兵为主兵。

　　一般认为，客兵月饷三倍于土著（主兵）。[②]如崇祯三年十一月，入黔援助征剿川兵，"在本省银米每日支三分，入卫每日支六分，是该省行月兼支之数也。今川兵之在遵化者每兵除盐菜九钱米四斗五升外，又给月饷银一两五钱，已三倍于原食之饷矣"[③]。是以客兵几月之饷，当主兵经年之用也。[④]所以，客兵乐于为客，而不肯为主，内地若此，边防尽然。[⑤]如此，则客兵愈来愈多，而主兵逐渐减少，国家负担加重。所以，许多官员疏言客兵之害，认为"调募客兵坐靡粮饷"[⑥]，建议"加重于主兵，而少

---

① 《崇祯实录》卷8，崇祯八年正月庚申条。

② （明）茅元仪：《三戍丛谭》卷5，第22页。

③ 《度支奏议》新饷司卷17，《覆留川兵月饷并援兵给饷事宜疏》。

④ （明）卢象昇：《卢公奏议》卷1，《抚郧奏议》。

⑤ 《度支奏议》新饷司卷27，《覆招练等兵饷则例疏》。

⑥ （明）王士骐：《皇明驭倭录》卷7，嘉靖三十八年九月。

调客兵，使兵得息，而食减"①。换而言之，即建议补主兵以免客兵，免客兵以省客饷。更有论者，建议"改客为主"，实行屯田，就地耕种，自我补给："凡十名之内量分三四名，就近屯营，便受上赏，使浮游剽掠之徒得此旧制，受四五十亩者，立为主兵，暴乱自息。"②客兵改主屯田，不仅是基于粮饷方面的考虑，更多的是心理的笼络。客兵与土兵不同，撇家舍室，远离家乡，非应募则调选而来，无父母家室之系，其情易溃。如果以屯田相馈，室家安聚，则客兵情绪转好，充兵实伍、屯田、自给两便。

辽东战事爆发后，客兵调遣愈加频繁，一些钻营之士兵则以此为职业，专为攫取客兵之厚饷，因此，所调客兵多乌合之徒，易于解散。加之，所调客兵无父母家室牵挂，容易溃散，为害一方。时人将客兵之害比甚于盗贼，称"客兵之祸甚于盗寇，何者？寇之害犹有方也，客兵者无不及之矣。寇之至也，人犹得持梃逐之，客兵者杀人而人不敢怒而诉也，即有诉者反益之祸矣。今之论者辄云客兵，而不知数千里间父哭其子，夫哭其妻，母哭其女，主哭其仆者，耳不忍闻也。血涂原野，四体毁残，鸡犬牛马，户牖门屏俄然一空者，目不忍见也"③。客兵为患的现实引起了统治者的重视，崇祯十一年，提督军务钦差兼抚治郧阳地方都察院右佥都御史卢象昇急呼："援他处得客兵万不如得主兵千，得客兵千不如得主兵百，况非旦暮可至者乎？"④所以，明后期，有志之士屡有上疏"改客为主"，"撤客兵"⑤，"募土著以代客兵"⑥，"撤客兵，练乡兵"⑦，以省

① 《弇州四部稿》卷115，《文部·第四问》。
② （清）孙承泽：《山书》卷18，第490页。
③ （明）宗臣：《宗子相文集》卷330，《二曾夜谈记》。
④ 《卢公奏议》卷9，《宣云奏议》。
⑤ （明）洪朝：《洪芳洲先生归田稿》，《读书稿》，代本县回劳军门咨访事宜。
⑥ 《葛中翰遗集》卷4，《上祁安抚条议》。
⑦ 《筹海图编》卷9，《平望之捷》。

安家行粮之费，恤疲民，以求实用。

（三）官员贪污与"债帅"

军费的增加与明中后期形形色色的腐败也有一定关系。明朝是中国历史上腐败现象较为严重的朝代之一，涉及军饷问题而引发腐败行为更是名目繁多，不一而足。

在粮饷的筹集过程中，官员侵吞现象较为严重。如军屯方面存在着官豪势要、巨室豪族及镇守总兵官等欺隐和侵占的行为。[1]他们通过侵夺、隐占、盗买、纳献等手段，将膏腴之田尽收囊中，使国家失去了屯地中的精华。这样，膏腴在官，瘠薄归军，官享其利，军任其赋，"赋不堪，则不得不寄田于势要，而欺隐遂多"[2]。有些地区甚至还出现"豪右影射无粮之屯地，旗甲包赔无地之屯粮"[3]的局面。

在开中盐粮方面，由于权贵势要的"占窝""卖窝"，垄断开中，诡名报中上纳，骗取盐引，高价倒卖，致使商人经年累月不得关支。加之，势要的"多支"与"夹带"，造成"人得私贩，官盐沮坏，客商广中，无以济边之急"[4]的局面，盐法大坏。弘治五年，叶淇变法，改纳粮于边为纳银运司，解运太仓，分给各边，开中法逐渐废弛。

在仓储方面，隐匿、揽纳、冒领税粮之事时有发生，仓场侍郎等官也常利用职权之便从事非法牟利活动。《西园闻见录》详细地记载了仓储官员的牟利手段："有谓收漕米一廒，索运官常例一百二十两；有受运官贿赂而纵容过囤，将多补寡者；有以漕粮挂欠为市，而贿金既入，辄那余米补其欠额者；有将耗米作楂头，听旗军与歇脚运出贩卖而官因之射利者；有放粮之日巧借讨赏名色，因而用小脚牌照出，乘机盗米数千石

---

① 《明代的军屯》下编6，《屯地的侵占》。

② 《皇明世法录》卷30，《屯政》。

③ 《明神宗实录》卷220，万历十八年二月乙亥条。

④ 《陕西通志》卷8，《盐法》。

者；有躬操市贩卖红筹与铺行，每会五十石者，每日数十会，外人知为官米而恬不怪者，无异掩耳盗铃，甚至筹下签之役而亦有常规者；有垂涎古董玩器，遇庙市之日令歇家挟赀相随，眈视货物兑换而归，而以仓米取赏者；有征逐子母间月借米与歇脚抗车各役，及派粮完日领到轻赍送脚下价而任意扣除，取具收数倍得元宝者；有规避陈米浥烂，粜贩价轻，阴遣歇家至管粮厅营派新仓，紊乱廒口常规者；有巧借当役名色而剥取歇家常规百不补一者；有粜米不敷又粜豆，亦用经筹为记者；有仓口空廒不预为修葺而毁伤各薪木，至修缮之日，工部赔累称苦者；有剥削穷军每月支粮一石仅足八斗，实以为自润之地，又纵令抗夫挖去二三升，袋中仍有剩米，敢怒不敢言者。其陋规大略俱是矣。"①

在军饷支放过程中，贪污手段更是名目繁多。吃空缺，是军官贪污的惯用伎俩。它主要是利用明代监督体制的漏洞——管兵与管饷不互相稽查。各军收操在营，食粮在卫。管兵者不知粮之多寡，管粮者不知兵之虚实，户部仅凭卫所执结放粮，而卫所印官得钱既与管领，给军官吃空缺以可乘之机。②以大同镇为例，"大同各卫先年召选军士，事故等项，例不勾丁"③。军士逃亡、战殁，军官"匿不实报"④，甚至"徇私放遣"在营军士，⑤使军伍大量缺额，而军饷如额定之数支放。更有甚者，卫所军官以异姓义男捏作自家舍余，卫所军士以异姓民人或同姓异族捏作余丁，又有残疾老幼冒顶正军，父充正军幼子记录逃亡故绝者，"虚挂鬼名，冒食粮饷"⑥，致使军储经常缺乏。

---

① 《西园闻见录》卷34，《积贮》。

② 《万历疏抄》卷26，《粮储》，王继光：《冒粮积猾虽惩将来弊窦亦杜谨陈善后议以清仓储疏》。

③ 《明武宗实录》卷105，正德八年十月乙未条。

④ 《明英宗实录》卷302，天顺三年四月丙寅条。

⑤ 《明宣宗实录》卷97，宣德七年十二月壬辰条。

⑥ （明）范涞：《两浙海防类考续编》卷4，《卫所军粮》，四库全书存目丛书史部第226册。

克扣军粮，是将官贪污最直接的办法。嘉靖初年，大学士杨一清指出："朝廷养军月给米一石，岁钞，又赐衣步，非不优厚，而管队等官科敛多端，所存无几，军士安得不贫？"[①]各边军士效死边关，寄命粮饷，最宜抚恤厚赏，"而管军官百计侵克，肆意诛求，以故边士日困，责以御敌，势必不能"[②]。贪将剥削军士的直接后果，正如于吴相所言："近来朵颜诸夷自入贡外，往往扣关求赏。边臣习以为常，岁耗军粮以巨万计。彼贪黩者既缘此剥敛军师，军师乘虏之和出边樵采。是自撤我藩篱而导虏以入也。"[③]

杀良冒功是最为残忍的套取奖赏的手段。明代将士赏功法主要是以斩获敌人首级多少为标准。明末清初人孙承泽在《春明梦余录》中曾提到"以首功四、战功二等辨武功"的办法。[④]所谓"首功四"是指按立功地区、擒斩对象不同划分为"北边""东北边""西番苗蛮""内地反贼"四等给予不同的首功赏格。所谓"战功二"是指在战斗中以"奇功""头功"二等论功次。根据斩首多少，论功行赏。为获得奖赏，有些将官大肆屠杀无辜平民。如天启四年，蓟辽督师孙承宗在谈及辽东官军滥杀无辜时指出："其至喑哑孤儿，立杀受赏。"[⑤]崇祯五年，陕西副总兵赵大胤在韩城"报斩贼五十级，而妇孺之首三十有五"[⑥]。不仅如此，冒滥军功也是军队中常见的现象。最典型的例子就是正德十二年大同应州之役，"止生擒虏一，斩首十五，而将士夤缘内降滥冒升荫"[⑦]，至正德十六年复核时，裁革冒功者多达943人，且这900余人中"名字不对，多寡不一"，

---

① 《明世宗实录》卷83，嘉靖六年十二月己未条。

② 《明世宗实录》卷53，嘉靖四年七月壬戌条。

③ 《明世宗实录》卷334，嘉靖二十七年三月甲申条。

④ 《春明梦余录》卷42，《兵部一》。

⑤ 《两朝丛信录》卷21，甲子。

⑥ 《柴庵疏集》卷9，按秦《纠参骄横将领疏》。

⑦ 《国朝典汇》卷148，《兵部·冒滥军功》。

可见"冒军功盗边储之弊尤甚"。^①时有诗痛斥这一行为,"割生献馘古来无,解道功成万骨枯。白草黄沙风雨夜,冤魂多少觅头颅"^②。又道,"塞上烟尘一万重,霍家营阵自从容。健儿夜半偷胡马,留作秋来夺获功"^③。这说明边疆杀良冒功、杀降冒功之事早已有之。

谎报调兵、收敛行粮是军官贪腐的又一手段。明代军饷分为月粮和行粮两种。前者是日常粮饷,后者是操守出征时的临时津贴。将官们常利用其调兵权,在承平之日"不肯休兵养锐,止以调集各城堡人马攒操为名,每于无事之时,只以按伏预备为词辞","只要每月扣得数十军马行粮,则喜以为够我侵克,可还债买官而已"^④。

除以上诸种贪污手段外,明中期,在北边防卫体系中还出现了债帅现象。"债帅始于唐朝,至宋南渡时,亦有之。"^⑤当时,地方武官为求地方节度使之职,不惜与宦官勾结,通过重利借贷来贿赂求官,一旦如愿,就运用职权聚敛还债,这些借债求官、侵吞军费的将领被称为债帅。明代债帅现象多发生在北部边疆地区。其性质与唐相似,为谋取边镇高级官员职位,通过借取高利贷的形式,贿赂政府高官和宦官,达到目的后,再通过各种手段榨取军士粮饷和边镇经费以偿还债务。朝廷拨给各边经费,经过债帅榨取后,有一部分回流到京师或内地,其直接后果就是导致边镇经费紧张,军士生活更加困难。

债帅是王朝末期政治腐败的产物,同时,它又将腐败推到了更深的层次。南宋朱熹曾向宋孝宗上疏道:"诸将之求进也,必先掊克士卒,以殖私财,然后以此自结于陛下之私人,而祈以姓名达于陛下之贵将,贵将得其姓名即以付之军中,使自什伍以上节次保明,称其材武堪任将帅,

---

① 《明宪宗实录》卷4,天顺八年四月乙巳条。
② (明)沈炼:《青霞集》卷7,《旧稿·感怀》,文渊阁四库全书第1278册。
③ 《青霞集》卷7,《旧稿·边词三》。
④ 《明经世文编》卷181,桂萼:《论大同事宜疏》。
⑤ 《大学衍义补》卷130,《治国平天下之要·严武备》。

然后具奏为牍，而言之陛下之前，陛下但见其等级，推先案牍具备，则诚以为公荐，而可以得人矣，而岂知其谐价输钱已若晚唐之债帅哉。"①朱熹在奏疏中揭示了债帅之现象，并向皇帝提出了解决办法，建议皇帝亲自审查将官资历，防止将官贿求之弊。债帅的产生与吏治不廉、政治不清关系很大。时人伍袁萃揭示了债帅现象的猖獗，冬季考选军政官员，直至夏后仍没有补选缺额，就其原因"曰各处总兵员缺，必待贿赂，或请托至，而后推所从来远矣，此债帅所以成风也"②。

贿赂求官的现象在弘治年间已比较普遍，据《明孝宗实录》记载，弘治十七年，兵部覆奏礼科都给事中李禄及监察御史饶榶所言三事，其一便谈及纳贿补官之事，"将官有缺，多以纳赂而得。及至镇所，则大肆搭克，以偿前费，请痛加禁革。今后有缺，务所司从公推举"③。可见，弘治时期已有债帅，只是还没有达到泛滥的程度。至嘉靖年间，"各边类多债帅"胶削士卒，致使激而为乱。④至于债帅的数量，难以统计，据《明经世文编》记载："今之边将半是债帅，克军以自肥，剥下以奉上。既有豺狼无厌之心，必成猫鼠同眠之势。……昔者孟献子曰：与其有聚敛之臣，宁有盗臣，是聚敛之为害甚于盗也。"⑤由此可以看出债帅问题的严重性。

凡债帅未有不取偿于军者，而"军食多不过三分，少不及二分，何能当此剥索也？"⑥如将边卒之饷一分为三，"其一以供债帅之囊"⑦。于是，浙江右参政王在晋疏言："总兵乃为千人之帅也，哨守则为百人之之长

---

① 《大学衍义补》卷130，《治国平天下之要·严武备》。
② 《林居漫录》卷4，前集。
③ 《明孝宗实录》卷212，弘治十七年五月壬寅条。
④ 《明世宗实录》卷359，嘉靖二十九年四月己亥条。
⑤ 《明经世文编》卷265，胡宗宪：《题为陈愚见以裨边务事疏》。
⑥ 《海防纂要》卷1，《广东事宜》。
⑦ 《弇州山人四部续稿》卷29，文部：《送督抚少司马温一斋公入领左司徒序》。

也，一人廉则千百人可安饱，一人勇则千百人之气可鼓也。而债帅统军，百立名色，贪剥巧取，如此，则强兵易弱，锐兵易惰，养兵不为地方之实用，而统兵反为各兵之大害。"所以，建议"慎用人"[①]，领兵、总哨必当熟察其人，试其技艺，方可任用。

至于债帅对边饷的侵蚀程度，因地区而异。就京营而言，据原任辽东巡抚李植奏曰："将皆债帅"[②]，军士粮饷半入其囊。就宣、大地区而言，"收折银半为债帅之侵渔，半系凶年之减价，军士所得已不足供给，甚或会计不周，并所谓折银者亦不能给军士，伤心久矣"[③]。宣、大二镇所收折银"半为债帅之侵渔"，而且这种现象已持续了很久。边防地区，"边将多债帅"[④]，"边卒之饷三分，其一以供债帅之囊"[⑤]。所以，天启元年，御史冯三元备陈目前要务疏中，感叹说："夫民之剥也，赀官为甚，所以用赀官者，则事例为之滥觞也。军之剥也，债帅为甚，所以用债帅者，则文职为之开窦也。"[⑥]可见，债帅侵渔边饷之深，非一朝一夕使其然，亦非一朝一夕所能治理。

三、军饷供给体制方面

军饷供给体制设置合理与否也是影响军饷发放的一个重要因素。明初，各都司卫所大多陆续建立了自己的军储仓，拥有相对独立的财政权，但由于管理不善，军储仓或被罢黜或并入府州县仓，卫所失去管理仓储的权力，军士粮饷供给仰给于各府州县，其粮饷运转必然受到限制。此

① 《海防纂要》卷1，《广东事宜》。
② 《筹辽硕画》卷23，《礼科给事中亓诗教题为经略行兵食》。
③ 《明经世文编》卷180，杜莘：《论宣大二镇疏》。
④ 《明世宗实录》卷564，嘉靖四十五年闰十月乙未条。
⑤ 《弇州山人四部续稿》卷29，文部：《送督抚少司马温一斋公入领左司徒序》。
⑥ 《两朝从信录》卷1，庚申，天启元年八月二十一日。

外，明代供饷体制缺乏统一的规划，一个军事单位经常要由多个府州县负责供给。由于隶属不同，相互间缺乏协调沟通，粮饷逋负现象时有发生。尤其在西南贵州、湖广、四川三司，卫所设置与地方府州县犬牙交错，有些卫所虽处于同一区域，却隶属各异，给军饷的管理带来了诸多不便，直接影响军饷的发放。

（一）军储仓管理权的转移

明初，为保证军需供应，各都司卫所陆续建立军储仓。至洪武三年七月，仅京师地区就设立了二十座。时在京卫多，"积粮以巨万计，而廪庾少，无以受之，乃命户部设军储仓二十所，各置官司其事。"①

除京师外，其他地方卫所也大都设有军储仓。以辽东都司为例，"辽东各卫所俱设有军储仓"②如定辽左卫左、右、后三所军储仓在卫治东，定辽右卫右、后二所军储仓在卫治东北，定辽中卫左、中、前、后四所军储仓在卫治西，定辽前卫左、右、前、后四卫军储仓在卫治东北，定辽后卫左、右、前、后四所军储仓在卫治东南，其余卫所如东宁卫、广宁卫、广宁左卫、广宁右卫、广宁中卫、广宁右屯卫等卫所各设有军储仓。③但是，由于卫所官军在受纳粮储时，经常恃强勒索。至宣德二年（1427），宣宗以"武人不习书算、不晓文移，不能关防，故多欺弊"④为由，开始向各卫所派遣文职官员担任经历和仓副使，负责掌管卫所的文案及财政。宣德十年，明宣宗接受廷臣的建议，将全国大部分军卫仓，改由地方官管理。"惟辽东、甘肃、宁夏、万全、沿海卫所无府州县者仍旧。"⑤分批取消了各都司卫所钱粮仓储管辖权，全国各地卫所粮仓陆续改

---

① 《明太祖实录》卷54，洪武三年七月丁酉条。
② 《明世宗实录》卷172，嘉靖十四年二月乙巳条。
③ 嘉靖《辽东志》卷2，《建置志》。
④ 《明宣宗实录》卷44，宣德二年六月壬寅条。
⑤ 《明英宗实录》卷7，宣德十年七月己卯条。

制。正统元年，陕西行都司甘州中等13卫所仓改隶陕西布政司。正统三年十一月，因山东登、莱、青三州军储仓所在入纳税粮之际，仗其势力，刻意盘剥，民受其害，所以山东登州府等各卫也进行了改制。此外，景泰二年（1451）改贵州永宁卫仓隶四川布政司，正统六年令福建各卫所仓改隶地方有司。至此，除辽东、甘肃、宁夏及万全、沿海卫所外，其他卫所仓大都改为地方官管理，即大部分军卫仓并入地方粮仓。

卫所仓储管辖权转归府州县后，子粒的征解工作虽仍由卫所管屯官员负责，但须交至指定的府州县粮仓，而后，再按照规定的标准和时间赴仓库支粮。如粮仓离都司卫所较近，并无大碍。但有些卫所离粮仓远至上百里，支领所费成本较高，致有军士多不关支者。如成化六年（1470）大理寺左少卿宋旻奏报："沈阳中护卫官舍军余人等俱在广平府威县等处屯种，而子粒及军人月粮俱往潞州官仓上纳关支。缘屯所距潞州六七百里，又兼路不通车，上纳子粒则以米易银，赴州倍价买纳。及关支月粮，每军止得八斗，若老幼妇女止得五六斗，不够往回路费，以此军人多不往支。"[①]由此看来，军储仓管理权的转移虽对遏制军官的奸弊起到了一定的积极作用，但同时又滋生了一些新的问题，并为官员的贪污提供了一个途径。对此，范涞在《两浙海防类考续编》中有详细的记载：

> 各卫军人以粮为命，有司岁额钱粮自应及时征解，按月支给。查定海等卫中左并后□等各所官军多者有十四五个月，少者亦不下十余个月无粮，深为可悯。除本司道每月自行提比外，其间夙弊，尚有多端。或各县吏书受贿歇阁缓征，或已运在仓而该仓吏书故掯不发，或已征给付粮头延不上纳，甚有狡猾之徒串通吏书，粮不入

---

① 《明宪宗实录》卷86，成化六年十二月壬戌条。

廒虚出仓收。乘各军日食空乏，暗行兑会。或五折或六折，贫军无奈，只得隐忍。戍守者止蒙虚名，作奸者反获厚利。似此积蠹皆当拿问。①

此类腐败最直接的后果就是官军粮饷得不到正常支付。对此，明廷也做了一些政策上的调整。凡卫所钱粮的征解，"卫所在省，则行文于布政司，在直隶，则行文于该府。一切应征钱粮，俱代为转行督催"②。同时，地方粮仓的管理还与地方官员的政绩挂钩，规定支放时间，支放实物成色等，但实施时却往往是"有利尽逐之，无利尽避之"。③由于都司卫所与地方府州县互不统属，缺乏有效的政绩考核，所起作用有限。现以中都留守司为例：据《皇明嘉隆疏钞》记载。中都留守司所辖操军约4.4万人，通计行粮银14万余两，"各在该府关给，百计留难，如该班应给银一千，止先给与三百，即三百之内，又该加一扣除。领操官得此，止带一二管事人役，逡巡赴京，隐姓讳名，上下打听，东支西吾，万一稽考，即便弃营走矣"④。可见，中都留守司军饷支付情况比较混乱，不仅府州县百般刁难，领班官员也借机营私舞弊，操军生活岂能不艰难？

所以，明后期部分有识之士对取消军储仓，对州县与卫所相配支付钱粮的做法提出批判。据《天府广记》记载："夫国初余米上仓，仓在各地，名曰屯头仓。屯军收获输纳，无搬运守候之费，操军支粮，亦近便简易，无有侵牟欺隐之弊。及征粮于官，仓乃在府州会城，去屯遂远，有至数百里者。又立催粮旗甲各数人，役军人赴仓支粮，往返益远。于是搬运守候之费，侵牟欺隐之弊百出，虽二十人之田不能养六七人。乃

---

①《两浙海防类考续编》卷4,《卫所军粮》。

②《度支奏议》新饷司卷10,《覆凤阳卫所屯粮责成该府催解疏》。

③《度支奏议》新饷司卷10,《覆凤阳卫所屯粮责成该府催解疏》。

④《皇明嘉隆疏钞》卷9,《河南道监督御史臣凌儒谨题为敷陈愚见以裨圣治事》。

始仰给内帑。顷者边事愈多，请乞频仍，虽内帑亦不能给，则其弊极矣。"①孙承泽将屯政制度衰败的原因归结为屯头仓（即军储仓）的取消，归结为由府州县仓支付军粮的做法，虽失之偏颇，但军储仓管辖权的转移给军饷制度带来的负面影响确是不争的事实。

（二）供饷与用饷部门之间的矛盾

供饷与用饷之间的矛盾突出表现在卫所所在区域及卫所归属之间的矛盾。由于军储仓管理权转归各地方府州县，与都司卫所互不统属，所以都司卫所与地方有司的协调程度是影响官军钱粮正常支付的关键。按规定，如卫所在省，则钱粮征解时行文于布政司。在直隶，则行文于该府，一切应征钱粮，俱由各布政司代为转行督催。如府卫之间相处融洽，则官军钱粮能如期足额发放；反之，则府卫互推，影响官军粮饷供给。

一般而言，一卫所单位同属于某一区域，有某一固定府州县供给，而在四川、贵州、湖广等地，某一地区设置的卫所却隶属于不同都司，而且一个军事单位经常要有多个府州县负责供饷，缺乏统一规划，这就给军饷供给带来麻烦。下边以西南边陲三省为例加以说明。

贵州都司设置于洪武十五年正月，设置当月即下令置普定、水西、尾洒3卫，并改黄平所、平越所为卫，其中黄平卫在二月时又改为所，三月普定卫改为军民指挥使司。水西卫当年废除。加上原有的贵州、永宁2卫，贵州都司在洪武十五年底共拥有4个卫、1个军民司、1个一级所。至洪武二十三年，贵州卫所的设置又掀起了一个小小的高潮，当年延安侯唐胜宗等被派往云南、贵州训练军士，几个月间在湖广辰沅至云南平夷的道路上共设置了13个卫。其中兴隆、清平、龙里、新添、平坝、安庄、安南7卫属于贵州都司；平溪、清浪、镇远、偏巧4卫属于湖广都司，平夷卫属于云南都司。以后直到崇祯初年，贵州都司极少添设新的

---

① 《天府广记》卷13，《屯制》，第159页。

卫所。由此可知贵州地区所设置的卫所并非都隶属于贵州都司，其中4个隶属于湖广都司，1个隶属于云南都司。

这种贵州、湖广、四川、云南交错的统治方式，在加强对"夷人的控制"方面，起了积极的作用。但是一旦局势趋于稳定，这种叠加管理的方式就凸显其弊端，协调不顺、互相推诿等事时有发生。

有明一朝，贵州粮饷都需要四川、湖广二省接济。从整体上而言，大致正统以前主要从四川重庆等府仓支给。至正统时期，川、湖二省的供给有了简单的分工。大致说来，贵州以东兴隆等卫所官军俸粮，由湖广布政司临近贵州地方的府州县税粮内折征，每年粮折布10万匹（每2匹准米1石）运赴贵州镇远府仓；四川布政司也同样以棉布10万匹（准米5万石）接济贵州，其中4万匹运赴永宁卫，准作贵州迤西普安等卫所官军俸粮，6万匹运赴贵州布政司，准作附近卫所官军俸粮。其折钞仍于四川布政司官库支给。

但由于贵州、四川、湖广三省卫所设置犬牙交错，给监督监管带来不便，加之考成官怠玩成风，每年查参不过徒饰虚文。所以，川、湖额解贵州之粮，逋负现象十分严重。如四川协济粮银方面：四川乌撒、乌蒙、镇雄、东川4府，每年协济贵州本色粮14324石，折色粮银3100两，但每年解纳到不及3/10。播州每年应协济3164.7两，但自万历十八年至二十八年10年间，未完银29830余两，约占应解总额的94%。酉阳每年应协济银700两，自万历十九年起至万历二十七年9年间，共欠2960余两，约占应解总额的47%。湖南接济方面：长衡彬府州县每年应协济贵州粮银30720两，但自万历十四年至二十七年13年间共拖欠银53650两，约占应解总数的14%。长沙府拖欠更严重，"徒负协济之名，无益军兴之实"。①

————————

① 《黔记》卷19，《协济》，第396页。

贵州巡抚郭子章把贵州军饷供给不足的原因归于卫所与府州县的交错管理，供饷部门与用饷部门之间不相统辖上。四川乌撒、乌蒙、镇雄、东川四府官员的升赏袭职与贵州不相统辖，不以完纳贵州协济粮饷的数量作为赏罚的依据。"四府酉阳袭职不由贵州，涣然不相统辖，钱粮逋负即无可罚之俸，又无可降之官，至于屡催屡负。"①因此，即便应解贵州钱粮逋负，与四川官员而言是既无俸可罚，又无官可降，所以，屡催屡负的状况一直没有得到解决。因此，巡抚郭子章建议：（1）乌撒等四镇官员的赏罚袭职等事例，令四川抚按与贵州抚按共同参酌研究，使其有所畏惧而加紧协济粮饷的催征。（2）请严旨责成四川布政司立法严催，并将其解运、催征业绩载入职掌，不分四川、贵州一同升赏。（3）责乌撒同知、东川乌蒙通判亲自督镇催征，重庆府管粮郎中辅助督催，酉阳府发给升迁凭证，然后，再由四川抚按会同贵州抚按考覆，视粮饷之完欠程度，准予升赏或调离，否则，不许离任。"舍此三策而欲籍，悠悠难，必之协济以充嗷嗷待哺之正供，欲保贫军之不转为沟中瘠也，必无幸矣。"②

至于湖南所欠协济粮饷，因其印粮官吏"自以非属，怠玩成风，虽考成，每年查参不过徒饰虚文，即完欠之数催促逾年，而文始至极重者，止于罚俸而止，彼何惮？而汲汲完异属之饷邪？"所以，建议"将湖南一道属亦隶贵州抚臣节制，其印粮官给由升迁照依湖北例"，且由贵州抚臣考覆钱粮确无拖欠，方许给由离任。并认为"若长沙不属贵州节制，则拖欠之饷终无完日，贵州之军终无饱时"。③

此后，官员对于湖广、贵州、四川之间交错局面的讨论非但没有停止，反而随着播州土酋杨应龙的叛变而升级。万历年间播州土酋杨应龙起事，"四出劫掠，羽书沓至，贼势重大，动号数万，连营结寨，窥我卫

---

① 《黔记》卷19，《协济》，第397页。
② 《黔记》卷19，《协济》，第397页。
③ 《黔记》卷19，《协济》，第397页。

城，塞我官路"，①贵州都司兵力不足以抵抗，而湖广都司卫所兵力非但"屡催不至"，粮饷方面也"无一夫一粒之助"。②为此，贵州巡抚郭子章、川贵总督李化龙等深感痛恨，上奏说："黎平近楚之沅州，去黔千五百里而遥，四镇近黔之镇远，去楚二千余里而遥，犬牙相制，彼此推诿。播州酋犯偏桥而楚不能救，皮林苗犯黎平而黔不能援，即黔有播患而黎平永从无一夫一粒之助，鞭长不及马腹势也。"建议"黎平永从隶楚，平清偏镇四卫隶黔，统辖调遣最为两便"。③后经贵、楚、湖三省督抚商议，至万历二十九年十一月，总督王象乾查议复奏，以为"改隶之议在穆庙初年，通计道里赋税人情土宜大略相当，以改隶为便"。④在得到朝廷的批准后，命黎平府永从县并十二长官司改隶湖广，平溪、清浪、偏桥、镇远4卫改隶贵州。如此这般，则积存百余年的地方矛盾将得以化解。然而，这种局面仅维持一年半，播州叛乱平定后，平溪、清浪、镇远、偏巧四卫仍旧改属于湖广，又恢复到原来的状态。

对此，《明神宗实录》这样记载："播地荡平后，黔督府按议将平、清、偏、镇四卫改隶贵州，已得旨行之矣。湖广抚臣复谓其目前与情必难强从，将来分粮又费区处。"于是兵部上言："黔府兼督湖北思仁、思石两道，节制清平，则四卫固在统辖之中，而在楚获偏桥以卫黔，在黔援黎平以控楚，则湖贵又得辅车之势，与其纷更辖属事体归一，宜如湖广抚臣议将黎平府永从县并十二长官司仍旧属之贵州，平溪、清浪、偏桥、镇远四卫仍旧属之湖广，而贵州抚臣列衔兼督亦各照旧。"鉴于有警二省互相推诿，粮秣援助不力的现实，"仍明谕两省诸臣毋以分隶为嫌，附近卫所有警，彼此亟相策应。若有抗违推诿者，不妨遵照敕书从重查

---

① 《明神宗实录》卷343，万历二十八年正月癸丑条。
② 《明神宗实录》卷345，万历二十八年三月壬申条。
③ 《明神宗实录》卷365，万历二十九年十一月己酉条。
④ 《明神宗实录》卷365，万历二十九年十一月己酉条。

参"①。于是，黔湖交界地带又恢复到播州叛乱前的交错管理状态，粮饷问题仍处于递年递负状态，没有得到有效的改观。

供饷与用饷之间的矛盾在播州地区也表现得相当突出。播州与贵州地理上趋于一致，"相为唇齿"。②但在明代，播州宣慰司属四川布政司，而其境内的黄平守御千户所、重安守御千户所（后革）却隶属于贵州都司。所以，播州宣慰司除向四川布政司交纳赋税外，还要供给其境内卫所军士粮饷，向贵州缴纳税粮以充军饷。从地理位置而言，播州土司虽隶属四川，但其离四川甚远，离贵州为近，地方税粮不输纳于贵州，而输纳于四川。明世宗登极之初，已将播州改属思石兵备道并管，黔、楚二省兼制，"甚得分职经野之意"。③鉴于播州宣慰司特殊的地位，在协济贵州粮饷方面，播州宣慰司总是单独开列，不与四川布政司同属。这样一来播州宣慰司在赋税的缴纳方面要兼顾二省，既要完成本省下达的赋税任务，又要保障其境内驻军的食粮。由于其要职人员的考核、升迁等大权掌握在四川抚按手中，所以，贵州粮饷方面节年逋负。据《黔记》卷19记载，"播州宣慰司额纳秋粮一万六百二十五石四斗，屡年拖欠。隆庆三年委官责令认纳四分之三，今实征五千八百五十石，内实米九十六石，折色三千一百六十四两七钱"④。

总之，四川、贵州、湖广之间交错的管理方式给粮饷的供给带来了很大的不便。川、湖二省协济粮饷主要是因为隶属于二都司的卫所驻扎在贵州境内。但由于互不统属，相互推诿、掣肘之事时有发生，造成协济粮饷的时常拖欠。对此，贵州方面屡屡出台政策遏制这一事态的发展。

①《明神宗实录》卷383，万历三十一年四月庚戌条。

②《忠肃集》卷3，《兵部为军务事抄出巡抚四川都察院左佥都御史李匡题稿》。

③《本兵疏议》卷9，《覆巡抚南赣都御史陆稳图议立镇建官疏》。

④《黔记》卷19，《官俸》，第395页。

第三节　军饷不足所引发的问题

军饷是军士的基本生活资料，如其不足，不仅会影响到军士的日常生活，军队政令执行，严重者还会导致兵变，出现有法不依、有令不行的军阀割据局面。所以，明末许多有识之士看到了问题的严重性，纷纷为筹集军饷奔走献策，主张恢复屯田、肃清盐政、严惩贪官、抑制物价，但最终均以失败而告终。

一、军饷与饥军哗变

明初军士月粮一般都是以1石为标准，有家口者1石、8斗，无家口者8斗、6斗，折银则2钱5分、2钱。中期以后，随着折银比例的增加，军士月、行粮一般都由本色与折色两部分组成，折算成银两，旧军平均每月8钱左右，新军1两二三钱，相当于明初的四至五倍。但由于物价上涨，军士的实际购买力却远远低于明初。如泰昌元年（1620），援辽军士月饷每名1两5钱，平均每日约银5分。但由于米粮昂贵，蜀米每斗2钱2分，粟米、黄豆每斗值2钱5分，稻米每斗值7钱，青草一束值1分，每马一顿要吃五六束以上。其他一切衣食用度都约比往日价格增加十倍。有一次，辽东巡按熊廷弼亲眼看到两名军人到饭店中买饭，其中一人说："我钱少，买蜀饭吃。"另一个人说："我买面吃。"结果，买蜀饭吃的用银5分，买面吃的用银1钱2分。但两人都没有吃饱，相对嗟叹而去。[①]物价因素成为影响军士生活的一个重要原因。

---

① 《经辽疏牍》卷3，《官军劳苦乞恩慰劳疏》；卷4，《钦赏犒户部抵饷疏》。

参照赵翼的《明朝米价贵贱》和黄冕堂的《明代物价考略》[①]，可以看出明代米价，在明初洪武时期，每石的价格约折银2钱5分，历经4钱4分、4钱5分、4钱8分、5钱8分、7钱，直到崇祯时期的1两以上。以正常价格计算（战争、灾荒状态下特殊物价不包括在内），米价平均上涨了4倍多。而在九边地区，据全汉昇统计，在15世纪中叶以后将近200年的时间内，北方米价上涨近10倍，白银应有的社会价值大打折扣。[②]

如万历四十八年，御史左光斗言："今辽东之患不在无银，而在无用银之处，何也？辽自用兵以来，米粟涌贵，加之旱荒之余，石米四两，石粟二两，其一石尚不及山东之四斗，通计一百万之赏分十五万之军，每丁得六两，于银不为不多，而此六两者籴米才一石五斗耳。纵是富人未免抱金饿死。且各丁月饷，河东一两五钱，尚有三斗本色，可以救死；河西一两二钱，尽以市米仅得三斗，而况无市处？日腾日贵，已不能支撑，眼下如何挨过冬春？不出数月，辽必无民，无民安能有兵？无民无兵，虽积金如山，何所用之？臣所谓非无银之患，而无用银之处也。为今之计，急截漕二十万石，承风讯之便运至本处。令河西、河东一体分给，本色各三斗，仍量扣其折色，俟来春耕作有获，再行区处，此今日救饥第一急着也。"[③]物价的上涨，致使辽东石米4两，石粟2两，而各丁月饷，多者不过1两5钱，少者1两2钱，尽市米仅能得3斗，何以果腹？所以，至明后期，军士多愿支给本色。

一方面，物价飞涨，米粟涌贵；另一方面军士月饷增加甚微，且本色难求，士兵处境悲惨。如崇祯十年十一月，宣大总督卢象昇巡视山西边防后上疏曰："各军兵虽复摆墙立队，乘马荷戈，而但有人形，全无生趣"，"此辈（指士兵）经年戍守，身无挂体之裳，日鲜有一餐之饱"。同

---

① 黄冕堂：《明代物价考略》，收录于《明史管见》，第347—373页。

② 全汉昇：《明代北边米粮价格的变动》，《新亚学报》1970年第9卷。

③ 《两朝从信录》卷1，万历四十八年八月二十九日。

年，十二月，他再次巡视，"士兵摆列武场，金风如箭，馁而病，僵而仆者，且纷纷见告矣。每点一兵，有单衣者，有无裤者，有少鞋袜者。臣见之不觉潸然泪下"①。所以，有的士兵开始借贷生活，借贷不到时，"间有脱衣鞋而易一饱者，有持器具贸半菽者，有马无刍牧而闭户自经者，有饿难忍耐而剪发鬻市者"，更甚者"鬻子出妻"，"沿街乞讨"，或靠挑拣野菜度日。②

粮饷不足、生活艰辛是士兵发动兵变的直接诱因。万历以后，军队由缺饷而哗变的事件更加频繁。万历三年，"甘镇支饷本折间给，冬应支折色，兵备副使邹廷望以金少，尽给粟。伍长石明挟金不可得。明曰：'不得，吾叛从虏。'"③天启年间，福宁、杭州等地也先后发生兵变。崇祯年间，情况更为严重，以至于"饥军哗逃，报无虚日"。如崇祯元年七月，辽东宁远官军缺饷四个月，士卒们枵腹难忍，群起哗变。辽东巡抚毕自肃、宁远总兵朱梅被叛兵活捉，"棰击交下"，毕自肃惭愤自尽。崇祯二年底至三年初，山西勤王兵哗于近畿，甘肃勤王兵哗于安定。崇祯八年，川兵哗变，总兵邓玘被火焚死。崇祯九年，宁夏饥兵因缺饷而哗变，巡抚王楫被杀。"顷年士卒骄悍，相效成风，类是月粮借口"④，明朝士兵因索饷而"哗变"相继成风。

对此，明统治者解决办法不外乎两种：一是责成各级官吏加紧催征漕粮；二是加派漕粮与田赋。换句话说，就是"借漕充饷""借漕以济燃眉""借漕折混充边饷""借南济北""搜刮天下钱粮充饷"，这种挖东墙补西墙的办法并不能从根本上解决军饷匮乏问题。

① （明）卢象昇：《卢公奏议》卷8，《宣云奏议》，《请帑济军疏》。

② 《崇祯长编》卷7，崇祯元年三月壬午条。

③ 《明神宗实录》卷45，万历三年十二月癸巳条。

④ 《明史》卷203，《欧阳重传》。

二、军饷与明末武将之骄横

武将骄横一般都具备两个条件：一是拥有一支属于自己调遣的军队；二是有强大的经济实力作后盾。蓄养家丁是明朝武将组建自己武装力量的基础。将帅蓄养家丁的目的，原是为了护身倡勇，"两军相接全恃将勇，将勇则兵亦作气随之。然将亦非恃一人之勇也。必有左右心膂之骁悍者，协心并力，始气壮而敢进。将既进则兵亦鼓勇争先，此将帅所以贵有家丁亲兵也"①。将帅既"以其身之死生存亡更相依靠"②，必择其"膂力骁健，弓马娴熟者"。③因此，将帅对家丁均能"结以恩义、饱以嗜欲"，"厚其蓄养，结为同心"，以求"一旦虏至，则出死力以报之"④。而家丁之所以一心一德"死护其主"，主要是因为平日家丁"以其身之父母妻子全生仰赖，故肯出死力而不他顾也"⑤。这就决定了家丁既不同于卫所军，又不同于一般募兵，有自己显著的特点：一是与将帅有一定的私人隶属关系，除"私殖之厚"外，⑥彼此相处日久，情谊相通，甚至性情嗜好，艺能高低，亦能了如指掌，将帅"善用人"而"家丁乐为效死"⑦。所以，除主属关系外，尤其注重道义与历来交契渊源。二是待遇优厚，远高于一般军士，甚至"过额兵十倍"⑧。如西北将帅所蓄家丁"廪饩衣械过额兵十倍"，⑨辽东总兵李成梁则是"所育健儿，恣其所好，凡衣服、饮食、子女、

---

① 《廿二史札记》卷34，《将帅家丁》。

② 《明经世文编》卷214，钱薇：《议急遣抚臣安边靖虏疏》。

③ 《明神宗实录》卷496，万历四十六年六月戊子条。

④ 《明臣奏议》卷7，《马训"破虏"疏》。

⑤ 《明经世文编》卷214，钱薇：《议急遣抚臣安边靖虏疏》。

⑥ 《明经世文编》卷214，钱薇：《议急遣抚臣安边靖虏疏》。

⑦ 《殊域周咨录》卷20，《鞑靼》。

⑧ 《万历野获编·补遗》卷3，《家丁》。

⑨ 《万历野获编·补遗》卷3，《家丁》。

第宅及呼卢狭邪之类，俱曲以济之，有求必予，但令杀房建功而已"[①]。三是精选精练，以死报其主，因而战斗力强，能够"以一当十，催锋陷阵"[②]。所以，凡各镇遇有将帅出征，必责其随带家丁，该将升迁，则家丁随行。家丁在军中，不依照全国卫所防御之分布，而是以将帅为中心，与将帅私人关系为主。

这样一来，随着"尽籍徒存，部曲虚耗"，一些军官出于各自不同的目的，"或扣官饷，或捐私财，召募勇壮，优加恩养，多者千人，少者数百，名为家丁。扼敌冲锋、幸功诿罪。原抽卫所之兵徒备摆守，供奔走，名为营军，鲜堪战阵"[③]。家丁的出现，使精锐军士渐归军官私人掌握，是有实无名的私人武装。在朝廷权威尚在时，这种特殊的精锐军队可以为国效力，一旦朝廷权威削弱，这种武装必然演变成军阀武装，成为颇具威胁的离心势力。明末军阀势力的出现，与此关系密切。从某种程度上说，家丁的出现为明朝的武装力量增添了新的活力，同时无形中又为自己培养出了一批掘墓人。这种情况在辽东地区最为显著。

明末，辽东战事频繁，各种势力激烈角逐。辽东与中原地区的不同之处就在于"非官而军，非军而官"[④]。以明末辽东势族铁岭李氏为例：铁岭李氏是辽东的头号势族大家。万历年间，李成梁镇守辽东，爵封宁远伯，其兄弟子侄长期掌握兵权，自李如松以下"人人登坛肘印，个个旋废旋起"[⑤]。这些势族手中不仅握有重权，而且家丁数量很多。就官家丁与额军而言，大致"十一之比，最高则为三一之比"[⑥]。辽东大小将领旧有

---

① 《国榷》卷83，万历四十六年五月庚寅条。

② 《筹辽硕画》卷3，薛三：《奴酋计杀官兵疏》。

③ 乾隆《大同府志》卷26，方逢时：《训练疏》。

④ 《按辽疏稿》卷3，《驳兵科疏》。

⑤ 《筹辽硕画》卷23，李植：《急救战守先着疏》。

⑥ 马楚坚：《明代的家丁》，收入《明清边政与治乱》。

家丁多至百余，少亦不下三四十"①。朝鲜战役期间，大将李如松"不欲他兵分其功，潜率家丁二千人"②参加碧蹄馆之战。明与后金战争爆发之初，李如柏尚有家丁千余人。③所以，即万历间，君臣言调将必责其随带私蓄家丁赴阵，即所谓"所催家丁或以千计或以百计"。④

家丁的膨胀使中央对地方的控制进一步削弱。明制，总兵受制于巡抚、总督等文官，但在处理地方事务过程中，武将凭借自己手中的兵权与督抚抗衡。李成梁先后两次镇辽三十年之久，致使辽东"真有军中但闻将军令，不闻天子诏者，故虽以抚臣之重，按臣之权而法不能尽行于下，情不能达之于上也"。⑤抚按至辽东，或则"与相雷同，任其欺蔽"⑥，或则"稍忤意辄排去之"⑦，就连横行恣虐的税监高淮亦"每见成梁辄呼太爷，稽首俯伏，而成梁于淮亦以儿辈蓄之"⑧。李氏权势之盛非同小可。李成梁虽屡经抚按科道参劾，但朝廷却不得不长期倚重，其重要原因之一就是其家丁势重，能弹压一方。

关于辽东主要武装力量，李洵认为有三股："一是李成梁系的辽军，二是祖大寿系统的关宁辽军，三是毛文龙系统的岛军。"⑨明朝末年，辽军是明朝的主力部队之一。八旗军攻克辽沈后，李成梁系统的"辽军"已基本瓦解，随着而起的是毛文龙系统的"岛兵"与祖大寿系统的"关宁辽军"，而这两股势力都拥有自己的"私人武装"，割地拥卒，称霸一方。

---

① 《明神宗实录》卷280，万历二十二年十二月丙午条。

② 《万历野获编·补遗》卷3，《家丁》。

③ 《筹辽硕画》卷3，熊化：《速发援兵以救危边以安内地事》。

④ 《明神宗实录》卷571，万历四十六年六月壬戌条。

⑤ 《明经世文编》卷429，侯先春：《清马政以俾边疆重务疏》。

⑥ 《国榷》卷83，万历四十六年五月庚寅条。

⑦ 《明史》卷238，《李成梁传》。

⑧ 《明经世文编》卷429，侯先春：《安边二十四议疏》。

⑨ 李洵：《祖大寿与"祖家将"》，《下学集》，中国社会科学出版社，1995年版。

由此可知，造成明末武人抗命骄横的原因很多，卫所世兵制的衰败，军士粮饷的低微，家丁粮饷的丰厚，无疑是重要原因。李成梁屡被参劾而不倒，毛文龙拒绝部臣督理东江兵饷、不奉调度，左良玉之"九檄而兵不至"等，都与他们掌握着强悍的私人武装有关。之后，这种趋势进一步演变为南明江北四镇左良玉、高杰、黄得功、二刘（刘泽清、刘良佐）地盘之争，这批武人在北京危机之时，不奉诏、不入援，只以割据地方，骚扰地方为能事，并公然干涉朝政人事，联名驱逐刘宗周出朝政。各文臣武将忙于自立门户，把抵抗清朝及农民军等军国大事置之度外，明王朝岂能不亡？！

三、军饷与晚明地方财政

明代田赋分为起运与存留两部分，而地方财政主要是针对存留部分而言，其开支主要包括宗藩禄廪、地方官员、生员俸给禄米、驻地军饷、地方赈灾及教化等项。

欲考察军饷与地方财政之间的关系，必须明确地方财政状况。如《明孝宗实录》记载，弘治十五年，天下税粮存留1176万4665石，起运1503万4476石。[①] 由此可知，弘治间，税粮总额为2679万9141石，其中起运1503万4476石，占56.1%，而存留43.9%，起运存留比值约6：5。加之，马草、户口食盐钞等，总而计之，该年起运额超过总额的68%，而存留不足32%，起运存留比值大约为7：3。[②] 据《万历会计录》可知万历六年全国各省份起、存米麦数情况：一是南北直隶及广西、云南、贵州、陕西四布政司存留额占全国税粮的百分之百。因为，前两地乃两京所在，故

---

① 《明孝宗实录》卷192，弘治十五年十月辛酉条。

② 参见肖立军《明代财政制度中的起运与存留》，《南开学报》(哲学社会科学版) 1997年第2期。

不需起运；广西、云南、贵州三布政司因地瘠民困，山高水远，交通不便，免其起运上纳。陕西一省供宁夏、延绥、甘肃、固原四镇，就近纳粮，免于起运。二是起运额最高的省份为江西、浙江、河南等省，交通便利且距离南北二京较近。反之，如四川、广东距离京都较远，则起运数额较低。山西省因地处北部边境，属于九边之一，担负着抵御北方少数民族南下的重任，且境内卫所林立，就近税粮充饷，免于起运。从统计数字看，起运总额远大于存留。

明代财政的分配宗旨是以中央为中心，兼顾地方，当二者发生冲突时，则以牺牲地方利益为代价换取中央财政的均衡。以蠲免为例，明政府制定的勘灾体例，明确成灾蠲免原则，先尽存留，次及起运。其起运不足之数，听抚按官将各司府州县官银两钱帛等项内通融支补，而存留不足之处，则酌情处理。迫不得已，不轻言减免起运。由此可知，明代起、存制度将国家财政大部分收归中央，地方财政始终处于困窘被动的状况。因此，如有突发事件如灾荒、战乱、瘟疫等，地方财政很难做出有效的应对。地方财政状况如此，那么军饷在地方财政支出中占据多大的比重呢？

在明代，地方财政支出中大宗者当数宗藩禄廪与军队粮饷，而地方官员的俸禄与政府机构的正常运转开支在地方财政支出中所占比例并不大。宗藩俸禄是地方财政的一项巨大支出。明制，藩王建造宅第及宗藩俸禄由中央与地方仓库直接供给，而其属员的俸禄及府内仆役的俸禄则由地方财政负担。这种分配方案无疑给地方财政增加了沉重负担。以藩王较多的河南、山西为例，弘治年间，河南岁存税粮102万7240石，而本处诸司并各王府岁支116万5390石，即使全部支付，尚缺粮14万余石。山西存留152万石，而宗藩则用312万石。[①] 微观层面，嘉靖三十年山西临

---

① 《明孝宗实录》卷192，弘治十五年十月辛酉条。

汾县宗藩禄廪是山西临汾县最大的一项开支，约占总收入的39.2%，占存留银的61.4%。而军饷除去起运北边的20013两外，地方卫所军需仅占总收入的1.6%，占地方存留收入的2%强。

邻省的河南开封府及其邻近的9个县也面临着同样的问题。顾炎武在《天下郡国利病书》中就估算过，开封与旧属归德43个州县夏秋粮共约80万石，其中起运约30万石，存留约50万石，而存留中要拿出30万石供给藩府，约占存留部分的60%，官史俸给和生员廪食等教育经费总共不过5万石，约占收入的6%，再除去杂色和未有说明的项目，地方卫所军饷最高估计约占存留总收入的20%。总之，在宗藩分布较多的地区，宗藩俸禄是地方财政最大项支出，军饷对地方财政的影响并不大。

在不驻有藩王宗室的地区，军饷则是地方财政中的最大开支项。现以南直隶苏州府吴县为例，万历三年，吴县存留总额54604石，军需开支占存留税粮的87.2%，而其他三项仅占存留总数12.8%。换而言之，扣除当年军需开支之后，所剩无几。关于存留粮储数额，明初规定，存留各地仓廒的粮储，应以足供本处卫所官军俸粮三年之用为原则，至于其他用途则每年编造会计一次。[①] 如此，地方卫所官军俸粮则可以充不时之需。然而在吴县这一原则根本不可能实现。尽管其他地区军需开支不会高达87.2%，但一般不会低于50%。如成化间，浙江全部存留税粮为130万石，其中军需约占去84万石，约占存留总数的64.6%。[②]1572年，福建漳州府抱怨说解纳本府常平仓本色粮只有7000石，而仅镇海一卫就用去9000石。[③]1582年左右，翰林学士赵用贤上疏说，倭寇之患已持续几十年，而

① 《皇明制书》，户部执掌，卷3，"凡所在有司，仓廪储积粮斛，除存留彼处卫所三年官军俸粮外，务要会计周岁开支数目，分豁见若干，不敷若干，余剩若干，每岁开报合干上司，转达本部，定夺施行。仍将次年实在粮米，及该收该用之数，一体分豁旧管、新收、开除、实在、开报"。

② 《明宪宗实录》卷206，成化十六年八月辛酉条。

③ 《漳州府志》第5章，第18页。

苏州府仍要照例供应三个卫所5.5万石，银1.8万两。而存留各州县者不过正米10040石，6个州县的"官史、师生之给，皆取足于此矣"，"以故一遇凶歉，府县官束手无策"①。当然，供应军队的粮食和饷银也未见得全额解送，但对没有藩王宗室驻扎地区而言，卫所军需是存留支出的最大一项。所以，一旦有突发事件，需调兵遣将，地方财政将束手无策。现以福建地区为例，详加论述：

明代福建，明初军饷主要依赖军屯，地方政府只给少量补贴。②明中叶前后，屯政废弛，军饷无着，又值倭寇侵扰，屡议募兵，福建的军饷开支有增无减。万历时期，福建二都司、五水寨共有"马步官军四万八千二百余员"，加上各县的机兵、弓兵，总数不下10万，其军饷皆由地方财政支出。③此外，自嘉靖以降，福建各地还留驻六营浙江客兵，每年约需要军饷3万余两，也全部由客兵所在的府州县承担。④

而明代福建的财政状况并不乐观。嘉靖四十二年，福建巡抚谭纶奏曰："近该臣等部署水陆分布官兵，共计用兵三万二千，岁用工食银二十八万。加以修船给械，悬赏冲锋，通计一岁非三十二万不可。"⑤当时福建全省的总收入不过25万两，即使全部用于军费，尚且不敷，更何况还有其他必不可少的行政费用。因此，谭纶要求中央拨款补助福建21万两，但后来却不了了之。⑥福建当局为筹措军费，穷尽其法。嘉靖四十三年，福建巡抚谭纶议"寺田俱以十分为率，以四分给僧焚修，其六分入官（每亩征租银二钱，内一钱二分充饷，八分粮差），是为寺租四六之

---

① 《明经世文编》卷397，赵用贤：《议平江南粮役疏》。
② 《闽书》卷39，《版籍志·屯田》；卷40，《捍圉志·军兵名饷》。
③ 《天下郡国利病疏》卷96，《福建六》。
④ 《天下郡国利病疏》卷96，《福建六》。
⑤ 《明世宗实录》卷517，嘉靖四十二年四月己未条。
⑥ 《明世宗实录》卷517，嘉靖四十二年正月壬寅条；卷526，嘉靖四十二年十月辛亥条。

法"。四十四年，巡抚汪道昆又题请额加派，"民间每丁征银四分，米一石征银八分，专备军饷之用，号曰丁四米八"，致使"僧与民俱重困"。[①]这两项都是新增的税目。不仅如此，又有加派、克扣各县机兵、弓兵的"工食银"，搜括各级政府的机动财源，其收入全部移作军饷。"机兵每名有加二分之一者，弓兵每名有减二分之一者，以所加（征）减（支）之食充饷，又有机兵若干名全以充饷者。此外，备用、存留有丁料及仓粮折色、浮粮余剩、鱼课、寺田、海田、商课之租税，并诸司之罚锾，皆可以佐军兴。"[②]实际上，为了支付军饷，连各种经常性的开支项目也都被裁减了。如漳浦县，因军兴兵饷不敷，"四差亦多裁充饷"[③]。宁化县，"扣裁四差以充饷者，又三分之一"[④]。这里所谓四差，是指纲银、均徭银、兵食银、驿站银等四种代役银，原来都有特定的用途，如今却被大量挪用，可见当时财政制度的混乱。

万历至崇祯年间，各种加派接踵而来，福建地方财政再度濒临崩溃。自万历末至崇祯初年，为减轻农民负担，福建当局虽设法"抵解"了一部分"辽饷"，但却对地方财政造成了更大的损害。如宁化县，天启二年至六年，"俱蒙本司搜括抵解，止加派一钱八厘八毫五丝"。至七年，"搜括已竭，每石亦减派三分四厘，实加派一钱五分四厘二毫八丝四忽"。崇祯元、二、三年，"无可抵解，每石俱加派一钱八分四厘三毫奇"。四年，"石米又加派六分一厘四毫奇，共派二钱四分五厘七毫奇矣"，共计加派辽饷2861.65两。"民固已蹙额相告矣，其后加征之目益多……通计所加征，几侔于起、存旧额矣。又不足，则职役优免有载，生员优免有哉（崇祯三、四、五年尽扣解，六年免解），杂役、机兵工食有哉，囚犯、孤

---

① 《天下郡国利病书》卷93，《福建三》。
② 《天下郡国利病疏》卷96，《福建六》。
③ 康熙《漳浦县志》卷7，《田赋志·寺租》。
④ 康熙《宁化县志》卷5，《岁赋志》。

贫口粮有哉，有司给从驿站有哉，凡裁差银解部者又三千八百三十五两，而闰年扣裁者不与。襟露履决，意象萧条，无复雍容畅裕之观。"①福建地方政府为了应付各种临时性加派，已难以维持正常的地方财政支出。

为了例行公事，福建各级政府不得不裁减经常性开支项目，缩减经费，使各级地方的行政职能日趋萎缩。如康熙《宁化县志》记载，该县在明代"条鞭四差款目"的财政支出，共计154项，其中大多于明末被扣裁充饷。现依据其内容列表如下：

表5-2 明后期宁化县财政支出定额变动

四差类别	原编项目（项）	原编款额（两）	全裁项目（项）	全裁款额（两）	扣减项目（项）	扣减款项（两）
钢银	85	1133	44	518	32	238
徭银	47	2505	8	26	37	1006
机兵	10	3458	1	998	5	2257
驿站	12	1889	1	45	3	674
合计	154	8985	54	1587	77	4175

资料来源 郑振满：《明后期福建地方行政的演变——兼论明中叶的财政改革》，《中国史研究》1998年第1期。

如表5-2中所示，宁化县以"四差"名义编列的支出项目共154项，明末被全裁去的有54项，占1/3强；被扣减的77项，占1/2，二者合计共131项，约占全部支出项目的85%。从裁减款额上看，总数共达5762两，约占原额8985两的64%。这至少说明，明末福建地方政府的财政支出规模比以前缩减了近2/3。由于经费被大量挪用或裁减，明末福建地区的地方武装名存实亡，官方的社会控制能力大大降低，加速了统治秩序的解体。康熙《宁化县志·民兵志》详述了晚明地方兵制废弛的过程。"嘉靖之际，闽中苦倭，抚院汪道昆以各司弓兵多逃，乃司减其兵，兵减其雇

① 康熙《宁化县志》卷5，《岁役志》。

值，征其赢以充军饷。弓兵之名，仅存而已。至崇祯年间，机兵又被裁减四十名，并裁工食一千四百二十两有奇，机兵仅名焉耳。"编者论曰："始之置民兵，将以补卫所之弊也。无不于卫所，而民兵又乌偶不可用，徒浚民膏而阴自削，终明世而兵不振，岂有故乎？"至于驿站，作为官办的交通及联络机构，万历以降，屡遭裁减，已在不少地区引发动乱。前人已作专论，兹不赘述。

由此可以看出，明中叶以来，因军饷问题，福建地方财政日趋萎缩，迫使各级政府相继放弃许多固有的行政职能，不得不把一些公共事业转交给地方乡族势力，促成了基层社会的"自治化"倾向。①明后期福建地区的乡约保甲制度，可以说是乡族自治的集中表现，同时也与地方政府财政危机、行政职权萎缩有关。

第四节　明代朝野对军饷问题的评价

"军国之务称重大者惟边饷，而军国之需称浩繁者亦惟边饷"②，然而由于积弊多端，至明后期出现兵日增而日弱，饷日加而日耗，募兵则无人，有兵则无食的局面。明代军饷陷入了无法解决的泥潭，致使军士逃亡、武将骄横、中央、地方财政濒临崩溃的边缘。面对这一危机，一些忧国忧民的士大夫纷纷对军饷制度提出批评与改革建议，寄希望于通过改革力挽狂澜，拯救大明王朝。大致来说，明朝士大夫对军饷问题评价

①　有关乡族自治化的问题，参见郑振满《试论闽北乡族地主经济的形态与结构》，《中国社会经济史研究》1985年第4期；《明清闽北乡族地主经济的发展》，《明清福建社会与乡村经济》，厦门大学出版社，1987年版；《明以后闽北乡族土地的所有权形态》，《平准学刊》第5辑，光明日报出版社1989年版；《明后期福建地方行政的演变——兼论明中叶的财政改革》，《中国史研究》1998年第1期。

②　《明经世文编》卷444，王德完：《国计日诎边饷岁增乞筹画以裕经费疏》。

和建议主要围绕着"开源"和"节流"两大主题。

一、开源

明代军饷主要由军屯粮、民运粮、开中盐粮、年例银四部分组成。盐引开中，自弘治五年叶淇变法后改输银折纳，后人对盐政的评价多限于盐法，与本节内容没有直接关系，故略去不述。而京运年例，本章第一节已有所涉及，所以，本节重点讨论军屯与民运两种军饷供给途径。

（一）振屯政与营田之试行

尽管学术界对明初军屯的作用提出质疑，但军屯在明初的作用是不容否认的。军屯的效果经层层上报后，被无限夸大，而明末的士大夫又受到了早期记载的误导，最终造成军屯的神话。所以，至明中后期，面对国家财政入不敷出之局势，朝野上下不约而同地把原因归于年例银的增加，而年例银的增加则是因为"军屯"的废弛，因此"修军屯"、"振屯政"便提上了议事日程。在这方面卓有成效者当数嘉靖初年兵部尚书杨一清，隆庆年间的屯盐都御史庞尚鹏。

杨一清，成化八年进士，正德元年总制三边，嘉靖四年任兵部尚书，兼提督军务。他认为导致陕西、甘肃一带卫所空虚、粮储匮乏的主要原因在于屯政之废弛。而屯政废弛的原因在于将领豪右之家侵没，致使屯军终岁赔粮。"有贫丁以田假佃于人者，有田隔远跷瘠，无人愿假。不得已，终岁佣身以输粮而不足者。管屯之官，至计十岁以下幼男充报屯丁，参两朋合，谓之抬粮。屯事至此，边人之困尚忍言哉？"有鉴于此，他建议：（1）"欲广兴屯种，非先补助屯丁不可。……宜令清军查理各卫军户，……与俱诣边，以补屯卒"。（2）"可仿古募民实塞之意，召募陇右关西之民，以屯塞下。授地以外，任其开垦，俟三年乃征其租，一切徭役皆复之"。（3）"以万金买牛及田器，审屯丁系贫穷者，及清解召募初至此者，人给牛牝各一双，犁铧各一具，种子五石。……今日修举屯政，大要不过如此，若徒以清查催纳为名，而鲜实心经理，臣恐于边备终于无益也"①。杨一清所列举的屯田问题与所提出的改革意见，具有较强的可操作性。尤为关键的是提到管理者一定要躬身清查催纳，实心经理，否则一切只会流于形式，于事无补。

庞尚鹏，南海人，嘉靖三十二年进士，累升副都御史，巡抚甘肃，累至兵部侍郎。隆庆三、四年间，总理屯盐都御史庞尚鹏实地踏勘边镇的屯田状况，连续上奏清理蓟镇、宣府、辽东、大同、山西三关、延绥、固原、宁夏、甘肃等九篇有关屯田的奏疏，对边镇屯田问题作了系统的分析。以蓟州镇为例，详加解析。据庞尚鹏介绍，蓟州每年供给之费不下100万两，以屯粮计之，本折不及10万，而屯田荒芜约1100顷有奇。所以他建议：（1）立号纸，以清隐蔽。"沿边军丁日渐消耗，其间私相典卖者，无地无之，每田一分，盖不啻十易姓矣。"为此，设立号纸，督会卫所、掌印、管屯官各执一份，查明填造。如此则屯卒"照常办纳屯粮，帮贴军装，不必抽军骚扰以滋他弊"。（2）拨军士以广开垦。"召种者日勤播告，承佃者百无二三，已非一朝夕矣。惟有分拨军丁，随地耕种，最为今日首务。"（3）宽差役，以广召种。此外还列举了以下几点：严督责，以清欺隐；免包赔，以便征解；审粮头，以杜偏累；明区别，以垦荒田；宽斗头，以广开中。

以上这些办法，如果能认真执行，对缓解军队粮饷危机会起到一定效果。但这些建议因涉及到将官的根本利益而往往受到阻扰，致使大都流于形式，没有被认真采纳。并且以上建议大都是固守着军屯不放，企图通过努力使"刍粮人骑，各有归着，不失旧额"②，头痛医头，脚痛医脚，

---

① 《明经世文编》卷119，杨一清：《论甘肃事宜（修举屯政）》。

② 《明经世文编》卷198，潘潢：《会议第一疏》。

没有从根本上看清军屯衰败的原因，因此收效甚微。所以，至明后期，以李承勋为首的士大夫就主张在维持军屯现状的基础上，顺势发展民田，部分开辟营田，即"于军屯则广给薄科以鼓之，民耕（民田）则弛税置堡以便之，官垦（营田）则议擢议参以励之"[1]。企图三种方式并举，充盈国储，缓解军队粮饷紧张的局面。

所谓营田，其实是军屯的变种，是在军屯基础上的延续。其特点是：士兵且耕且战，集体垦种，官给所需，收获归公，是比军屯更严密的军事、生产组织形式。从这一点上看，与军屯有所区别。营田法始于嘉靖初年，当时巡抚李承勋在宁远前屯"设立三营，令军官将久荒沃土尽力开耕，许其永不起科。一年之后，三营之军遂有余粮"。此后，他力主推广营田之法，建议各城官军不必聚集城中，可以自择肥沃土地尽行开垦，并"据形势立军营，就将所领军马常川驻扎，而分地以耕，有警则听截杀，无警则就近耕牧，所分地亩永不起科"[2]。其后决定从现役各营操军抽出八分之三左右人员"轮番拨用"，从事屯垦，大约定为2400人垦种农田900顷。其牛具、种子、农具及士兵粮饷统由官给，而所获也全部归官。[3]

营田制推行后，起了一定的作用，嘉靖三十年营田所收粮谷4000余石。但因营田是从操军中"拨军耕种"，士兵且耕且守，负担过重，长期下去，生产积极性不高，加之，频繁的战乱使这一政策不可能长久地维持下去。隆庆年间，由于官员的反对，营田法一度被搁置。万历年间明廷又复推行营田法，并以之作为擢参官员的标准，但具体办法已有所变通，近乎半屯田形式。如金、复、海、盖及永宁的近6000名士兵，"每年于十月初旬委官管领，在城堡操防，至次年二月终撤放归农"[4]。这种开垦

---

① 《明神宗实录》卷462，万历三十七年九月丙戌条。
② 《明经世文编》卷100，李承勋：《会议事件》。
③ 《明世宗实录》卷544，嘉靖四十四年三月己酉条。
④ 《明神宗实录》卷84，万历七年二月癸卯条。

方式，是介于营田与屯田之间的一种形式。作为屯田的补充，营田并没有得到很大的发展，推行的结果表明，这种开垦方式已经不能适应当时辽东地区农业发展的要求。

天津营田兴起于万历末年。时辽东战局持续不利，为支付辽东战争的庞大军费，一方面开登莱海运，转运漕粮；另一方面，在天津开设具有营田性质的屯田。万历三十二年，保定巡抚汪应蛟见葛沽、白塘一带的田地大都荒芜，乃上疏曰："天津屯兵四千，费饷六万，俱敛诸民间。留民则民告病，恤民则军不给，计惟屯田可以足食。今荒地连封，蒿莱弥望，若开渠置堰，规以为田，可七千顷，顷得谷三百石。"①水陆两营兵士4000人将葛沽、白塘等处荒地开垦，收获稻粮万石有奇，并允许新开垦地土免一年粮科，许为世业。②但终因费用有限，事遂中断。

万历、天启年间，屯田御史左光斗巡历该地时，河间府管河通判卢观象条陈营田之利，③左光斗便以职权之便，奏请升任观象为同知，总督屯务，又博采廉干属官协力开垦，并条陈屯田水利三事十四因，以经国事。④天启二年，左光斗改授提学御史，⑤与河道监察御史董应举、屯马御史马鸣起及河间府海防清军兼理屯田水利同知卢观象共呈《天津卫屯条款》⑥，开天津何家一地，当中所获得的屯谷，解充辽饷，颇有功绩。但后来左光斗遭阉党迫害，身陷囹圄，天津屯务遂告中断。崇祯元年，在

---

①　《明史》卷241，《汪应蛟传》，第6266页。另，清人唐执玉、李卫等监修的《畿辅通志》（文渊阁库全书史部第504—506册）卷47第13页也有载："何家圈、吴家嘴、双港、白塘口、京庄等围营田，引用海河潮水仍泄水于本河。按何家圈围地势平坦，土性湿润，天然粳稻之乡。前明抚臣汪应蛟相度屯田以此为首。园中有官庄，围南有大人庄，询据老民，当时屯田御史及屯田道厅等官驻扎于此。"

②　（明）赵司卿：《司农奏议》卷10，《覆叙天津垦田公次疏》。有关晚明复军屯救亡图存的努力，详见《农政全书》卷8，《农事·开垦上》。

③　《明熹宗实录》卷5，天启元年闰二月辛卯条。

④　《春明梦余录》卷36，《畿辅垦田》。

⑤　（明）左光斗：《左忠毅公集》卷2，《肯乞天恩放还疏》。

⑥　著者不详，《天津卫屯条款》，不分卷，北京图书馆古籍珍本丛刊第47册。

屯田御史罗元宾的努力下，天津屯务虽有所恢复，但以前盛况终难重现。又因董应举的改任，朝廷便将津门屯田归并督饷院管理。[①]

由此可以看出明末士大夫在对待军屯问题上的态度：一方面，看到军屯在筹集军费、缓解财政危机方面的重要性，主张"修军屯"，"复屯政"；另一方面，又限于"祖制"，使得修复军屯仅为达到"不失旧额"之目的。但时过境迁，单纯的"复古"是没有出路的，因此，以巡抚李承勋为代表的朝臣便主张在军屯基础上顺势发展民田、营田。但终因营田是一种比军屯更为落后的生产方式而归于失败。

（二）督民运与惩罚折银"始作俑者"

明中后期，随着屯田废弛，"边储始唯民运是赖矣。而其派运之数又多逋负，故岁用往往不敷，乃以银盐济之"[②]。所以，民运逋负也是岁用不敷的一个重要原因，"督民运"也是明末士大夫关注的一个重要方面。嘉靖十五年正月，户科都给事中常序在条陈兴治补弊八事中提到"严课科以催逋负"[③]，隆庆五年六月，巡抚甘肃都御史杨锦奏请"催督民运积逋主兵钱粮"[④]。

除严加督逋外，也有不少官员认为，军饷之不足与民运改折有关。嘉靖九年四月，户部官员议覆侍郎张琏、总制王琼及给事中张润身、陈侃所上各钱粮事宜中提到，陕西八府税粮专供延、宁、甘肃、固原等处军饷，旧规俱民运本色，后因道路险远，改征折银。但近日延绥荒歉，有银无米，官军不得实用。所以，建议陕西八府税粮以本色为主，按一定比例改折。也有建议全征本色。王崇古认为陕西四镇生计萧条，民赋逋负，官军粮饷不足的原因有二：一是因为"虏窥"河套，移镇榆林，

---

① 《度支奏议》堂稿卷4，《题议修复津门屯政旧绩疏》。
② 《明武宗实录》卷37，正德三年四月甲戌条。
③ 《明世宗实录》卷183，嘉靖十五年正月甲戌条。
④ 《明穆宗实录》卷58，隆庆五年六月癸丑条。

边地耕获尽失，输运艰难，额赋岁逋。二是因为正德初年，改输纳本色为折色，但因延绥地方不通商贾，岁丰谷贱，岁凶谷贵，一遇"虏患"荒歉，斗米如珠，官军粮饷难求半月之饱。因此，建议"复延绥本色"。[①]

明代是由实物田赋向货币田赋转变的关键时期，九边民运由征纳本色实物向以银折纳的变化过程乃是顺应这一发展趋势。就征纳本色而言，有佥报牛车、夫役起解、庾司仓给、收领刁难等诸多不便和弊累。[②]为缓解这一困难并清除弊病，与正统初开始征金花银相适应，边饷民运逐步以银折纳。大致来说，在白银流通较为便利之处，纳户赍银货往纳处买粮草交纳，而在白银流通不便之处，纳户赍布绢等至纳处易粮草交纳。如弘治年间，南京吏部尚书倪岳奏："大同、宣府官军粮米不能给一年之用，乞令所司今后仍收本色，待足三四年以上之用乃请征银。"[③]边远地区尤其强调本色。隆庆初年，王崇古言，洛川中部各州县解延绥镇民运"额粮折征，以病民，有贱籴之苦；粮料折放，以病军，受贵籴之累"，主张该地额数仍"上纳本色"。[④]可见，本折之征收并没有截然分开，应根据当地军需，适当做些变通，通融兼支。但如不分青红皂白，"一刀切"式主张"复本色""悉征本色"，或将折银始作俑者"追戮"，无疑是逆历史之潮流。

二、节流

在"遵祖制"设法筹集军饷的同时，为限制财政支出，在汰冗员、稽虚冒、造册杜弊的同时，又有"定经制"一说，企图通过限定军马人

---

① 《明经世文编》卷319，王崇古：《陕西四镇军务事宜疏》。

② （明）李中馥：《原李耳载》所记，收入谢国桢主编《明代社会经济史料选编》下册，第200页。

③ 《明孝宗实录》卷126，弘治十年六月辛未条。

④ 《明经世文编》卷319，王崇古：《陕西四镇军务事宜疏》。

员、军饷费用等形式来达到"节流"之目的。具体到某一镇而言，某镇主兵若干，客兵若干，除屯粮秋青草束民运盐引若干外，应发京运银若干，应清楚记册，边臣按册索要粮饷，户部按册发饷。限定军马数额，固定粮饷之开支，以收一劳永逸之功效。

"定经制"之说，大都针对"九边十三镇"而言。据《三云筹俎考》记载，"覆定经制"具体的原因是在嘉靖四十五年之前，各镇兵饷"每岁终一次疏请，据该年支用多寡之数为下年请发之准，名曰'会计'，原无定额……迨至四十五年，户部惮岁请琐烦，遂以十年用数，折中剂量……从此经制一定，毫无增减，而会计之数始寝矣"①。《万历会计录》一书卷17至29详细地记述了除永平（永平镇嘉靖四十四年始从蓟州镇中分出，编制尚不确定，未予定制）之外的十二镇在嘉靖四十五年"覆定经制"后的钱粮数额。执行之初，成效显著，军额顿减，岁饷裁定。隆庆二年六月，总督宣、大、山西尚书王崇古言，自嘉靖四十五年议定经制后，三镇虽各因事增兵，但"较之国初旧额亦顿减，则兵未可议销也"。至于岁饷虽已裁定，"而户部多未全发"，多以扣留逃亡军士粮饷充增军之月饷，不全尽内帑而兵自足，所以，"经制"之定收效显著。②至万历七年六月，户部题："自虏款以来，三边、宣、大已历九年，蓟、昌四镇自万历元年阅视至今已逾六年矣。……以今岁年例言之，虽未甚溢于嘉靖四十五年之经制，亦难复嘉靖十八年以前之旧规。"③文中"未甚溢于嘉靖四十五年之经制"说明"定经制"已有成效。

计食以兵之多寡，计兵以地之缓急，把北边各镇兵马钱粮定额定数，被动地限定在"覆定经制"的范围之内，非解决军饷问题之良策。承平之日，"定经制"尚可缓解太仓压力，一旦战事爆发，频繁的调兵增饷必

---

① 《三云筹俎考》卷4，《军实考·主饷岁额》。

② 《明穆宗实录》卷66，隆庆六年二月甲辰条。

③ 《明神宗实录》卷88，万历七年六月壬寅条。

然打破这一体制之束缚。万历十九年，户部会计太仓岁出入之数时指出，太仓银库岁入374.05万两有奇，岁出京官俸禄等银63万两，各边年例等银343.5万余两，所出已浮于所入，而银库各项济边银只收有70余万两。所以，户部商议列款，其中一款便谈到各边兵马钱粮，自嘉靖四十五年"定经制"，万历九年刻《万历会计录》以来，增减不一，"所载数目俱不相合，宜申明画一，将查明裁革，见在等项逐款贴注，仍造册奏缴"①。随着辽东战事爆发，经制之不经，溢额之递增已是在所难免。边费愈浩繁，财用愈匮乏，"查经制，裕边饷"的呼声就愈高涨。②对此，崇祯年间户部尚书毕自严总结道："阅壬申春始定经制，经者何经，不经也；制者何制，不制也。"接着，毕自严把"经者不经，制者不制"的原因归结为二点：一是调援，一是新兵。兵有主客之分，在主则只有月粮，在客则有行、月兼支，客兵一人之食当抵主兵三人之费。且主兵有定额，而客兵无常，所以调援开支无定额。旧时有旧兵无新兵之名，有旧饷无新饷，自辽东战事爆发后，关宁地区皆称新兵，新兵食新饷，新饷厚浮于旧饷不知几倍矣。"所谓因兵以置饷，勿因饷以置兵，为饷谋尤为兵谋，为国计兼为民计，意深远矣。是役也，司马主庖，司计主俎，无相越也。"③所以，毕自严认为应"因兵置饷"，勿"因饷而置兵"，企图通过"定经制"限制军饷开支的做法是不切实际的。

当然，并不是明末所有的士人都持有这种"祖制"的观念。如在边饷折银问题上，嘉靖年间，大学士杨一清就顺应了明代由实物、劳役财政体制向货币财政体制转变的趋势，针对输纳过程中出现的困难与弊病，

①　《明神宗实录》卷234，万历十九年闰三月己巳条。

②　参见《明神宗实录》卷402，万历三十二年十月壬子条；卷449，万历三十六年八月庚辰条；卷463，万历三十七年十月己丑条；卷469，万历三十八年闰三月丙辰条；卷502，万历四十年闰十一月丁亥条。

③　《石隐园藏书》卷2，文一《八镇经制序》。

他指出："夫处积边储，不过籴买、召商二事。"①籴买就是直接收购，召商是指由商人经手供应军队所需粮料。杨一清更强调招商的功用，他认为"惟召商为最便之法"。②职方郎中唐顺之，进而解释曰："商贾，边储所本，商贾病则粟不来，粟不来则边人坐困。"③在"开源"问题上，万历年间，郭造卿在《闽中兵食议》中提出，福建饶于渔盐之利，又可通商海外，"操奇莫赢于市舶"，只要稍加变通，即可增税以足兵食，又何必巧立名目搜刮军饷？④解决财政危机的根源在于"开源"而不是"节流"，可惜遗憾的是，明代统治者并没有采纳这一建议。

由此可以看出明末士人心态之复杂。一方面，顺应明中后期实物财政向货币财政发展的趋势，在九边粮饷问题上实施征纳本色向折银的转变，但却无力扭转在这一转变过程中豪势贵要操纵、垄断、虚假交易的行为。另一方面，为解决粮饷输纳问题，部分士人主张"复祖制"，征纳本色，但"九边"粮饷仰赖于市场已既成事实，单纯的"复古"是行不通的。以银折纳虽顺应了历史的发展，却没有给困境中的粮饷市场带来积极的前景，所以，明代军饷就愈来愈依赖于"年例银"，最终导致明朝财政陷入困境。

总之，明朝士大夫对军饷问题的批评与建议主要围绕着"开源"和"节流"两大主题，一方面增加收入，一方面节约开支，双管齐下，但由于明代"祖制""原额"观念根深蒂固，历次财政与军政改革，都只满足于维持"原额"。正是这种观念，促使当时的财政、军政的批评与建议越来越走向"节流"而不是"开源"，所以，军饷问题以及由此而引发的财政危机，一直没有得到有效的解决。

---

① 《明世宗实录》卷84，嘉靖七年正月丙申条。
② 《明世宗实录》卷84，嘉靖七年正月丙申条。
③ 《唐荆川先生文集》卷10，《户部郎中林君墓志铭》。
④ 《天下郡国利病书》卷96，《福建六》。

结　论

"兵精粮足"是国家建军、备战的基本条件，也是历代统治者追求的目标。"兵精"是指军队编制适合时代的要求，各兵种之间，官兵之间关系协调，平时加强训练，战时能发挥应有的作用。"粮足"是指有充裕的军队粮饷，完善的军事后勤保障及财政经济保障。所以，兵精与粮足是一体两面的有机结合，任何一方出现问题，不仅会使二者之间协调失衡，更甚者会直接导致国家军政与财政的崩溃。

明代军队以卫所为基本编制单位，实行都司—卫—千户所—百户所—总旗—小旗六级制管理。大率以军5600人为1卫。按此编制，全国军队大小联比成军，保卫大明疆土。明初全国军队约有150万人，至洪武二十六年（1393）定天下都司卫所，共计都司17个，行都司3，内外卫329个，守御千户所65个，估计兵力应在180万人左右。至永乐时期，全国都司卫所在洪武二十六年的基础上多有增改，都司增为21个，留守司2，内外卫增至493个，守御屯田群牧千户所359个，兵力达270万人。随后由于逃亡、役占等原因，加之勾补、招买不力，军队人数呈下降趋势，至万历年间总计约有150万人，至明后期，全国军数最高估计只有120万人左右，不足永乐时期人数的一半。

军队人员一定，那么军粮供给数额基本确定。明初，为解决驻防北部边镇抗御元军的数十万明军的粮饷供给，朱元璋采取了屯田、民运粮、开中法三位一体的供给体制，三者在军饷供给中所占比例虽因时因地而有所不同，但共同构成明初军饷供给的主体。军屯是明前期（特别是洪武时期），支撑北部边镇粮饷供给的主体。至永乐二十二年（1424），在"红牌事例"等政策的考核与激励下，军屯亩数与产量达到顶峰；之后，军屯制度开始遭到破坏。宣德以后，卫所军官、势要、豪右、内监侵占军屯田地，私役军士耕种之事频频发生。由于"屯田渐弛，屯军亦多掣回守城。边军始唯民运是赖矣"①。

各镇民运粮主要由北方诸省负担，"凡各边有警，其粮草马匹俱籍四省八府之民攒运供给"。②四省是指山西、陕西、河南、山东，八府是指北直隶所辖八府。所谓"河淮以北，以八百万供边境"当指四省八府民运供边粮额。但由于民力运输费用过高，任务过重，严重超出了北方沿边省份民众的负担能力，所以，民运粮逋负现象严重。

开中盐粮方面，由于政府任意增发盐引，增加单位盐引的纳粮数量，造成盐引壅积，商人有"永乐中候支盐，祖孙相代不得者"③之讽。官盐阻坏，私贩之风日盛。加上权贵、勋戚、武将、奸商等特权阶层的参与，开中法成为权贵敛财的工具，已远离其"实边兴政"之本意，开中纳粮已收不到应有的效果。弘治五年（1492）户部尚书叶淇变法，改开中纳粮于边为纳银于运司，开中纳粮制及随之而兴起的商屯制逐渐废弛。开中纳银利归运司，而边饷三位一体的供给体制则随着屯田的废弛、民运的逋负、开中纳粮的解体而归于败坏。边饷负担不得不由中央财政解决，也就是增加京运年例银。

年例银主要用于北边边镇，起初，国家财政补助军饷数额不大。弘、正年间（1488—1521）不过银40余万两。嘉靖初犹只50余万两，后至嘉靖二十八年（1549）忽增至240余万两，四十三年，加至250万两。隆庆初年加至280万两。到万历三十年（1602），各边年例"共

---

① 《明武宗实录》卷37，正德三年四月戊戌条。
② 《明经世文编》卷64，马文升：《为会集廷臣计处御房防略以绝大患疏》。
③ 《明史》卷80，《食货志四·盐法》，第1937页。

三百九十四万一千八百四十两有奇，而民屯、盐茶引目不与焉"①。万历四十六年以后，又陆续增设辽饷、练饷、助饷、剿饷等名目繁多的加派2000多万两，军费开支漫无底止。年例银在太仓岁支总额中呈递增态势。嘉靖中叶约为100万两，中叶以后至万历五年以前，约为200万两，万历六年至四十五年，则处于300万~400余万两。从支出比例上看，明中后期，军饷在太仓支出中所占比重少则53.37%，多者则高达92.49%，太仓银库对军饷的负担愈来愈重。

军饷的发放方面，主要是以月粮、行粮、俸禄、赏赐及优抚等形式。由于明初的赋税缴纳实物，支出也以实物形态为主。但随着民运、屯田、开中三位一体的边方供饷体制的解体，"金花银"的征收，边镇粮储由实物转向折银，官军收入也逐渐呈现出以折银为主的态势，此举虽然顺应了历史发展的趋势，但银两的收入必须仰赖充裕的商品粮市场和稳定的社会环境，否则粮价上涨，白银贬值，军士生活必然受到影响。明代北方边境米价，在15世纪中叶以后将近200年的期间内，上涨9倍多，而同一时期的军士月粮收入则只为明初的3倍余，军士收入的增长远远低于物价的上涨。之所以出现这种状况，最主要的原因就是北边粮食储积的空虚，粮食生产能力的萎缩。实物时代的财政平衡被打破，军士生活艰难，以及由此引发的哗变、骚动已在所难免。

明代从中央到地方，从官府到军队都建立了比较完备的军饷管理机构（也称军事后勤管理机构）。各个机构之间分工明确，层级清晰，且又紧密相连，为明代官军提供了有力的经济保障。这些管理机构之间相互合作，会同计议，共同组成军饷供给的链条，任何一方出现问题，如户部不给全饷，工部不给军需，兵部不清军额，都会影响明代整个军饷供给的成效。为保障军饷的有效供给，明代还设立了严密的监督体制，除

---

① 《明经世文编》卷411，赵世卿：《覆兵科申饬边防事宜疏》。

都察院与六科给事中外，明代还设立屯田、督饷等与军饷关系密切的专差御史，差点御史的设置一定程度上在查缉不法、肃清粮饷供给渠道上发挥了积极的作用，但由于这些专差御史在行使职权时，常受到地方府州县等势力的牵制，对其作用不宜高估。

从总体上看，嘉靖八年以前，明代军饷的收支基本持平，自辽东战争爆发后，军饷供给逐渐显示出捉襟见肘的势态。明中后期粮饷不足受到诸多原因的影响：从粮饷的供应体制上看，军储仓的废除，造成了供饷与用饷之间的矛盾；从军队体制层面看，募军增加，客兵的大量涌现，债帅现象的出现等都是军饷不继的一个重要原因；从管理体制上看，军饷的筹集、转运、储存、发放、监督等是甚为复杂的程序，任何一方出现问题都会导致整个军饷供给链的中断。同时，粮饷供给不足又会给明代带来诸多问题，如军士的哗变、武官的跋扈、地方职权的削弱等。所以，明末许多有识之士看到问题的严重性所在，纷纷为筹集军饷奔走献策，主张恢复屯田、肃清盐政、严惩贪官、抑制物价等。但所有的举措均以无效而告终，最终导致严重军事财政危机。所有上述因素基本是历朝军费上涨的共性，但不可否认，明代军饷狂涨却是空前的。从军事学角度看，自嘉靖以来明代历经的战争基本都是局部的小规模战争。如万历末年的萨尔浒之战，明朝仅仅投入10万左右的兵力，而为此进行的财物筹集却几乎是倾全国之力。军费开支，一触即涨。这就迫使我们不得不把目光聚集在包括财政、军制在内的明朝军饷组织管理上，综合明末的政治大背景，从更深的层次来探索军饷的问题。

卫所世兵制的式微，募兵、家丁的出现是明代军制嬗变的主线。明代实行卫所世兵制，以世袭制来保障士兵的来源，以军屯来保障其军饷的供给，以军垦屯，以屯赡军，所以封闭、保守是其突出的特点。卫所制的这一特点，与特定的历史条件相适应。多年战乱，使明初出现了大量荒闲土地，为军屯的实施打下了物质基础。至永乐时期，军屯收入最多，也是明代军屯自给率最高的时期。但至永乐晚期，军屯制度开始遭到破坏，建立在军屯基础上的卫所世兵制也逐渐衰落。明末清初思想家黄宗羲也是从自给自足的原则被破坏这一角度，来分析卫所制衰弱原因的[①]，认为失去存在基础的卫所制度必然发生变革。

募兵始于朱元璋起兵创建大明王朝之时，明王朝建立后，行卫所制，寓兵于农，募兵制被搁置。土木之变中京营几乎全军覆没，北边狼烟四起，边患迭兴，兵力不敷，不得不募兵为用。如果说洪武时候募兵为权宜之计，那么宣德以后的募兵则是时局的需要，卫所制的废弛，使得召募愈来愈受到关注。大规模的募兵，出现于土木之变后，此后至正德年间，是募兵制发展的第一个阶段，这一时期募兵尚属于应急之策，还没有形成一种独立的组织，或依附于卫所，或附着于地方有司。嘉靖时期是募兵制发展的第二个阶段，这一时期，"南倭北虏"，边患严重，募兵人数及其范围都大大拓展，成为明代军队的重要组成部分。募兵与世兵之间最大的不同就是，卫所世兵"居之自耕取足，发之无偿征戍"。而募兵与政府之间是则一种雇佣关系，由政府提供佣值，包括招募费、安家费、盔甲器械费、鞍马费等，不世袭，也不终身服役，来去相对自由。因此，募军人数越多，招募越频繁，则国家财政负担越重。

随着募兵制的发展，出现了一些特殊的募兵，被将领挑选作为亲兵使用，称为家丁。家丁是游离于兵、军之间的一种类型，供给优厚，地位特殊。家丁费用初由将领自己负责，后随着家丁制度的盛行，得到朝廷的认可，官给粮饷。从募兵制的产生可以看出，原来的由军屯、开中、民运组成的三位一体多渠道的供饷体制近乎瓦解，转而仰赖于国家财政。所以，明代财政状况好坏直接影响军队粮饷的发放。

明初，实物征收在国家财政收入中占据主导地位，因此，史学界

---

① （明）黄宗羲：《明夷待访录》，《兵制一》，中华书局，1981年版，第16页。

习惯上把明初财政体制称之为实物财政体制。但随着商品货币经济的发展，至明中期这种财政体制逐渐向货币财政体制转变，实物赋税变为货币赋税。反映在军饷方面就是官军粮饷折银，用大量的白银支付巨额的军费开支。边饷由弘治、正德间的40余万两剧涨至万历末年的400万两，如此的暴涨实属空前。对此，万历年间大学士朱赓曾提出疑问："不知隆庆以前虏未款贡，塞下多事，饷何以少？今日安宁，饷何以多？有饷有兵，及至有事何以又不足用？"①王德完对此解释道："盖祖宗朝寓兵以屯，且耕且守，有备无患，此赵充国金城之遗迹也。自屯田之法湮则经界隐没而难明，屯丁萧索而倍苦，人皆逋逃，地为陷阱，戎马财赋遂分两途。祖宗朝中盐于边，纳粟于仓，有飞挽之利，而无转输之劳，此晁错实塞之遗意也。折银之说出，则金钱尽出于太仓，枵腹咸仰于内帑，脂膏益竭，刍粟愈难，米珠草桂，可为扼腕。"②把年例银骤增的原因归结为军屯的破坏与开中法之变制。年例银的增加确与二者废弛有关，但二者并不是年例银增加的充要条件。就军屯本身而言，是一种较为落后的生产方式，在明初实物财政体制下曾起到一定的积极作用，但随着货币财政体制的发展，军屯走上衰败是必然的。叶淇改制，改运粮于边为纳银于运司，在理论上也适应了货币财政体制的需求，本身也无可非议。那么明后期军饷骤增的原因是什么呢？回答这一问题当从明代财政状况谈起。

在朱元璋以后的200多年里，历代官员不断地对国家财务提出批评和建议，继任者也不断根据时势作出改变和调整，但明代"祖制"观念根深蒂固，往往使这些所谓的"变革"局限在道德范围内，而不是着眼于经济发展的客观规律，自然无助于军饷体制的改进。另外，从国际大环境看，16～17世纪中叶晚明时期的中国，正处于新航路发现及新大陆发

① 《明经世文编》卷436，朱赓：《备陈边饷揭》。
② 《春明梦余录》卷35，《经费》，第573页。

现后的经济"全球化"时代。"全球化"时代的中国不仅与邻近国家保持着传统的朝贡贸易，民间走私贸易也日趋兴旺。通过贸易流入中国的白银数额巨大，据全汉昇统计，16世纪中期至17世纪中期的晚明时代，流入中国的白银达7000到1万吨，相当于世界白银产量的四分之一至三分之一。[①] 如此巨额的白银流入，势必对中国的社会经济产生影响：一方面，白银货币量的增加提高了商品的产出与销售速度，加快了社会经济的发展；另一方面，白银货币快速流入加剧了社会的动荡，作为一般等价物的白银必须依赖于充裕的商品市场和顺畅的商品流通，才能实现其应有的价值。而这一时期的中国，"无岁不有灾伤，无岁不有折兑"，粮食生产能力萎缩，储积空耗，货币收入失去了仰赖的充裕的商品粮市场。特别是北部边境，驻扎着全国近一半的兵力，形成了一个庞大的军事消费区。兵马所到，必须有充足的实物储备作为基础。而事实恰恰相反，明末仓储系统千疮百孔，日趋紊乱，储积日趋减少。所以，粮价在北方上涨，白银在北方贬值。据全汉昇统计，在15世纪中叶以后将近200年的时间内，北方米价上涨近10倍，白银应有的社会价值大打折扣。于是，为保障军队粮饷所需，不得不加大年例银发放的力度。年例银日增，边地物价亦日涨，日甚一日，漫无底止。"竭内地之财以供边，愈加而愈不足。"[②] 明代财政陷入恶性循环之中。从这一角度出发，我们有理由相信，明中后期军饷的剧增与白银的大量流入及其引发的"通货危机"有直接关联。

总之，明代军饷是一个涉及军政、财政的重要问题。"军"与"饷"是一个问题的两个方面，任何越兵谈饷、越饷谈兵的做法都是错误的，也是不可取的。从军政体制角度看，明朝处于一个以卫所世兵制为主，世兵、募兵并用的阶段，军人由明初的生产者、徭役贡献者变为由国家

---

① 　全汉昇：《略论新航路发现后的海上丝绸之路》，《近代中国史研究通讯》1986年第2期。
② 　《明世宗实录》卷422，嘉靖三十四年五月乙未条。

供养的纯消费者和雇佣军人，这客观上就需要国家以更多的资金来保持军饷开支的平衡；从财政角度上看，明代处在由实物、劳役财政体制向货币财政体制转化的阶段，在这个转化过程中，白银扮演了重要的角色。原来相对简单的、专收专支的财政体制转变为以白银为一般等价物的收支分离体制，这客观上就需要建立与之相适应的财政制度，严格财政管理与监督，完善粮食储备机制及通畅的商品流通环境。然而，明政府却仍采用过去的实物财政体制老办法，中央政府只是确定地方应缴纳的赋税数额，该数额派于各州县办纳，对地方赋税收支状况并没有一个统一的审核制度。"鞭外有鞭，条外有条"现象普遍，财政管理非常混乱。粮食仓储系统瘫痪，储备日渐空虚，加之战乱、灾荒、瘟疫的影响，使白银不仅不能发挥其应有的社会功效，反而带来严重的"通货危机"，出现物贵银贱，"抱金饿死"的现象。明后期的加派，丝毫没有缓解这一财政窘境，反而把它推进一个自身难以解决的恶性循环的怪圈当中。从这一点讲，未能建立起与明中后期经济发展相适应的财政体制，是引发财政危机的关键，而明代军饷是引发这场危机的一个重要因素。

明末的诸多有志之士也看到了问题所在，纷纷主张"复军屯""督开中"，实行实物财政体制，明末清初的三大思想家也无一例外地提出"废银论"，这说明他们已经意识到货币财政体制所出现的新问题。于是，毕自严试点于天津，孙传庭力主于陕西，但均以无效而告终。大规模的以劳役和实物为特征的军饷供给体制已成为历史的陈迹，卫所世兵制度也已成为历史，货币财政体制和募兵制已经确立，单纯的复旧是不可行的，剩下的必然是严重的军事财政危机。这一危机是在明中叶后世兵制向募兵制转变的过程中、是在古老的实物财政体制向货币体制转变的基础上形成的，既是明末统治危机的一部分，也是中国封建社会整体性危机的一个重要表现。

"天下之事不能无弊，弊则不能不变而通之，变而通之以不失其旧，此其为善守法者也。"① 所以，一项制度的制定与执行要顺应时势的发展，"泥守祖训"与"僭越发展"都是不可行的，这也许就是明代军饷运转体制留给我们的最大思考。

---

① 《明经世文编》卷392，许国：《论京营兵制疏》。

参考文献

一、古代典籍

1.《中国明朝档案总汇》，桂林：广西师范大学出版社，2001年版。

2.《明代辽东档案汇编》，沈阳：辽沈书社，1985年版。

3.《明太祖实录》，台北："中央研究院"历史语言研究所，1962年版。

4.《明太宗实录》，同上。

5.《明仁宗实录》，同上。

6.《明宣宗实录》，同上。

7.《明英宗实录》，同上。

8.《明宪宗实录》，同上。

9.《明孝宗实录》，同上。

10.《明武宗实录》，同上。

11.《明世宗实录》，同上。

12.《明穆宗实录》，同上。

13.《明神宗实录》，同上。

14.《明熹宗实录》，同上。

15.《崇祯长编》，同上。

16.（清）张廷玉等：《明史》，北京：中华书局，1974年版。

17.（明）谷应泰编《明史纪事本末》，北京：中华书局，1977年版。

18.（明）戴金：《皇明条法事类纂》，《中国珍稀法律典籍集成》乙编第四册，北京：科学出版社，1994年版。

19.《永乐大典》，北京：中华书局，1986年影印本。

20.《漕运全书》，北京图书馆古籍珍本丛刊第55册，北京：书目文献出版社，1996年版。

21.（明）张卤：《皇明制书》，北京图书馆古籍珍本丛刊第46册，同上。

22.《皇明修文备史》，北京图书馆古籍珍本丛刊史部第8册，同上。

23.（明）刘斯洁：《太仓考》，北京图书馆古籍珍本丛刊史部第56册，同上。

24.（明）吕坤：《实政录》，北京图书馆古籍珍本丛刊史部第48册，同上。

25.（明）刘邦谟：《宝坻政书》，北京图书馆古籍珍本丛刊史部第48册，同上。

26.（明）霍冀：《军政事例》，北京图书馆古籍珍本丛刊第9册，同上。

27.（明）谢纯：《漕运通志》，北京图书馆古籍珍本丛刊史部第56册，同上。

28.（明）邓球：《皇明泳化类编》，北京图书馆古籍珍本丛刊第50册，同上。

29.（明）张燧：《经世挈要》，北京图书馆古籍珍本丛刊第47册，同上。

30.（明）张学颜等：《万历会计录》，北京图书馆古籍珍本丛刊第53册，同上。

31.（明）朱廷立：《盐政志》，北京图书馆古籍珍本丛刊第58册。

32.（明）刘惟谦：《大明律》，四库全书存目丛书史部第276册，济南：齐鲁书社，1996年版。

33.（清）傅维鳞：《明书》，四库全书存目丛书史部第38—40册。

34.（明）余梦鲤：《明会典钞略》，四库全书存目丛书史部第268册。

35.《皇明本纪》，四库全书存目丛书史部第128册。

36.（明）张天复：《皇舆考》，四库全书存目丛书史部第166册。

37.（明）徐学聚：《国朝典汇》，四库全书存目丛书史部第264—266册。

38.《诸司职掌》，续修四库全书史部第748册，上海：上海古籍出版社，2003年版。

39.（清）龙文彬：《明会要》，续修四库全书第793册。

40.（明）刘若愚：《酌中志》，续修四库全书史部第437册。

41.（明）郑元锡：《皇明书》，续修四库全书史部第315—316册。

42.（清）万斯同：《明史》，续修四库全书史部第324—331册。

43.（明）沈国元等：《皇明从信录》，续修四库全书史部第355册。

44.（明）谭希思等：《皇明大政记》，续修四库全书史部第353—354册。

45.（明）陈仁锡：《无梦园初集》，续修四库全书第1381—1383册。

46.（明）杨博：《本兵疏议》，续修四库全书史部第477册。

47.（明）王锡爵：《历代名臣奏疏》，续修四库全书史部第461册。

48.（明）董其昌：《神庙留中奏疏汇要》，续修四库全书史部第470—471册。

49.（明）毕自严：《度支奏议》，续修四库全书史部第483—490册。

50.（明）尹守衡：《皇明史窃》，续修四库全书史部第324—331册。

51.（明）沈国元：《两朝从信录》，续修四库全书史部第356册。

52.（明）罗洪先、胡松：《广舆图》，续修四库全书史部第586册。

53.（明）张雨：《边政考》，续修四库全书史部第738册。

54.（明）方孔炤：《全边略记》，续修四库全书史部第738册。

55.（明）张萱：《西园闻见录》，续修四库全书史部第1168—1170册。

56.（明）杨嗣昌：《杨文弱先生集》，续修四库全书史部第1372—1373册。

57.（明）茅元仪：《武备志》，续修四库全书史部第963—966册。

58.（明）邓元锡：《皇明书》，续修四库全书史部第315—316册。

59.（清）查继佐：《罪惟录》，续修四库全书史部第321—323册。

60.（清）夏燮：《明通鉴》，续修四库全书史部第364—366册。

61.（清）黄宗羲：《明夷待访录》，续修四库全书子部第945册。

62.（明）娄性：《皇明政要》，续修四库全书史部第424册。

63.（明）郑晓：《吾学编》，续修四库全书史部第424—425册。

64.（明）何乔远：《名山藏》，续修四库全书史部第425—427册。

65.（明）朱国祯：《皇明史概》，续修四库全书史部第428—431册。

66.（明）朱国桢：《涌幢小品》，续修四库全书第1173册。

67.（清）顾炎武：《天下郡国利病书》，续修四库全书史部第595册。

68.（明）吴亮：《万历疏钞》，续修四库全书史部第469册。

69.（明）庞尚鹏：《军政事宜》，续修四库全书史部第852册。

70.（明）赵堂：《军政备例》，续修四库全书史部第852册。

71.（清）朱吾弼、李云鹄：《皇明留台奏议》，续修四库全书史部第467册。

72.（清）夏燮：《明通鉴》，续修四库全书史部第364册。

73.（清）赵翼：《廿二史札记》，续修四库全书史部第453册。

74.（清）黄汝成：《日知录集释》，续修四库全书子部第1143册。

75.（明）严从简：《殊域周咨录》，续修四库全书史部第736册。

76.（明）孙旬辑：《皇明疏钞》，续修四库全书史部第463册。

77.（明）李贽：《续藏书》，续修四库全书史部第303册。

78.（明）瞿九思：《万历武功录》，续修四库全书史部第436册。

79.（明）茅元仪：《暇老斋杂记》，续修四库全书子部第1133册。

80.（明）茅元仪：《三戌丛谭》，续修四库全书子部第1133册。

81.（明）王士琦：《三云筹俎考》，续修四库全书史部第739册。

82.（明）左光斗：《左忠毅公集》，续修四库全书集部第1370册。

83.（明）赵世卿：《司农奏议》，续修四库全书史部第480册。

84.（明）温庭训：《本朝分省人物考》，续修四库全书史部第536册。

85.（明）黄槐：《双槐岁钞》，续修四库全书子部第1166册。

86.（明）王士骐：《皇明驭倭录》，续修四库全书史部第428册。

87.（明）张卤：《皇明嘉隆疏抄》，续修四库全书史部第466册。

88.（明）贾三近：《皇明两朝疏抄》，续修四库全书史部第465册。

89.（明）胡世宁：《胡端敏奏议》，文渊阁四库奏议类第428册。台北：台湾商务印书馆，1986年版。

90.（明）李贤等：《明一统志》，文渊阁四库全书第472—473册。

91.（明）黄训：《皇明名臣经济录》，文渊阁四库全书第443册。

92.（明）倪岳：《青溪漫稿》，文渊阁四库全书第1251册。

93.（明）毕自严：《石隐园藏书》，文渊阁四库全书第1293册。

94.（明）宗臣：《宗子相文稿》，文渊阁四库全书第1287册。

95.（明）王世贞：《弇山堂别集》，文渊阁四库全书第409—410册。

96.（明）王世贞：《弇州四部续稿》，文渊阁四库全书第1281册。

97.（明）唐顺之：《唐荆川先生文集》，文渊阁四库全书第1276册。

98.（明）商辂：《商文毅疏稿》，文渊阁四库全书第427册。

99.（明）王恕：《王端毅奏议》，文渊阁四库全书第427册。

100.（明）马文升：《马端肃奏议》，文渊阁四库全书第427册。

101.（明）胡世宁：《胡端敏奏议》，文渊阁四库全书第428册。

102.（明）潘季驯：《潘司空奏疏》，文渊阁四库全书第430册。

103.（明）杨时乔：《皇明马政记》，文渊阁四库全书第663册。

104.（明）黄训编《历代名臣奏议》，文渊阁四库全书第433—434册。

105.（明）丘濬：《大学衍义补》，文渊阁四库全书第712册。

106.（明）张萱：《西园闻见录》，文渊阁四库全书第1168—1170册。

107.（明）胡宗宪编《筹海图编》，文渊阁四库全书第584册。

108.（明）孙传庭：《白谷书》，文渊阁四库全书第1296册。

109.（明）戚继光：《纪效新书》，文渊阁四库全书第728册。

110.（明）戚继光：《练兵实纪》，文渊阁四库全书第728册。

111.（明）许论：《九边图论》，四库禁毁书丛刊史部第21册，北京：北京出版社，2001年版。

112.（明）程百二：《方舆胜略》，四库禁毁书丛刊史部第21册。

113.（明）吴亮：《万历疏钞》，四库禁毁书丛刊史部第58—60册。

114.（明）毕自严：《饷抚疏草》，四库禁毁书丛刊史部第75册。

115.（明）熊廷弼：《按辽疏稿》，四库禁毁书丛刊史部第9册。

116.（明）顾秉谦：《三朝要典》，四库禁毁书丛刊史部第56册。

117.（明）郑晓：《吾学编》，四库禁毁书丛刊史部第45—46册。

118.（明）何乔远：《明山藏》，四库禁毁书丛刊史部第46—48册。

119.（明）陈仁锡：《皇明世法录》，四库禁毁书丛刊史部第13—16册。

120.（明）陈九德：《皇明名臣经济录》，四库禁毁书丛刊史部第9册。

121.（明）叶向高：《纶扉奏草》，四库禁毁书丛刊史部第36—37册。

122.（明）王在晋：《海防纂要》，四库禁毁书丛刊史部第17册。

123.（明）涂山：《新刻明政统宗三十卷》(附一卷)，四库禁毁书丛刊史部第2册。

124.（明）陈龙正：《几亭全书》，四库禁毁书丛刊集部第12册。

125.（明）邓士龙：《国朝典故》，北京：北京大学出版社，1993年版。

126.（明）周之翰：《通粮厅志》，《明代史籍汇刊》第21册，台北：台湾学生书局，1970年版。

127.（明）杨时宁：《宣、大、山西三镇图说》，玄览堂丛书，1981年版。

128.（明）王一鹗：《总督四镇奏议》，玄览堂丛书续集。

129.（明）周文郁：《边事小纪》，玄览堂丛书续集。

130.（明）葛麟：《葛中翰遗集》，清光绪十六年敦本堂刻本。

131.（明）洪朝：《洪芳洲先生归田稿》，明刻本。

132.（明）毕自严：《抚津疏草》，民国二十九年北平燕京大学图书馆晒印本。

133.（明）施沛：《南京都察院志》，明天启三年刊公文书馆。

134.（明）毕自严：《督饷疏草》，明天启刻本。

135.（明）程开祐：《筹辽硕画》，民国二十六年上海商务印书馆影印本。

136.（明）宋应昌：《经略复国要编》，民国十九年南京国学图书馆影印本。

137.（明）熊廷弼：《经辽疏牍》，民国间湖北通志局刻本。

138.（明）伍袁萃：《林居漫录》，台北：伟文图书公司，影印万历间刻本。

139.（明）吴甡：《柴庵疏集》，杭州：浙江古籍出版社，1989年版。

140.（明）于谦：《少保于公奏议》，清光绪钱塘丁氏嘉惠堂刻本。

141.（明）卢象昇：《卢象昇疏牍》，杭州：浙江古籍出版社，1984年版。

142.（明）刘若愚：《明宫史》，北京：北京古籍出版社，1980年版。

143. ［意］利玛窦、［比］金尼阁著，何高济、王遵仲、李申译《利玛窦中国札记》，桂林：广西师范大学出版社，2001年版。

144.（清）孙承泽：《天府广记》，北京：北京古籍出版社，1982年版。

145.（清）屈大均：《广东新语》，北京：中华书局，1985年版。

146.（明）李东阳、申时行等纂修万历《大明会典》，扬州：江苏广陵古籍刻印社，1989年版。

147.（明）王圻：《续文献通考》，北京：现代出版社，1986年版。

148.（明）徐光启：《农政全书》，上海：上海古籍出版社，1979年校注本。

149.（明）刘惟谦撰，怀效锋点校《大明律》，沈阳：辽沈书社，1990年版。

150.（明）张瀚著，盛冬铃点校《松窗梦语》，北京：中华书局，1985年版。

151.（明）沈德符：《万历野获编》，北京：中华书局，1959年版。

152.（明）王锜撰，张德信点校《寓圃杂记》，北京：中华书局，1987年版。

153.（明）何良俊：《四友斋丛说》，北京：中华书局，1959年版。

154.（明）陆容：《菽园杂记》，北京：中华书局，1985年版。

155.（明）叶盛著，魏中平点校《水东日记》，北京：中华书局，1980年版。

156.（明）于慎行著，吕景琳点校《谷山笔麈》，北京：中华书局，1984年版。

157.（明）朱长祚著，仇正伟点校《玉镜新谭》，北京：中华书局，1989年版。

158.（明）李诩：《戒庵老人漫笔》，北京：中华书局，1982年版。

159.（明）郑晓著，李致忠点校《今言》，北京：中华书局，1984年版。

160.（明）沈榜编著《宛署杂记》，北京：北京古籍出版社，1983年版。

161.（清）孙承泽：《春明梦余录》，北京：北京古籍出版社，1992年版。

162.（清）孙承泽：《山书》，杭州：浙江古籍出版社，1989年版。

163.（清）孙承泽：《天府广记》，北京：北京古籍出版社，1984年版。

164.（清）谈迁著：《枣林杂俎》，北京：中华书局，2006年版。

165.（明）顾起元著，谭棣华、陈稼禾点校《客座赘语》，北京：中华书局，1987年版。

166.（明）陈子龙等辑《明经世文编》，北京：中华书局，1962年版。

167.（清）陈梦雷编纂，蒋廷锡校订《古今图书集成》，北京：中华书局，成都：巴蜀书社，1985年版。

168.（明）田艺衡：《留青日札》，上海：上海古籍出版社，1992年标点本。

169.（明）谢肇淛：《五杂俎》，北京：中华书局，1959年标点本。

170.（明）谈迁：《国榷》，北京：北京古籍出版社，1958年版。

171.（明）王在晋：《三朝辽史实录》，北京：全国图书馆文献微缩复制中心，2002年版。

172.（明）万表：《皇明经济文录》，北京：全国图书馆文献缩微复制中心，1994年版。

173.（明）魏焕：《皇明九边考》，北京：国立北平图书馆影印，1989年版。

174.（清）计六奇：《明季北略》，北京：中华书局，1984年版。

175.（明）宋濂：《元史》，北京：中华书局，1974年版。

176.（明）余继登：《典故纪闻》，北京：中华书局，1981年版。

177.（明）章潢：《图书编》，上海：上海古籍出版社，1992年版。

178.（明）叶盛：《水东日记》，北京：中华书局，1980年版。

179.（宋）欧阳修：《新唐书》，北京：中华书局，2000年版。

180.（宋）朱牟：《曲洧旧闻》，北京：中华书局，2002年版。

181.（明）黄宗羲：《明夷待访录》，北京：中华书局，1981年版。

182.（明）陈九德：《皇明名臣经济录》，四库禁毁书丛刊史部第9册。

183.（明）王宗沐纂修，陆万垓增纂万历《江西省大志》，据明万历二十五年（1597）刻本拍摄。

184.《江西赋役全书》，台北：台湾学生书局，据万历三十九年江西布政司刊本影印，1970年版。

185.（明）林庭㭿、周广纂修嘉靖《江西通志》，四库全书存目丛书史部第183册。

186.（明）余文龙修，谢诏纂天启《赣州府志》，明天启元年刊本。

187.（明）刘节纂修嘉靖《南安府志》，天一阁藏明代方志选刊续编。

188.（明）余之祯、王时槐等纂修万历《吉安府志》，明万历十三年刊本。

189.（明）陈德文等修嘉靖《袁州府志》，天一阁藏明代方志选刊续编第49册。

190.（明）范涞修，章潢纂万历《南昌府志》，明万历十六年刊本。

191.（明）陈策等纂正德《饶州府志》，天一阁藏明代方志选刊续编第44册。

192.（明）张士镐修，江汝璧纂嘉靖《广信府志》，天一阁藏明代方志选刊续编第45册。

193.（明）邹鸣雷、赵元吉等纂修万历《建昌府志》，明万历四十一年刊本。

194.（明）胡企参等修，黎喆纂弘治《抚州府志》，天一阁藏明代方志选刊续编第47册。

195.（明）徐良傅等纂修嘉靖《抚州府志》，明嘉靖三十三年刊本。

196.（明）徐颢修，杨钧等纂嘉靖《临江府志》，明嘉靖十五年刊本。

197.（明）陶屡中等纂修崇祯《瑞州府志》，明崇祯元年刊本。

198.嘉靖《九江府志》，天一阁藏明代方志选刊第36册。

199.（明）何乔远：《闽书》，四库全书存目丛书史部第204—207册。

200.（清）郝玉麟等监修，谢道承等编纂《福建通志》，文渊阁四库全书第527—530册。

201.（明）薛刚纂修，吴廷举续修嘉靖《湖广图经志书》，日本藏中国罕见地方志丛刊。

202.（明）薛刚纂修，吴廷举续修嘉靖《湖广通志》，扬州：江苏广陵古籍刻印社，1991年版。

203.（明）徐学谟纂修万历《湖广总志》，四库全书存目丛书史部第194册。

204.《湖广赋役全书》144卷（善本），1644年本，国家图书馆古籍善本库。

205.（明）胡谧纂修成化《河南总志》，国家图书馆地方志家谱阅览室，据明成化二十年刻本拍摄。

206.（明）邹守愚修，李廉等纂嘉靖《河南通志》，国家图书馆地方志家谱阅览室，据明嘉靖三十五年刻本拍摄。

207.（明）陆钺：嘉靖《山东通志》，天一阁藏明代方志选刊续编第51册。

208.（明）李侃、胡谧纂修成化《山西通志》，四库全书存目丛书史部第174册。

209.（明）张钦纂修正德《大同府志》，四库全书存目丛书史部第186册。

210.（明）虞怀忠、郭棐等纂修万历《四川总志》，四库全书存目丛书史部第199—200册。

211.（明）熊相纂修正德《四川志》，国家图书馆地方志家谱阅览室。

212.（明）杜应芳：万历《四川总志》，国家图书馆地方志家谱阅览室。

213.（明）刘大谟、杨慎等纂修嘉靖《四川总志》，北京图书馆古籍珍本丛刊第42册。

214.（明）戴璟、张岳等纂修嘉靖《广东通志初稿》，北京图书馆古籍珍本丛刊第38册。

215.（明）林富、黄佐纂修嘉靖《广西通志》，北京图书馆古籍珍本丛刊第41册。

216.（明）苏浚等：万历《广西通志》，国家图书馆地方志家谱阅览室。

217.（明）王昂重：嘉靖《吉安府志》，北京图书馆古籍珍本丛刊第31册。

218.（明）郭棐：万历《宾州志》，日本藏中国罕见地方志丛刊，书目文献书版社，1990年版。

219.（明）方瑜：嘉靖《南宁府志》，日本藏中国罕见地方志丛刊，

220.（明）陈文等：景泰《云南图经志书》，续修四库全书第681册。

221.（明）邹应龙修，李元阳纂隆庆《云南通志》，据民国二十三年昭通龙氏灵源别墅铅印本拍摄。

222.（明）周季凤：正德《云南志》，天一阁藏明代方志选刊续编第70—71册。

223.（明）谢肇淛：《滇略》，文渊阁四库全书第494册。

224.（明）刘文征：天启《滇志》，续修四库全书第681册。

225.（明）王尚用修，陈梓等纂嘉靖《寻甸府志》，天一阁藏明代方志选刊第67册。

226.（明）沈庠、赵瓒等：弘治《贵州图经新志》，四库全书存目丛书史部第199册。

227.（明）谢东山、张道等修嘉靖《贵州通志》，天一阁藏明代方志选刊续编第68册。

228.（明）王耒贤、许一德编万历《贵州通志》，日本藏中国罕见地方志丛刊。

229.（明）郭子章：《黔记》，北京图书馆古籍珍本丛刊史部第43册。

230.（明）高廷愉：嘉靖《普安州志》，天一阁藏明代方志选刊第67册。

231.（明）钟添：嘉靖《思南府志》，明嘉靖十五年刻本。

232.（明）李辅等：嘉靖《全辽志》，民国二十三年辽海书社铅印本。

233.（明）毕恭等：嘉靖《辽东志》，续修四库全书史部第646册。

234.（明）田生金：《徽州府赋役全书》，台北：台湾学生书局，1970年。

二、著作

1.林延清：《明清史探究》，北京：中国文史出版社，2005年版。

2.南炳文、汤纲：《明史》，上海：上海人民出版社，2003年版。

3.林延清：《嘉靖皇帝大传》，沈阳：辽宁教育出版社，1994年版。

4.李小林、李晟文：《明史研究备览》，天津：天津教育出版社，1989年版。

5.郑天挺主编《明清史资料》，天津：天津人民出版社，1981年版。

6.黄云眉：《明史考证》，北京：中华书局，1984年版。

7.吴晗：《朝鲜李朝实录中的中国史料》，北京：中华书局，1980年版。

8.王毓铨：《明代的军屯》，北京：中华书局，1965年版。

9.唐文基：《明代赋役制度史》，北京：中国社会科学出版社，1991年版。

10.梁方仲：《中国历代户口、田地、田赋统计》，上海：上海人民出版社，1980年版。

11.梁方仲：《梁方仲文集》，广州：中山大学出版社，2004年版。

12.梁方仲：《明代粮长制度》，上海：上海人民出版社，2001年版。

13.王天有：《明代国家机构研究》，北京：北京大学出版社，1992年版。

14.晁中辰：《明成祖传》，北京：人民出版社，1993年版。

15.晁中辰：《明代海禁与海外贸易》，北京：人民出版社，2005年版。

16.刘淼：《明代盐业经济研究》，汕头：汕头大学出版社，1996年版。

17.田澍：《嘉靖革新研究》，北京：中国社会科学院出版社，2002年版。

18.常建华：《明代宗族研究》，上海：上海人民出版社，2005年版。

19.赵翼、罗东阳：《正统皇帝大传》，沈阳：辽宁教育出版社，2002年版。

20.库桂生、姜鲁鸣：《中国国防经济史》，北京：军事科学出版社，1991年版。

21.王其坤：《中国军事经济史》，北京：解放军出版社，1991年版。

22.毛佩琦、王莉：《中国明代军事史》，北京：人民出版社，1994版。

23.肖立军：《明代中后期九边兵制研究》，吉林：吉林人民出版社，

2001年版。

24.张其昀:《中国军事史略》,上海:上海书店,1992年版。

25.中国军事史编写组:《中国历代军事制度》,北京:解放军出版社,2006年版。

26.范中义、王兆春:《中国军事通史》,北京:军事科学出版社,1998年版。

27.张显清、林金树:《明代政治史》,桂林:广西师范大学出版社,2003年版。

28.张德信:《明代典制》,长春:吉林文史出版社,1996年版。

29.李渡:《明代皇权政治研究》,北京:中国社会科学出版社,2004年版。

30.潘星辉:《明代文官铨选制度研究》,北京:北京大学出版社,2005年版。

31.张正明:《明清晋商及民风》,北京:人民出版社,2003年版。

32.万明主编《晚明社会变迁问题与研究》,北京:商务印书馆,2005年版。

33.鲍彦邦:《明代漕运研究》,广州:暨南大学出版社,1996年版。

34.萧清:《中国古代货币史》,北京:人民出版社,1984年版。

35.彭信威:《中国货币史》,上海:上海人民出版社,1986年版。

36.黄惠贤、陈锋主编《中国俸禄制度史》,武汉:武汉大学出版社,2005年版。

37.吴艳红:《明代充军研究》,北京:社会科学文献出版社,2003年版。

38.彭勇:《明代班军制度研究——以京操班军为中心》,北京:中央民族大学出版社,2006年版。

39.张金奎:《明代卫所军户研究》,北京:线装书局,2007年版。

40.杨永汉：《论晚明辽饷收支》，台北：天工书局，1998年版。

41.杨旸：《明代东北史纲》，台北：台湾学生书局，1993年版。

42.于志嘉：《明代军户世袭制度》，台北：台湾学生书局，1987年版。

43.张哲郎：《明代巡抚研究》，台北：文史哲出版社，1995年版。

44.［美］黄仁宇：《万历十五年》，北京：生活·读书·新知三联书店，2004年版。

45.［美］黄仁宇：《十六世纪明代中国之财政与税收》，北京：生活·读书·新知三联书店，2001年版。

46.［美］黄仁宇：《明代的漕运》，北京：新星出版社，2005年版。

47.［日］寺田隆信：《山西商人研究》，张正明译，太原：山西人民出版社，1986年版。

48.［日］松本隆晴：《明代北边防卫体制之研究》，东京：汲古书屋，2001年版。

49.［日］岩井茂树：《中国近世财政史研究》，京都：京都大学学术出版会，2004年版。

50.［日］奥山宪夫：《明代军政史研究》，东京：汲古书院，2003年版。

51.［日］川越泰博：《明代中国的军制与政治》，东京：国书刊行会，2001年版。

三、论文

1.吴晗：《明代的军兵》,《中国社会经济史集刊》1937年第5卷第2期。

2.吴晗：《明初卫所制度之崩溃》,《吴晗文集》第一卷，北京出版社，1988年版。

3.解毓才：《明代卫所制度兴衰考》，载《说文月刊》1940年第2卷，并收入包遵彭编《明史论丛》第4册，台湾学生书局，1968年版。

4.顾诚：《谈明代的卫籍》，《北京师范大学学报》（社会科学版）1989年第5期。

5.朱庆永：《明代九边军饷》，《大公报经济周刊》1935年6月8日第130期。

6.孙东：《明代卫所制度研究》，《文史学报》1965年第2期。

7.吴奈夫：《略论明代的卫所制度及其演变》，《中学历史》1984年第3期。

8.刘阶平：《就"向阳疏草"论晚明军费财政》，《东方杂志》1946年第42卷第1期。

9.张正明：《明代北方边镇粮食市场的形成》，《史学集刊》1992年第3期。

10.范中义：《论明朝军制的演变》，《中国史研究》1998年第2期。

11.赵明：《明代兵制研究六十年之回顾》，《中国史研究动态》1993年第8期。

12.高春平：《论明中期边方纳粮制的解体》，《学术研究》1996年第9期。

13.邱义林：《明代中前期军费供给特点的形成与演变》，《江西社会科学》1994年第6期。

14.黄冕堂：《论明代的京营》，《史学集刊》1992年第3期。

15.李渡：《明代募兵制简论》，《文史哲》1986年第2期。

16.赵轶峰：《试论明末财政危机的历史根源及其时代特征》，《中国史研究》1986年第4期。

17.陈表仪、谭式玫：《明代军制建设原则及军事的衰败》，《暨南学报》(哲学社会科学版)1996年第2期。

18.梁淼泰:《明代"九边"的军数》,《中国史研究》1997年第1期。

19.梁淼泰:《明代"九边"的募兵》,《中国社会经济史研究》1997年第1期。

20.梁淼泰:《明代"九边"的饷数并估银》,《中国社会经济史研究》1994年第4期。.

21.高春平:《论明中期边防纳粮制的解体》,《学术研究》1996年第6期。

22.邱义林:《明前期军队后勤供应来源及其特点》,《争鸣》1990年第4期。

23.汤纲、南炳文:《略论明代军屯士卒的身份和军屯的作用》,《南开史学》(哲学社会科学版)1980年第1期。

24.郑维宽:《明代贵州军粮来源考述》,《贵州社会科学》1997年第3期。

25.肖立军:《明代财政制度中的起运与存留》,《南开学报》(哲学社会科学版)1997年第2期。

26.张金奎:《二十年来明代军制研究回顾》,《中国史研究动态》2000年第10期。

27.张金奎:《明承元制与北边供饷体制的解体》,《明史研究》第七辑,黄山书社,2001年版。

28.张金奎:《明代山西行都司卫所、军额、军饷考实》,《大同职业技术学院学报》2000年第3期。

29.李龙潜:《明代军户制度浅论》,《北京师范大学学报》(社会科学版)1982年第1期。

30.鲍彦邦:《明代漕粮折征的数额、用途及影响》,《暨南学报》(哲学社会科学版)1994年第1期。

31.左云鹏:《明代商屯述略》,《陕西师大学报》(哲学社会科学版)1982年第1期。

32.刘淼:《明代开中商人的食盐价格确定》,《盐业史研究》2004年第3期。

33.陈峰:《明代的运军》,《中州学刊》1997年第1期。

34.顾诚:《卫所制度在清代的变革》,《北京师范大学学报》(哲学社会科学版)1988年第2期。

35.林枫:《福建寺田充饷研究》,《厦门大学学报》(哲学社会科学版)1998年第4期。

36.李新峰:《明前期兵制研究》,北京大学历史学博士学位论文,1999年。

37.郭红:《明代都司卫所建置研究》,复旦大学历史地理学博士学位论文,2001年。

38.全汉昇:《明代北边米粮价格的变动》,《新亚学报》1970年第9卷。

39.全汉昇、李龙华:《明代中叶后太仓岁入银两的研究》,《香港中文大学中国文化研究所学报》1972年第5卷第1期。

40.全汉昇、李龙华:《明代中叶后太仓岁出银两的研究》,《香港中文大学中国文化研究所学报》1973第6卷第1期。

41.全汉昇:《略论新航路发现后的海上丝绸之路》,《中国近代史研究通讯》1986年第2期。

42.李龙华:《明代的开中法》,《香港中文大学中国文化研究所学报》1971年第4卷第2期。

43.罗丽馨:《明代京营之形成与衰败》,《明史研究专刊》第6期。

44.赖建诚:《〈万历会计录〉初探》,《汉学研究》1994年第2期。

45.陈文石:《明代卫所的军》,《"中央研究院"历史语言研究所集刊》

第48本第2分册。

46.于志嘉:《明代江西兵制的演变》,《"中央研究院"历史语言研究所集刊》第66本第4分册。

47.于志嘉:《明代江西卫所的屯田》,《"中央研究院"历史语言研究所集刊》第67本第3分册。

48.[日]清水泰次撰,方纪生译《明末之军饷》,《正风半月刊》1937年第3卷第12期。

49.[日]清水泰次撰,方纪生译《明代军屯之崩坏》,《食货半月刊》1937年第4卷第10期。